数字棋

刘守勤 ◎ 著

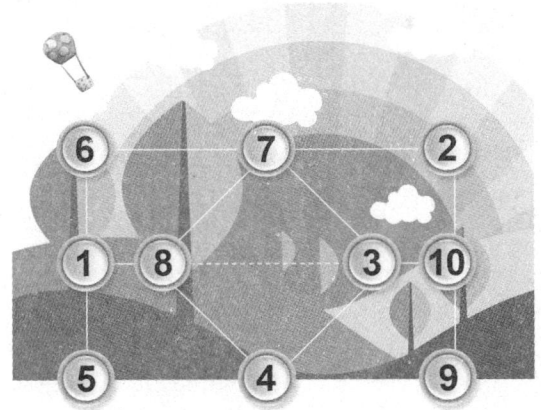

图书在版编目（CIP）数据

数字棋/刘守勤著．—北京：中央编译出版社，2016.10
ISBN 978-7-5117-3060-2

Ⅰ.①数… Ⅱ.①刘… Ⅲ.①智力游戏–青少年读物
Ⅳ.①G898.2

中国版本图书馆 CIP 数据核字（2016）第 176551 号

数字棋

出 版 人：	葛海彦
出版统筹：	贾宇琰
责任编辑：	曲建文
责任印刷：	尹 珺
出版发行：	中央编译出版社
地　　址：	北京西城区车公庄大街乙5号鸿儒大厦B座（100044）
电　　话：	（010）52612345（总编室）　（010）52612370（编辑室）
	（010）52612316（发行部）　（010）52612317（网络销售部）
	（010）52612346（馆配部）　（010）66509618（读者服务部）
传　　真：	（010）66515838
经　　销：	全国新华书店
印　　刷：	北京隆元普瑞彩色印刷有限公司
开　　本：	787 毫米 × 1092 毫米 1/16
字　　数：	120 千字
印　　张：	12
版　　次：	2016 年 10 月第 1 版第 1 次印刷
定　　价：	38.00 元

网　　址：	www.cctphome.com	邮　　箱：	cctp@cctphome.com
新浪微博：	@中央编译出版社	微　　信：	中央编译出版社（ID：cctphome）
淘宝店铺：	中央编译出版社直销店（http：//shop108367160.com）（010）52612349		

本社常年法律顾问：北京嘉润律师事务所律师　李敬伟　问小牛
凡有印装质量问题，本社负责调换，电话：010-55626985

作者简介

刘守勤，1937年生于秦皇岛市，1958年唐山师专毕业。任教40年，曾担任高中物理课老师，历任班主任、教研组长、教导主任等职，兼任秦皇岛市物理学会、教育学会理事。

先后在国家级、省级报刊发表论文20多篇。先后参编《名师授课录（高中物理）》等6本教学参考书，研制教具多件并获奖。1983年，研制的"光的偏振试验器"获"全国中学生物理实验教学经验交流会"所设立的二等奖、省科技进步奖；曾应邀赴天津、邢台、邯郸讲学，1990年被评为特级老师、终生享受政府特殊津贴；1995年评为秦皇岛市"教坛明星"，1997年在山海关第一中学退休，退休后编写了《七巧板智力拼图1600例》（2006年出版）、《数字棋巧填数字400题》（2008年出版）、《巧做灯笼》（2013年出版）；2011年其参赛作品《格言》获得全国诗联书画大赛所设立的二等奖。其研制的"七巧板拼图"拥有国家专利，专利号为：ZL0029890.3。

联系方式手机：15801180171

前　言

我 2008 年出版的《数字棋——巧填数字 400 题》一书，现在已售完。不少读者来信来电向我求助。今应广大读者的要求，又编写 600 多道题目，出版《智力游戏——数字棋》一书。这本书较前有进一步的提高，是青少年较好的课外读物，对于小学生、初中生来说，用下棋——数字棋的游戏方法来学习，可大大地激发学习的兴趣，进一步培养数学能力、开发智力，并学到解决难题的各种方法。对于老年人来说，又可以预防痴呆。老少皆宜，可以健脑益智。

由于本人水平有限，加上时间仓促，编写难免有不妥之处，望读者多提宝贵意见。

本书 600 多题都有答案，附带的答案仅供参考。

刘守勤

2015 年 11 月

目　　录

一、概述 ··· 1

二、题目 ··· 5
　（一）4~6 个数　96 道题 ·· 6
　（二）7~8 个数　184 道题 ··· 15
　（三）9~10 个数　162 道题 ··· 32
　（四）11~16 个数　163 道题 ··· 48

三、答案解析 ··· 71
　（一）4~6 个数 ·· 72
　（二）7~8 个数 ·· 81
　（三）9~10 个数 ·· 99
　（四）11~16 个数 ··· 117

四、答案图解 ··· 133

　后记 ·· 185

一、概 述

数字棋，就是把旧挂历上表示日期的数字1～16贴到小象棋子上，作为棋子。把准备好的对称图形画在挂历纸背面（或白纸）上作为棋盘。棋手在棋盘上反复调配棋子，以达到题目的要求。

"数字棋"与象棋、军棋、跳棋、围棋不同。它们的区别在于：一是棋子的数量不固定，可以是1～n个；二是棋盘不一样，经常可换；三是几个人玩都行，可以一个人摆，也可以几个人各自在自己的棋盘上摆，看谁摆得又快、又对，展开竞赛。

用数字棋完成一些填数的题目时，既节省笔墨纸张，又节约时间。使做题者集中精力思考问题，既方便又快捷。孩子学会数数以后，就要进行简单的加减法练习，只有多次的反复练习才能达到熟练掌握的目的，使他们"张口就来"，会口算、心算才能速算。对孩子来说可开发智力，对老人来说可预防痴呆。爷爷、奶奶哄孙子、孙女，是很好的教材，可达到爷孙同乐、健脑益智的目的。

从心理学角度看，孩子天真活泼，贪玩，大量的用几加几、几减几的模式进行，会使孩子们感到枯燥乏味，没有兴趣。可是玩数字棋，一题一样，一题一个目标，使他感到新鲜。做每一道题都有明确的答案，答对了，他们感到十分喜悦、兴奋，不断地受到刺激，他们会有成就感，这就能大大地调动学习的积极性。这比起玩游戏机、电脑也不差。特别是广大的农村，经济条件差，用数字做成棋子，不用笔、不用纸，照样能学习，很节约学习成本。

当前，要变应试教育为素质教育，学生很少的作业，这就要充实课外活动的内容，玩数字棋就是课外活动的一种良好选择。

现在举几个例题来说明。

例题1　如图1所示。把1～4四个数字填入各圆圈中，使大三角形三顶点的数字和是6，该怎样填？解：大三角形三顶点的数字和是6，这三数是1、2、3。填入三顶点处，图形中心填4，如图1-1所示。

例题2　如图1所示。把数字1～4填入各圆圈中，使三角形三个顶点与中心点连线的二数之和分别是4、5、7，该怎样填？解：三段线的数字总和是4+5+7=16。而1～4四数之和是10。因为图形中心是三段线公用的比周围的三数多加了两次，所以图形中心数是（16-10）÷2=3。填入中心，大三角形三顶点填1、2、4，如图1-2所示。

例题3　如图1所示。把1～4四个数字填入各圆圈中，使左、右、下三个三角形顶点的数字和分别是6、7、8，该怎样填？解：三个三角

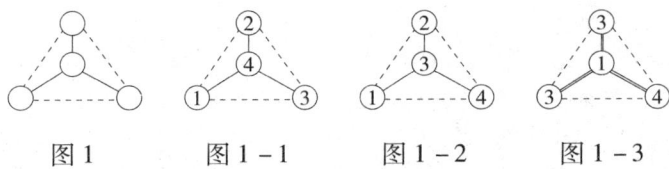

图1　　　　图1-1　　　　图1-2　　　　图1-3

形顶点数字总和是 6 + 7 + 8 = 21，在 21 中包括大三角形三顶点数之和的 2 倍（三顶点的数字都是两个小三角形公用的）。还包括图形中心数的 3 倍（是三个小三角形公用的）。1~4 四数之和是 10，所以图形中心数填 21 - (10 × 2) = 1。把 1 填在中心，大三角形三顶点填 2、3、4，如图 1-3 所示。

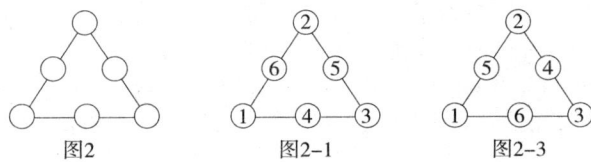

图2　　　　图2-1　　　　图2-3

例题 4　如图 2 所示。把 1~6 六个数字填入各圆圈中，使三角形三边的三数之和分别是 8、9、10，该怎样填？

解：三边数字总和是 8 + 9 + 10 = 27。1~6 六数之和是 21。因为三角形三顶点都是两边公用的。所以三角形三顶点数字之和是 27 - 21 = 6。则三角形三顶点的数是 1、2、3。再在 1、2 之间填 6；2、3 之间填 5；1、3 之间填 4，见图 2-1。图 2-3 是本题第二种答案。

例题 5　如图 3 所示。把 1~7 七个数字填入各圆圈中，使左右两根斜杆上三数之和都是 10，横杆上四数之和是 14，该怎样填？

解：1~7 七数之和是 28。两斜杆和一横杆数字总和是 10 + 10 + 14 = 34。因图中的三角形三顶点都是两杆公用的数。所以三角形三顶点数字之和是 34 - 28 = 6。这三数填 1、2、3。左斜杆下端填 7（10 - 1 - 2 = 7）。右斜杆下端填 6（10 - 1 - 3 = 6）。最后把 5 和 4 填在横杆左右端，如图 3-1 所示。图 3-2、图 3-3 是本题的第二、第三种答案。

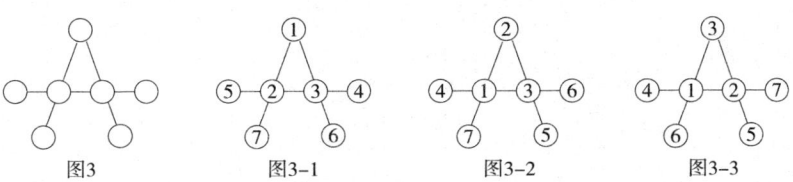

图3　　　　图3-1　　　　图3-2　　　　图3-3

例题6 如图4所示。

把1~8八个数字填入各圆圈中，使正方形各边三数之和都是15，上下两边中点二数和与左右两边中点二数和都是6，该怎样填？

解：之和是6的二数有1和5、2和4。1和5填在上、下边中心，左、右边中点1处填2和4。正方形上边中点的左右二数之和是14（15－1＝14），填6和8，经试验6在左、8在右合适。正方形左边中点2的下端填7（15－6－2＝7）。正方形左边中点4的下端填3（15－8－4＝3）。如图4－1所示。

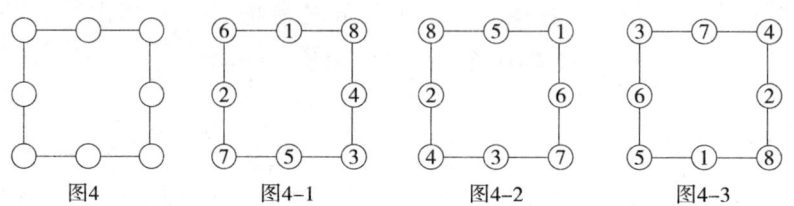

图4　　　图4-1　　　图4-2　　　图4-3

例题7 如图4所示。

把1~8八个数字填入各圆圈中，使正方形各边三数之和都是14，上下边中点二数之和、左右边中点二数之和都是8，该怎样填？

解：之和是8的二数，有2和6、1和7、3和5三组。经试验2和6、3和5在同一正方形中可得图4－2答案。2和6、1和7在同一正方形中可得图4－3答案。若3和5、1和7在同一正方形中则得不出答案。具体填写过程同上。

综上所述，用下棋游戏的方式来学习数学，既轻松愉快，又能学到处理题目的方法，大量的练习，能熟练的提高计算能力。

二、题 目

（一） 4~6个数　96道题

题目（1） 如图1所示，把1~4四个数字填入各圆圈中，使三角形三个顶点与中心点连线的二数之和分别是5、6、7，该怎样填？

题目（2） 如图1所示，把1~4四个数字填入各圆圈中，使三角形三个顶点与中心点连线的二数之和分别是3、5、6，该怎样填？

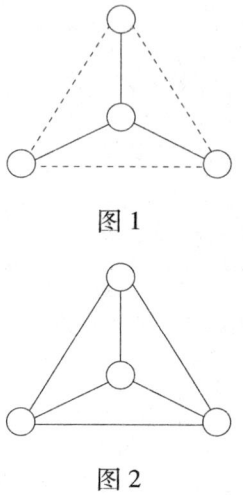

图1

题目（3） 如图2所示，把1~4四个数字填入各圆圈中，使三角形三顶点的数字之和是9，该怎样填？

题目（4） 如图2所示，把1~4四个数字填入各圆圈中，使三角形三顶点的数字之和是8，该怎样填？

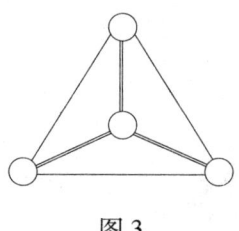

图2

题目（5） 如图3所示，把1~4四个数字填入各圆圈中，使中心点与两顶点连线组成的三个三角形三顶点数字之和分别是6、8、9，该怎样填？

题目（6） 如图3所示，把1~4四个数字填入各圆圈中，使中心点与两顶点连线所成的三个三角形三顶点的数字之和分别是6、7、9，该怎样填？

题目（7） 如图4所示，把1~4四个数字填入各圆圈中，使三角形底边的三数之和是6，底边两端的二数之和是5，该怎样填？

图3

题目（8） 如图4所示，把1~4四个数字填入各圆圈中，使三角形底边上的三数之和是7，底两端二数之和是3，该怎样填？

题目（9） 如图4所示，把1~4四个数字填入各圆圈中，使三角形底边三数之和是7，底边中点与三角形上顶点二数之和是4，该怎样填？

题目（10） 如图4所示，把1~4四个数字填入

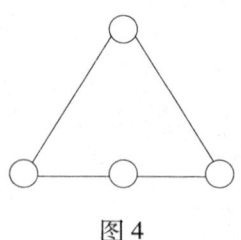

图4

各圆圈中，使三角形底边三数之和是8，底边中点与三角形上顶点二数之和是5，该怎样填？

题目（11）如图5所示，把1～4四个数字填入各圆圈中，使左边直角三角形三顶点的数字之和是9，右边直角三角形三顶点的数字之和是8，该怎样填？

题目（12）如图5所示，把1～4四个数字填入各圆圈中，使左边直角三角形三顶点的数字之和是6，右边直角三角形三顶点数字之和是7，该怎样填？

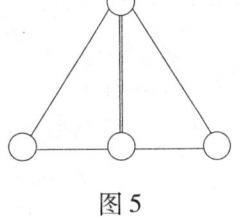

图5

题目（13）如图6所示，把1～5五个数字填入各圆圈中，使正方形两条对线上的三个数字之和都是8，该怎样填？

题目（14）如图6所示，把1～5五个数字填入各圆圈中，使正方形两条对角线上的三数之和是9，该怎样填？

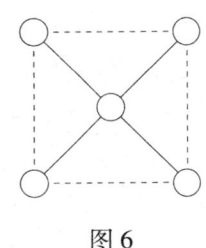

图6

题目（15）如图6所示，把1～5五个数字填入各圆圈中，使正方形两条对角线上的三数之和都是10，该怎样填？

题目（16）如图7所示，把1～5五个数字填入各圆圈中，使下横排四数之和是14，整个大三角形三顶点的数字之和是6，并使左、右两个三角形的三顶点的数字之和相等，该怎样填？

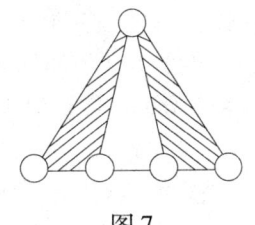

图7

题目（17）如图7所示，把1～5五个数字填入各圆圈中，使下横排的四数之和是12，中间的三角形三顶点的数字之和是10，并使左、右两个三角形的三顶点的数字之和相等，该怎样填？

题目（18）如图7所示，把1～5五个数字填入各圆圈中，使下横排的四数之和是10，左右两个三角形三顶点的数字之和都是10，而且还要求下横排两端数字之和为3，该怎样填？

题目（19）如图8所示，把1～5五个数字填入各圆圈中，使三角形三顶点的数字之和是11，横排上的三数之和是6，该怎样填？

题目（20）如图8所示，把1～5五个数字填入各圆圈中，使三角形三顶点的数字之和是10，横排上的三数之和是6，该怎样填？

题目（21）如图 8 所示，把 1～5 五个数字填入各圆圈中，使三角形三顶点的数字之和是 7，横排上的三数之和是 12，该怎样填？

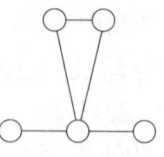

图 8

题目（22）如图 9 所示，把 1～5 五个数字填入各圆圈中，使两个三角形三顶点的数字之和都是 10，下边横排上的三数之和是 12，该怎样填？

题目（23）如图 9 所示，把 1～5 五个数字填入各圆圈中，使两个三角形三顶点的数字之和都是 8，下边横排上的三数之和是 10，该怎样填？

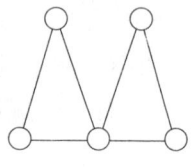

图 9

题目（24）如图 9 所示，把 1～5 五个数字填入各圆圈中，使两个三角形三顶点的数字之和都是 10，下边横排上的三数之和是 9，该怎样填？

题目（25）如图 10 所示，把 1～6 六个数字填入各圆圈中，使中间正方形四角数字之和是 12，横排上的四数之和也是 12，横排左端二数与右端二数之和相等，该怎样填？

题目（26）如图 10 所示，把 1～6 六个数字填入各圆圈中，使中间正方形四角数字之和是 11，横排上的四数之和是 14，横排左端二数与右端二数之和相等，该怎样填？

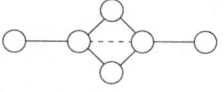

图 10

题目（27）如图 10 所示，把 1～6 六个数字填入各圆圈中，使横排左端二数与右端二数之和都是 9，使图形上下二数与左右二数共四个数字之和都是 10，该怎样填？

题目（28）如图 10 所示，把 1～6 六个数字填入各圆圈中，使横排左端二数与右端二数之和都是 7，中间正方形四角数字之和是 17，该怎样填？

题目（29）如图 10 所示，把 1～6 六个数字填入各圆圈中，使横杠上四个数字之和是 10，左端二数与右端二数之和相等，同时左右两端二数之和是 7，该怎样填？

题目（30）如图 10 所示，把 1～6 六个数字填入各圆圈中，使正方形四角数字之和是 18，横排左端二数与右端二数之和都是 7，该怎样填？

题目（31）如图 11 所示，把 1～6 六个数字填入各圆圈中，使平行四边形四角的数字之和是 18，使对角线上四个连续数之和是 12，对角线左端二数与对角线右端二数之和相等，该怎样填？

题目（32）如图 11 所示，把 1～6 六个数字填入各圆圈中，使平行四边形四角数字之和是 16，对角线上四数之和是 14，对角线左端二数与对角线右端的二数之和相等，该怎样填？

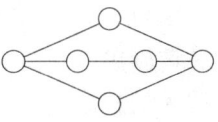

图 11

题目（33）如图 11 所示，把 1~6 六个数字填入各圆圈中，使平行四边形长向对角线左边二数与右边二数之和都是 8，四边形长向对角线左右两端的二数之和都是 5，该怎样填？

题目（34）如图 11 所示，把 1~6 六个数字填入各圆圈中，使平行四边形对角线左边的二数与对角线右边的二数之和都是 7，四边形长向对角线左右两端的二数之和是 3，该怎样填？

题目（35）如图 11 所示，把 1~6 六个数字填入各圆圈中，使平行四边形对角线四数为连续数，左边两数与右边两数之和都是 9，四边形长向对角线左右两端的二数之和是 11，该怎样填？

题目（36）如图 11 所示，把 1~6 六个数字填入各圆圈中，使平行四边形对角线四数为连续数，对角线四个数字中，左边二数与右边二数之和都是 5，对角线中间二数之和是 3，该怎样填？

题目（37）如图 12 所示，把 1~6 六个数字填入各圆圈中，使正方形四角数字之和是 18，相邻的两边延长线上的三数之和都是 11，该怎样填？

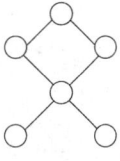

图 12

题目（38）如图 12 所示，把 1~6 六个数字填入各圆圈中，使正方形四角的数字之和是 18，相邻两边延长线上的数形成的三数之和都是 9，该怎样填？

题目（39）如图 12 所示，把 1~6 六个数字填入各圆圈中，使正方形四角数字之和是 18，相邻两边连同延长线上的数形成的三数之和都是 10，该怎样填？

题目（40）如图 13 所示，把 1~6 六个数字填入各圆圈中，使正方形四角数字之和是 16，三角形三顶点的数字之和是 7，该怎样填？

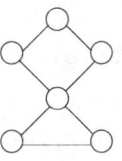

图 13

题目（41）如图 13 所示，把 1~6 六个数字填入各圆圈中，使正方形四角数字之和是 15，三角形三顶点的数字之和是 10，该怎样填？

题目（42）如图 13 所示，把 1~6 六个数字填入各圆圈中，使正方形四角数字之和是 18，三角形三顶点的数字之和是 6，该怎样填？

题目（43）如图14所示，把1~6六个数字填入各圆圈中，使画虚线正方形四角和对角线交点五数之和是17，两对角线上的三数之和都是9，上边三角形三顶点的数字之和也都是9，该怎样填？

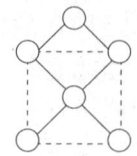

图14

题目（44）如图14所示，把1~6六个数字填入各圆圈中，使画虚线正方形四角和对角线交点五数之和是20，两对角线上三数之和都是11，上边三角形三顶点的数字之和是8，该怎样填？

题目（45）如图14所示，把1~6六个数字填入各圆圈中，使画虚线正方形和对角线交点五数之和是18，两条对角线上三数之和都是11，上边三角形三顶点的数字之和是6，该怎样填？

题目（46）如图15所示，把1~6六个数字填入各圆圈中，使正方形四角数字之和是18，左右两个三角形三顶点的数字之和都是10，该怎样填？

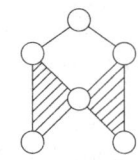

图15

题目（47）如图15所示，把1~6六个数字填入各圆圈中，使正方形四角数字之和是18，左右两个三角形三顶点的数字之和都是11，该怎样填？

题目（48）如图15所示，把1~6六个数字填入各圆圈中，使正方形四角数字之和是14，左右两个三角形三顶点的数字之和都是11，该怎样填？

题目（49）如图15所示，把1~6六个数字填入各圆圈中，使正方形四角数字之和是10，左右两个三角形三顶点的数字之和也都是10，该怎样填？

题目（50）如图15所示，把1~6六个数字填入各圆圈中，使正方形四角数字之和是11，左右两个三角形三顶点的数字和也都是11，该怎样填？

题目（51）如图15所示，把1~6六个数字填入各圆圈中，使正方形四角数字之和是12，左右两个三角形三顶点的数字之和也都是12，该怎样填？

题目（52）如图16所示，把1~6六个数字填入各圆圈中，使中心柱上的二数之和是5，左右两个三角形的三顶点数字之和都是9，顶上三角形（画虚线）的三顶点的数字之和是6，该怎样填？

题目（53）如图16所示，把1~6六个数字填入各圆圈中，使中心柱上二数之和是9，左右两个三角形三顶点的数字之和也都是9，顶上三角形

（画虚线）的三顶点的数字之和是6，该怎样填？

题目（54）如图16所示，把1～6六个数字填入各圆圈中，使中心柱上二数之和是11，左右两个三角形三顶点的数字之和都是10，顶上三角形（画虚线）的三顶点的数字之和是8，该怎样填？

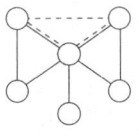

图 16

题目（55）如图16所示，把1～6六个数字填入各圆圈中，使中心柱上的二数之和是5，左右两个三角形三顶点的数字之和都是12，顶上三角形（画虚线）的三顶点的数字之和是15，该怎样填？

题目（56）如图16所示，把1～6六个数字填入各圆圈中，使中心柱上二数之和是9，左右两个三角形三顶点的数字之和都是12，顶上三角形（画虚线）的三顶点的数字之和是9，该怎样填？

题目（57）如图16所示，把1～6六个数字填入各圆圈中，使中心柱上的二数之和是3，左右两个三角形三顶点的数字之和都是11，顶上三角形（画虚线）的三顶点的数字之和是9，该怎样填？

题目（58）如图17所示，把1～6六个数字填入各圆圈中，使三角形三条边上的三数之和分别是11、12、13，该怎样填？（有两解）

题目（59）如图17所示，把1～6六个数字填入各圆圈中，使三角形三条边上的三数之和分别是8、9、10，该怎样填？

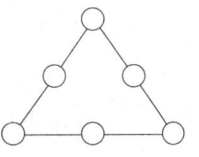

图 17

题目（60）如图17所示，把1～6六个数字填入各圆圈中，使三角形三边的三数字之和分别是8、10、12，该怎样填？

题目（61）如图17所示，把1～6六个数字填入各圆圈中，使三角形三边的三数之和分别是9、11、13，该怎样填？

题目（62）如图17所示，把1～6六个数字填入各圆圈中，使三角形三边的三数之和分别是9、11、11，该怎样填？

题目（63）如图17所示，把1～6六个数字填入各圆圈中，使三角形三边的三数之和分别是8、9、11，该怎样填？

题目（64）如图18所示，把1～6六个数字填入各圆圈中，使周围三个三角形三顶点的数字之和分别是8、9、10，该怎样填？

题目（65）如图18所示，把1～6六个数字填入各圆圈中，使周围三个三角形三顶点的数字之和分别是11、12、13，该怎样填？

题目（66）如图19所示，把1～6六个数字填入各圆圈中，使周围三个梯形四角数字之和分别是 13、14、15，图形中心三角形三顶点的数字之和为 6，该怎样填？

题目（67）如图 19 所示，把 1～6 六个数字填入各圆圈中，使周围三个梯形四角数字之和分别是 13、14、15，图形中心三角形三顶点的数字之和是 15，该怎样填？

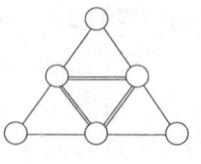

图 18

题目（68）如图 20 所示，把 1～6 六个数字填入各圆圈中，使图形下边横排上五数之和是 15，横排中心段三数之和是 6，左三角形和右三角形（画阴影）的三顶点数字之和都是 13，该怎样填？

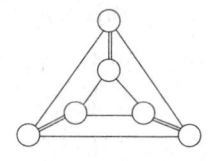

图 19

题目（69）如图 20 所示，把 1～6 六个数字填入各圆圈中，使图形下边横排上的五数之和是 16，横排中心段三数之和是 6，左三角形和右三角形（画虚线）的三顶点的数字之和都是 12，该怎样填？

题目（70）如图 20 所示，把 1～6 六个数字填入各圆圈中，使图形下边横排上的五数之和是 17，横排中心段三数之和是 6，左三角形和右三角形（画阴影）的三顶点的数字之和都是 11，该怎样填？

题目（71）如图 20 所示，把 1～6 六个数字填入各圆圈中，使图形下边横排上五数之和是 20，左三角形和右三角形（画阴影）的三顶点的数字之和都是 9，中心小三角形三顶点的数字之和是 6，该怎样填？

题目（72）如图 20 所示，把 1～6 六个数字填入各圆圈中，使图形下边横排上的五数之和是 19，左三角形和右三角形（画阴影）的三顶点的数字之和都是 11，中心小三角形三顶点的数字之和是 13，该怎样填？

题目（73）如图 20 所示，把 1～6 六个数字填入各圆圈中，使图形下边横排上五数之和是 18，左三角形和右三角形（画阴影）的三顶点的数字之和都是 9，中心小三角形三顶点的数字之和是 12，该怎样填？

题目（74）如图 20 所示，把 1～6 六个数字填入各圆圈中，使图形下边横排上的五数之和是 17，整个大三角形三顶点的数字之和是 7，中心小三角形三顶点的数字之和是 15，左右两三角形（画阴影）的三顶点的数字之和相等，该怎样填？

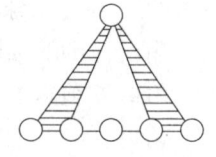

图 20

题目（75）如图 20 所示，把 1～6 六个数字填入各圆圈中，使图形下边横排上的五数之和是 16，整个大三角形三顶点的数字之和是9，左右两个三角形（画阴影）的三顶点数字之和相等，该怎样填？

题目（76）如图20所示，把1～6六个数字填入各圆圈中，使图形下边横排上的五数之和是15，整个大三角形三顶点的数字之和是11，中心小三角形三顶点的数字之和是15，左右两三角形（画阴影）的三顶点的数字之和相等，该怎样填？

题目（77）如图20所示，把1～6六个数字填入各圆圈中，使图形下边横排上的五数之和是20，左三角形和右三角形（画阴影）的三顶点的数字之和都是9，中心小三角形三顶点的数字之和是12，该怎样填？

题目（78）如图20所示，把1～6六个数字填入各圆圈中，使图形下边横排上的五数之和是19。左三角形和右三角形（画阴影）的三顶点的数字之和都是9，中心小三角形三顶点的数字之和是12，该怎样填？

题目（79）如图20所示，把1～6六个数字填入各圆圈中，使图形下边横排上的五数之和是18，左三角形和右三角形（画阴影）的三顶点的数字之和都是9，中心小三角形三顶点的数字之和是6，该怎样填？

题目（80）如图21所示，把1～6六个数字填入各圆圈中，使左右两个平行四边形四角数字之和都是12，下边的三角形三顶点的数字之和是9，该怎样填？

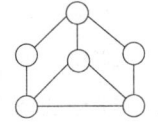

图21

题目（81）如图21所示，把1～6六个数字填入各圆圈中，使左右两个平行四边形四角数字之和都是13，下边的三角形三顶点的数字之和是6，该怎样填？

题目（82）如图21所示，把1～6六个数字填入各圆圈中，使左右两个平行四边形四角数字之和都是13，下边三角形三顶点的数字之和是15，该怎样填？

题目（83）如图21所示，把1～6六个数字填入各圆圈中，使左右两个平行四边形四角数字之和都是15，下边的三角形三顶点的数字之和是6，该怎样填？

题目（84）如图21所示，把1～6六个数字填入各圆圈中，使左右两个平行四边形四角数字之和都是15，下边三角形三顶点的数字之和是15，该怎样填？

题目（85）如图21所示，把1～6六个数字填入各圆圈中，使左右两个平行四边形四角数字之和都是16，下边三角形三顶点的数字之和是12，该怎样填？

题目（86）如图21所示，把1~6六个数字填入各圆圈中，使左右两个平行四边形四角数字之和都是16，下边的三角形三顶点的数字之和是9，该怎样填？

题目（87）如图21所示，把1~6六个数字填入各圆圈中，使左右两个平行四边形四角数字之和都是16，下边三角形三顶点的数字之和是10，该怎样填？

题目（88）如图22所示，把1~6六个数字填入各圆圈中，使上三角形三顶点的数字之和是8，下三角形三顶点的数字之和为13。中间横排上三数之和是6，该怎样填？

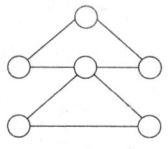

图22

题目（89）如图22所示，把1~6六个数字填入各圆圈中，使上三角形三顶点的数字之和是9，下三角形三顶点的数字之和是12。中间横排上三数之和是6，该怎样填？

题目（90）如图22所示，把1~6六个数字填入各圆圈中，使上三角形三顶点的数字之和是10，下三角形三顶点的数字之和是11。中间横排上三数之和是6，该怎样填？

题目（91）如图22所示，把1~6六个数字填入各圆圈中，使上三角形三顶点的数字之和是11，下三角形三顶点的数字之和是10。中间横排上三数之和是15，该怎样填？

题目（92）如图22所示，把1~6六个数字填入各圆圈中，使上三角形三顶点的数字之和是12，下三角形三顶点的数字之和是9。中间横排上三数之和是15且为连续数，该怎样填？

题目（93）如图23所示，把1~6六个数字填入各圆圈中，使上、左、右三个三角形（画阴影）的三顶点的数字之和都是9，该怎样填？

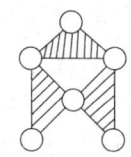

图23

题目（94）如图23所示，把1~6六个数字填入各圆圈中，使上、左、右三个三角形（画阴影）的三顶点的数字之和都是11，该怎样填？

题目（95）如图23所示，把1~6六个数字填入各圆圈中，使上、左、右三个三角形（画阴影）的三顶点的数字之和都是12，中间三角形（空白的）三顶点的数是连续数，该怎样填？

题目（96）如图23所示，把1~6六个数字填入各圆圈中，使上、左、右三个三角形（画阴影）的三顶点的数字之和都是10，中间三角形

(空白的）三顶点的数都是奇数，该怎样填？

（二）7~8个数　184道题

题目（97）如图24所示，把1~7七个数字填入各圆圈中，使中间横排上的三数之和是18，左右两个三角形三顶点的数字之和都是11，上边三角形（虚线）的三顶点的数字之和是11，该怎样填？

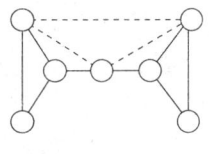

图24

题目（98）如图24所示，把1~7七个数字填入各圆圈中，使中间横排上的三数之和是6，左右两个三角形的三顶点数字之和都是13，上边三角形（虚线）三顶点的数字之和是13，该怎样填？

题目（99）如图24所示，把1~7七个数字填入各圆圈中，使中间横排上的三数之和是17。左右两个三角形的三顶点数字之和都是12，上边三角形（虚线）三顶点的数字之和是12，该怎样填？

题目（100）如图25所示，把1~7七个数字填入各圆圈中，使三个三角形三顶点的数字之和都是10，图形下边横排上的三数之和是6，该怎样填？

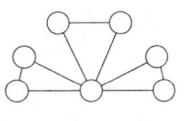

图25

题目（101）如图25所示，把1~7七个数字填入各圆圈中，使三个三角形三顶点的数字之和都是12，图形下边横排上的三数之和是9，该怎样填？

题目（102）如图25所示，把1~7七个数字填入各圆圈中，使三个三角形三顶点的数字之和都是14，图形下边横排上的三数之和是18，该怎样填？

题目（103）如图26所示，把1~7七个数字填入各圆圈中，使上下横排的三数之和都是12，中间竖行上的三数之和也是12，该怎样填？

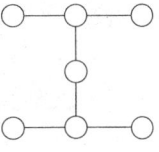

图26

题目（104）如图26所示，把1~7七个数字填入各圆圈中，使上下横排的三数之和都是11，中间竖行上的三数之和也是11，该怎样填？

题目（105）如图26所示，把1~7七个数字填入各圆圈中，使上下横排的三数之和都是13，中间竖行上的三数之和也是13，该怎样填？

题目（106）如图 26 所示，把 1～7 七个数字填入各圆圈中，使上横排三数之和是 12，下横排三数之和是 11，中间竖行三数之和是 12，该怎样填？

题目（107）如图 27 所示，把 1～7 七个数字填入各圆圈中，使左右两个三角形三顶点的数字之和都是 13，上边的三角形三顶点的数字之和是 6，该怎样填？

题目（108）如图 27 所示，把 1～7 七个数字填入各圆圈中，使左右两个三角形三顶点的数字之和都是 11，上边的三角形三顶点的数字之和是 18，该怎样填？

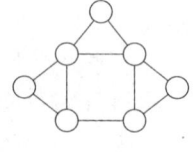

图 27

题目（109）如图 27 所示，把 1～7 七个数字填入各圆圈中，使左右两个三角形三顶点的数字之和都是 12，上边的三角形三顶点的数字之和也是 12，该怎样填？

题目（110）如图 28 所示，把 1～7 七个数字填入各圆圈中，使图形上部的长方形和图形下部的长方形上的五数之和都是 17，该怎样填？

题目（111）如图 28 所示，把 1～7 七个数字填入各圆圈中，使图形上部的长方形上的五个数字之和与图形下部的长方形的五个数字之和都是 20，并使水平中轴上的三个数字是连续数，该怎样填？

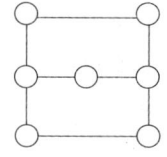

图 28

题目（112）如图 28 所示，把 1～7 七个数字填入各圆圈中，使图形上部的长方形和图形下部的长方形上的五个数字之和都是 23，该怎样填？

题目（113）如图 29 所示，把 1～7 七个数字填入各圆圈中，使左右两个平行四边形四角的数字之和都是 15，上横排上的三个数字为连续数，该怎样填？

题目（114）如图 29 所示，把 1～7 七个数字填入各圆圈中，使左右两个平行四边形四角的数字之和都是 17，上横排上的三数为连续数，该怎样填？

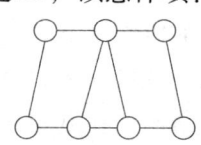

图 29

题目（115）如图 29 所示，把 1～7 七个数字填入各圆圈中，使左右两个平行四边形四角的数字之和都是 16，上横排上的三个数字为连续数，该怎样填？

题目（116）如图 30 所示，把 1～7 七个数字填入各圆圈中，使上下两个三角形三顶点的数字之和都是 14，中间横轴上的三数之和也是 14，该怎样填？

题目（117）如图 30 所示，把 1~7 七个数字填入各圆圈中，使上下两个三角形三顶点的数字之和都是 10，中间横轴上的三数之和也是 10，该怎样填？

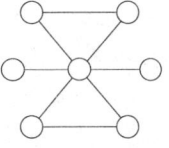

图 30

题目（118）如图 30 所示，把 1~7 七个数字填入各圆圈中，使上下两个三角形三顶点的数字之和都是 12，横轴上的三数之和是 16，该怎样填？

题目（119）如图 30 所示，把 1~7 七个数字填入各圆圈中，使上下两个三角形三顶点的数字之和都是 15，横轴上的三数之和是 8，该怎样填？

题目（120）如图 30 所示，把 1~7 七个数字填入各圆圈中，使上下两个三角形三顶点的数字之和都是 11，横轴上的三数之和是 6，该怎样填？

题目（121）如图 30 所示，把 1~7 七个数字填入各圆圈中，使上下两个三角形三顶点的数字之和都是 12，横轴上的三数之和是 6，该怎样填？

题目（122）如图 30 所示，把 1~7 七个数字填入各圆圈中，使上下两个三角形三顶点的数字之和都是 14，横轴上的三数之和是 6，该怎样填？

题目（123）如图 30 所示，把 1~7 七个数字填入各圆圈中，使上下两个三角形三顶点的数字之和都是 13，横轴上的三数之和是 6，该怎样填？

题目（124）如图 30 所示，把 1~7 七个数字填入各圆圈中，使上下两个三角形三顶点的数字之和都是 15，横轴上的三数之和是 10，该怎样填？

题目（125）如图 30 所示，把 1~7 七个数字填入各圆圈中，使上下两个三角形三顶点的数字之和都是 12，横轴上的三数之和是 10，该怎样填？

题目（126）如图 30 所示，把 1~7 七个数字填入各圆圈中，使上下两个三角形三顶点的数字之和都是 9，横轴上的三数之和是 16，该怎样填？

题目（127）如图 30 所示，把 1~7 七个数字填入各圆圈中，使上下两个三角形三顶点的数字之和都是 12，横轴上的三数之和是 8，该怎样填？

题目（128）如图 30 所示，把 1~7 七个数字填入各圆圈中，使上下两个三角形三顶点的数字之和都是 11，横轴上的三数之和是 18，该怎样填？

题目（129）如图 30 所示，把 1~7 七个数字填入各圆圈中，使上下两个三角形三顶点的数字之和都是 10，横轴上的三数之和是 12，该怎样填？

题目（130）如图 31 所示，把 1~7 七个数字填入各圆圈中，使左右两个三角形三顶点的数字之和都是 11，中间三角形三顶点的数字之和是 18，该怎样填？

题目（131）如图 31 所示，把 1～7 七个数字填入各圆圈中，使左右两个三角形三顶点的数字之和是 12，中间三角形三顶点数字之和是 17，该怎样填？

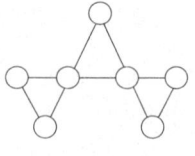

图 31

题目（132）如图 31 所示，把 1～7 七个数字填入各圆圈中，使左右两个三角形三顶点的数字之和都是 12，中间三角形三顶点的数字之和是 6，该怎样填？

题目（133）如图 31 所示，把 1～7 七个数字填入各圆圈中，使左右两个三角形三顶点的数字之和都是 11，中间三角形三顶点的数字之和是 9，该怎样填？

题目（134）如图 31 所示，把 1～7 七个数字填入各圆圈中，使左右两个三角形三顶点的数字之和都是 13，中间三角形三顶点的数字之和是 15，该怎样填？

题目（135）如图 31 所示，把 1～7 七个数字填入各圆圈中，使左右两个三角形三顶点的数字之和都是 12，中间三角形三顶点的数字之和是 7，该怎样填？

题目（136）如图 32 所示，把 1～7 七个数字填入各圆圈中，使横排四数之和是 10，中间三角形三顶点的数字之和也是 10，该怎样填？

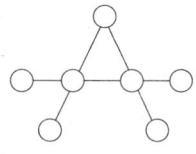

图 32

题目（137）如图 32 所示，把 1～7 七个数字填入各圆圈中，使横排四数之和是 14，上边小三角形三顶点数字之和是 6，该怎样填？

题目（138）如图 32 所示，把 1～7 七个数字填入各圆圈中，使横排上四数之和是 16，左右两根斜杆上的三数之和都是 15，中间三角形三顶点的数是连续数，该怎样填？

题目（139）如图 32 所示，把 1～7 七个数字填入各圆圈中，使横排上四数之和是 14，左右两根斜杆上的三数之和都是 10，该怎样填？

题目（140）如图 32 所示，把 1～7 七个数字填入各圆圈中，使横排四数之和是 13，左右两根斜杆上的三数之和是 12，该怎样填？

题目（141）如图 32 所示，把 1～7 七个数字填入各圆圈中，使横排上四数之和是 14，左右两根斜杆上的三数之和都是 12，该怎样填？

题目（142）如图 32 所示，把 1～7 七个数字填入各圆圈中，使横排上四数之和是 12，左右两根斜杆上的三数之和都是 14，该怎样填？

题目（143）如图 32 所示，把 1~7 七个数字填入各圆圈中，使横排上四数之和是 10，左右两根斜杆上的三数之和都是 15，该怎样填？

题目（144）如图 33 所示，把 1~7 七个数字填入各圆圈中，使上下两个三角形三顶点的数字之和都是 12，横轴上的三数之和也是 12，该怎样填？

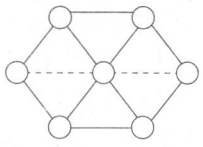

图 33

题目（145）如图 33 所示，把 1~7 七个数字填入各圆圈中，使上下两个三角形三顶点的数字之和都是 10，横轴上三数之和也是 10，该怎样填？

题目（146）如图 33 所示，把 1~7 七个数字填入各圆圈中，使上下两个三角形三顶点的数字之和是 14，横轴上的三数之和也是 14，该怎样填？

题目（147）如图 34 所示，把 1~7 七个数字填入各圆圈中，使左右两个正方形四角的数字之和都是 17，下边三角形三顶点的数字之和是 18，该怎样填？

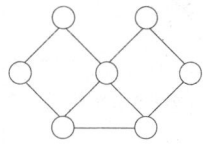

图 34

题目（148）如图 34 所示，把 1~7 七个数字填入各圆圈中，使左右两个正方形四角的数字之和都是 16，下边三角形三顶点的数字之和是 12，且为连续数，该怎样填？

题目（149）如图 34 所示，把 1~7 七个数字填入各圆圈中，使左右两个正方形四角的数字之和都是 15，下边三角形三顶点的数字之和是 6，该怎样填？

题目（150）如图 35 所示，把 1~7 七个数字填入各圆圈中，使三个三角形三顶点的数字之和都是 11，该怎样填？

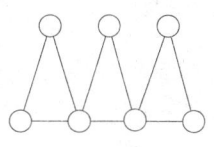

图 35

题目（151）如图 35 所示，把 1~7 七个数字填入各圆圈中，使三个三角形三顶点的数字之和都是 13，该怎样填？

题目（152）如图 35 所示，把 1~7 七个数字填入各圆圈中，使三个三角形三顶点的数字之和都是 12，该怎样填？

题目（153）如图 36 所示，把 1~7 七个数字填入各圆圈中，使左右两个小三角形三顶点的数字之和都是 14，中间大三角形三顶点的数字之和是 12，该怎样填？

题目（154）如图 36 所示，把 1~7 七个数字填入各圆圈中，使左右两个小三角形三顶点的数字之和都是 13，中间大三角形三顶点的数字之和是 12，该怎样填？

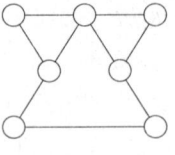

题目（155）如图 36 所示，把 1~7 七个数字填入各圆圈中，使左右两个小三角形三顶点的数字之和都是 12，中间大三角形三顶点的数字之和是 14，该怎样填？

图 36

题目（156）如图 36 所示，把 1~7 七个数字填入各圆圈中，使左右两个小三角形三顶点的数字之和都是 13，中间大三角形三顶点的数字之和是 6，该怎样填？

题目（157）如图 36 所示，把 1~7 七个数字填入各圆圈中，使左右两个小三角形三顶点的数字之和都是 11，中间大三角形三顶点的数字之和是 14，该怎样填？

题目（158）如图 36 所示，把 1~7 七个数字填入各圆圈中，使左右两个小三角形三顶点的数字之和都是 12，中间大三角形三顶点的数字之和是 10，该怎样填？

题目（159）如图 37 所示，把 1~8 八个数字填入各圆圈中，使中间正方形四角的数字之和是 10，上下横排三数之和都是 15，该怎样填？若只要求上下横排三数之和是 15，不考虑正方形的数，则还有一解。

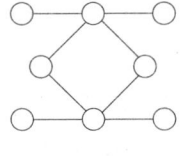

图 37

题目（160）如图 37 所示，把 1~8 八个数字填入各圆圈中，使中间正方形四角的数字之和是 10，上下横排三数之和都是 16，该怎样填？

题目（161）如图 37 所示，把 1~8 八个数字填入各圆圈中，使中间正方形四角的数字之和是 26，上下横排三数之和都是 12，该怎样填？

题目（162）如图 37 所示，把 1~8 八个数字填入各圆圈中，使中间正方形四角的数字之和是 26，上下横排三数之和都是 11，该怎样填？

题目（163）如图 37 所示，把 1~8 八个数字填入各圆圈中，使中间正方形四角的数字都是偶数，上下横排三数之和都是 14，该怎样填？

题目（164）如图 37 所示，把 1~8 八个数字填入各圆圈中，使中间正方形四角的数字都是偶数，上下横排三数之和都是 12，该怎样填？

题目（165）如图 37 所示，把 1~8 八个数字填入各圆圈中，使中间正方形四角的数字都是奇数，上下横排三数之和都是 13，该怎样填？

题目（166）如图 37 所示，把 1~8 八个数字填入各圆圈中，使中间正方形四角的数字都是奇数,上下横排三数之和都是 15,该怎样填?

题目(167)如图 37 所示,把 1~8 八个数字填入各圆圈中,使上下横排左右端四数之和是 14,上下横排三数之和也都是 14,该怎样填?

题目(168)如图 37 所示,把 1~8 八个数字填入各圆圈中,使上下横排左右端四数之和是 22,上下横排三数之和都是 13,该怎样填?

题目(169)如图 38 所示,把 1~8 八个数字填入各圆圈中,使上边两个三角形三顶点的数字之和都是 12,下边两个三角形三顶点的数字之和都是 11,该怎样填?

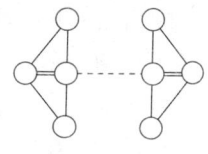

图 38

题目(170)如图 38 所示,把 1~8 八个数字填入各圆圈中,使上边两个三角形三顶点的数字之和都是 15,下边两个三角形三顶点的数字之和都是 16,该怎样填?

题目(171)如图 38 所示,把 1~8 八个数字填入各圆圈中,使上边两个三角形三顶点的数字之和都是 15,下边两个三角形三顶点的数字之和都是 13,图形上下四个数都是奇数,该怎样填?

题目(172)如图 38 所示,把 1~8 八个数字填入各圆圈中,使上边两个三角形三顶点的数字之和是 14,下边两个三角形三顶点的数字之和都是 13,图形上下四个数是四个连续数,该怎样填?

题目(173)如图 38 所示,把 1~8 八个数字填入各圆圈中,使上边两个三角形三顶点的数字之和都是 16,下边两个三角形三顶点的数字之和都是 15,该怎样填?

题目(174)如图 38 所示,把 1~8 八个数字填入各圆圈中,使上边两个三角形三顶点的数字之和都是 14,下边两个三角形三顶点的数字之和都是 12,图形上下四个数都是偶数,该怎样填?

题目(175)如图 39 所示,把 1~8 八个数字填入各圆圈中,使上边三角形三顶点的数字之和是 14,下边两个三角形三顶点的数字之和也是 14,中间横排的三数之和是 6,该怎样填?

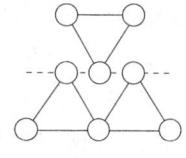

图 39

题目(176)如图 39 所示,把 1~8 八个数字填入各圆圈中,使上边三角形三顶点的数字之和是 16,下边两个三角形三顶点的数字之和都是 13,中间横排的三数之和是 6,该怎样填?

题目(177)如图 39 所示,把 1~8 八个数字填入各圆圈中,使上边三角形三顶点的数字之和是 14，下边两个三角形三顶点的数字之和都是 13，中间横排的三数之和是 21，该怎样填？

题目（178）如图 39 所示，把 1~8 八个数字填入各圆圈中，使上边三角形三顶点的数字之和是 16，下边两个三角形三顶点的数字之和都是 12，中间横排的三数之和是 21，该怎样填？

题目（179）如图 39 所示，把 1~8 八个数字填入各圆圈中，使上边三角形三顶点的数字之和是 16，下边两个三角形三顶点的数字之和都是 14，中间横排的三数之和是 12，该怎样填？

题目（180）如图 39 所示，把 1~8 八个数字填入各圆圈中，使上边三角形三顶点的数字之和是 18，下边两个三角形三顶点的数字之和都是 13，中间横排的三数之和是 12，该怎样填？

题目（181）如图 40 所示，把 1~8 八个数字填入各圆圈中，使最上端二数之和是 4，最下端二数之和是 6，中间横排的四数为连续数，使上边小正方形四角的数字之和是 17，该怎样填？

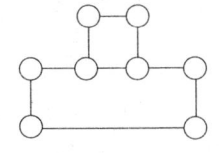

图 40

题目（182）如图 40 所示，把 1~8 八个数字填入各圆圈中，使最上端二数之和是 13，最下端二数之和也是 13，中间横排的四数为连续数，并使上边小正方形四角的数字之和是 18，该怎样填？

题目（183）如图 40 所示，把 1~8 八个数字填入各圆圈中，使最上端二数之和是 8，最下端二数之和是 14，中间横排的四数为连续数，并使上边小正方形四角的数字之和是 15，该怎样填？

题目（184）如图 40 所示，把 1~8 八个数字填入各圆圈中，使最上端二数之和是 10，最下端二数之和是 4，中间横排的四数为连续数，并使上边小正方形四角的数字之和是 21，该怎样填？

题目（185）如图 40 所示，把 1~8 八个数字填入各圆圈中，使最上端二数之和是 3，最下端二数之和是 14，并使上边小正方形四角的数字之和是 12，该怎样填？

题目（186）如图 40 所示，把 1~8 八个数字填入各圆圈中，使最上端二数之和是 4，最下端二数之和是 15，并使上边小正方形四角的数字之和是 14，该怎样填？

题目（187）如图 40 所示，把 1~8 八个数字填入各圆圈中，使最上端二数之和是 6，最下端二数之和是 14，中间横排的四数都是奇数，并使上边小正方形四角的数字之和是10，该怎样填？

题目（188）如图40所示，把1~8八个数字填入各圆圈中，使最上端二数之和是6，最下端二数之和是10，中间横排的四数都是偶数，并使上边小正方形四角的数字之和是18，该怎样填？

题目（189）如图41所示，把1~8八个数字填入各圆圈中，使左右两个三角形三顶点的数字之和都是16，中间正方形四角的数字之和是10，该怎样填？

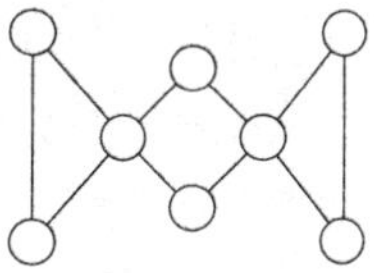

图41

题目（190）如图41所示，把1~8八个数字填入各圆圈中，使左右两个三角形三顶点的数字之和都是15，中间正方形四角的数字之和是12，该怎样填？

题目（191）如图41所示，把1~8八个数字填入各圆圈中，使左右两个三角形三顶点的数字之和都是15，中间正方形四角的数字之和是21，该怎样填？

题目（192）如图41所示，把1~8八个数字填入各圆圈中，使左右两个三角形三顶点的数字之和都是15，中间正方形四角的数字之和是16，该怎样填？

题目（193）如图41所示，把1~8八个数字填入各圆圈中，使左右两个三角形三顶点的数字之和都是14，中间正方形四角的数字之和是18，该怎样填？

题目（194）如图41所示，把1~8八个数字填入各圆圈中，使左右两个三角形三顶点的数字之和都是14，中间正方形四角的数字之和是13，该怎样填？

题目（195）如图41所示，把1~8八个数字填入各圆圈中，使左右两个三角形三顶点的数字之和都是13，中间正方形四角的数字之和是14，该怎样填？

题目（196）如图41所示，把1~8八个数字填入各圆圈中，使左右两个三角形三顶点的数字之和都是13，中间正方形四角的数字之和是21，该怎样填？

题目（197）如图41所示，把1~8八个数字填入各圆圈中，使左右两个三角形三顶点的数字之和都是13，中间正方形四角的数字之和是19，该怎样填？

题目（198）如图41所示，把1~8八个数字填入各圆圈中，使左右两个三角形三顶点数字之和都是12，中间小正方形四角的数字之和是19，该怎样填?

题目（199）如图41所示，把1~8八个数字填入各圆圈中，使左右两个三角形三顶点数字之和都是12，中间正方形四角的数字之和是15，该怎样填?

题目（200）如图41所示，把1~8八个数字填入各圆圈中，使左右两个三角形三顶点的数字之和都是11，中间正方形四角的数字之和是26，该怎样填?

题目（201）如图42所示，把1~8八个数字填入各圆圈中，使左右两个三角形三顶点的数字之和都是11，中间正方形四角的数字之和是17，中间横排的四数之和是14，该怎样填?

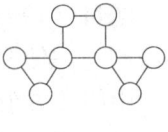

图42

题目（202）如图42所示，把1~8八个数字填入各圆圈中，使左右两个三角形三顶点的数字之和都是16，中间正方形四角的数字之和是19，中间横排的四数之和是22，该怎样填?

题目（203）如图42所示，把1~8八个数字填入各圆圈中，使左右两个三角形三顶点的数字之和都是13，中间正方形四角的数字之和是14，中间横排的四数之和是11，该怎样填?

题目（204）如图42所示，把1~8八个数字填入各圆圈中，使左右两个三角形三顶点的数字之和都是13，中间正方形四角的数字之和也是13，中间横排的四数之和是12，该怎样填?

题目（205）如图42所示，把1~8八个数字填入各圆圈中，使左右两个三角形三顶点的数字之和都是14，中间正方形四角的数字之和是12，中间横排的四数之和是19，该怎样填?

题目（206）如图42所示，把1~8八个数字填入各圆圈中，使左右两个三角形三顶点的数字之和都是15，中间正方形四角的数字之和是21，中间横排的四数之和是20，该怎样填?

题目（207）如图42所示，把1~8八个数字填入各圆圈中，使左右两个三角形三顶点的数字之和都是15，中间正方形四角的数字之和是21，中间横排的四数之和是19，该怎样填?

题目（208）如图42所示，把1~8八个数字填入各圆圈中，使左右两个三角形三顶点的数字之和都是15，中间正方形四角数字之和是20，中间横排四数之和也是20，该怎样填?

题目（209）如图42所示，把1~8八个数字填入各圆圈中，使左右两个三角形三顶点的数字之和都是12，中间正方形四角的数字之和是15，中间横排的四数之和也是15，该怎样填？

题目（210）如图42所示，把1~8八个数字填入各圆圈中，使左右两个三角形三顶点的数字之和都是14，中间正方形四角的数字之和是22，中间横排的四数之和是17，该怎样填？

题目（211）如图42所示，把1~8八个数字填入各圆圈中，使左右两个三角形三顶点的数字之和都是12，中间正方形四角的数字之和是26，中间横排的四数之和是17，该怎样填？

题目（212）如图42所示，把1~8八个数字填入各圆圈中，使左右两个三角形三顶点数字之和都是16，中间正方形四角的数字之和是19，中间横排的四数之和是21，该怎样填？

题目（213）如图43所示，把1~8八个数字填入各圆圈中，使上下两个大三角形三顶点的数字之和都是16，中间小三角形三顶点的数字之和是9，中间横排上左边二数之和是右边二数之和，该怎样填？

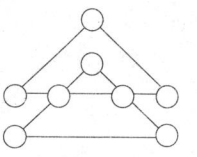

图43

题目（214）如图43所示，把1~8八个数字填入各圆圈中，使上下两个大三角形三顶点的数字之和都是15，中间小三角形三顶点的数都是奇数，中间横排上左边二数之和是右边二数之和，该怎样填？

题目（215）如图43所示，把1~8八个数字填入各圆圈中，使上下两个大三角形三顶点的数字之和都是12，中间小三角形三顶点的数字之和是15，中间横排左边二数之和与右边二数之和都是9，该怎样填？

题目（216）如图43所示，把1~8八个数字填入各圆圈中，使上下两个大三角形三顶点的数字之和都是15，中间小三角形三顶点数字都是偶数，中间横排左边二数之和与右边二数之和相等，该怎样填？

题目（217）如图43所示，把1~8八个数字填入各圆圈中，使上下两个大三角形三顶点的数字之和是12，中间小三角形三顶点的数都是偶数，中间横排左边二数之和与右边二数之和相等，该怎样填？

题目（218）如图43所示，把1~8八个数字填入各圆圈中，使上下两个大三角形三顶点的数字之和都是13，中间小三角形三顶点的数字都是偶数，而且之和是12，中间横排左边二数之和与右边二数之和相等，该怎样填？

题目（219）如图43所示，把1~8八个数字填入各圆圈中，使上下两个大三角形三顶点的数字之和都是13，中间小三角形三顶点的数字都是奇数，中间横排左边二数之和与右边二数之和相等，该怎样填？

题目（220）如图43所示，把1～8八个数字填入各圆圈中，使上下两个大三角形三顶点的数字之和都是14，中间小三角形三顶点的数字都是偶数，中间横排左边二数之和与右边二数之和相等，该怎样填？

题目（221）如图43所示，把1～8八个数字填入各圆圈中，使上下两个大三角形三顶点的数字之和都是14，中间小三角形三顶点的数字之和是13，而且都是奇数，中间横排左边二数之和与右边二数之和相等，该怎样填？

题目（222）如图43所示，把1～8八个数字填入各圆圈中，使上下两个大三角形三顶点的数字之和都是14，中间小三角形三顶点数字之和是15，而且都是奇数，中间横排左边二数之和与右边二数之和相等，该怎样填？

题目（223）如图43所示，把1～8八个数字填入各圆圈中，使上下两个大三角形三顶点的数字之和都是13，中间小三角形三顶点数字之和是16，而且都是偶数，中间横排左边二数之和与右边二数之和相等，该怎样填？

题目（224）如图43所示，把1～8八个数字填入各圆圈中，使上下两个大三角形三顶点的数字之和都是11，中间小三角形三顶点三数为连续数，中间横排左边二数之和与右边二数之和相等，该怎样填？

题目（225）如图44所示，把1～8八个数字填入各圆圈中，使正方形各边上的三数之和都是15，左右对边中点二数之和是6，上下对边中点二数之和也是6，该怎样填？

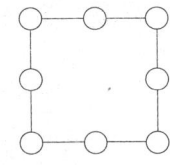

图44

题目（226）如图44所示，把1～8八个数字填入各圆圈中，使正方形各边上的三数之和都是14，左右对边中点二数之和是8，上下对边中点二数之和也是8，该怎样填？

题目（227）如图44所示，把1～8八个数字填入各圆圈中，使正方形各边上的三数之和都是12，左右对边中点二数之和是12，上下对边中点二数之和也是12，该怎样填？

题目（228）如图44所示，把1～8八个数字填入各圆圈中，使正方形各边上的三数之和都是13，左右对边中点二数之和是10，上下对边中点二数之和也是10，该怎样填？

题目（229）如图45所示，把1～8八个数字填入各圆圈中，使周围四个三角形三顶点的数字之和都是 15，外围正方形两组对角二数之和都是 6，该怎样填？

题目（230）如图 45 所示，把 1~8 八个数字填入各圆圈中，使周围四个三角形三顶点的数字之和都是 14，外围正方形两组对角二数之和都是 8，该怎样填？

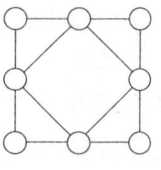

图 45

题目（231）如图 45 所示，把 1~8 八个数字填入各圆圈中，使周围四个三角形三顶点的数字之和都是 12，外围正方形两组对角二数之和也都是 12，该怎样填？

题目（232）如图 45 所示，把 1~8 八个数字填入各圆圈中，使周围四个三角形三顶点的数字之和都是 13，外围正方形两组对角二数之和都是 10，该怎样填？

题目（233）如图 46 所示，把 1~8 八个数字填入各圆圈中，使左右两个正方形四角的数字之和都是 17，中间正方形四角的数字之和是 10，顶上角的数字已知是 3，其余七个数该怎样填？

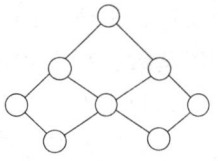

图 46

题目（234）如图 46 所示，把 1~8 八个数字填入各圆圈中，使左右两个正方形四角数字之和都是 19，中间正方形四角数字之和是 10，顶上角的数字已知是 1，其余七个数该怎样填？

题目（235）如图 46 所示，把 1~8 八个数字填入各圆圈中，使左右两个正方形四角的数字之和都是 17，中间正方形四角的数字之和是 26，顶上角的数字已知是 7，其余七个数该怎样填？

题目（236）如图 46 所示，把 1~8 八个数字填入各圆圈中，使左右两个正方形四角的数字之和都是 17，中间正方形四角的数字之和是 10，顶上角的数字已知是 4，其余七个数该怎样填？

题目（237）如图 46 所示，把 1~8 八个数字填入各圆圈中，使左右两个正方形四角的数字之和都是 19，中间正方形四角的数字之和是 10，顶上角的数字已知是 2，其余七个数该怎样填？

题目（238）如图 46 所示，把 1~8 八个数字填入各圆圈中，使左右两个正方形四角的数字之和都是 17，中间正方形四角的数字之和是 26，顶上角的数字已知是 8，其余七个数该怎样填？

题目（239）如图 46 所示，把 1~8 八个数字填入各圆圈中，使左右两个正方形四角的数字之和都是 19，中间正方形四角的数字之和是 26，顶上角的数字已知是6，其余七个数该怎样填？

题目（240）如图46所示，把1~8八个数字填入各圆圈中，使左右两个正方形四角的数字之和都是17，中间正方形四角的数字之和是18，且为连续数，顶上角的数字已知是5，其余七个数该怎样填？

题目（241）如图46所示，把1~8八个数字填入各圆圈中，使左右两个正方形四角的数字之和都是19，中间正方形四角的数字之和是18，且为连续数，顶上角的数字已知是3，其余七个数字该怎样填？

题目（242）如图46所示，把1~8八个数字填入各圆圈中，使左右两个正方形四角的数字之和都是19，中间正方形四角的数字之和是26，顶上角的数字已知是5，其余七个数字该怎样填？

题目（243）如图46所示，把1~8八个数字填入各圆圈中，使左右两个正方形四角的数字之和都是17，中间正方形四角的数字之和是18，且为连续数，顶上角的数字已知是6，其余七个数字该怎样填？

题目（244）如图46所示，把1~8八个数字填入各圆圈中，使左右两个正方形四角的数字之和都是19，中间正方形四角的数字之和是18，且为连续数，顶上角的数字已知是4，其余七个数该怎样填？

题目（245）如图47所示，把1~8八个数字填入各圆圈中，使左中右的三个四边形四角的数字之和都是15，下边三角形三顶点的数字之和是10，中间横排（虚线连）上的三数之和是15，该怎样填？

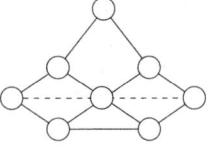

图47

题目（246）如图47所示，把1~8八个数字填入各圆圈中，使左中右的三个四边形四角的数字之和都是20，下边三角形三顶点的数字之和是20，中间横排（虚线）上的三数之和是12，该怎样填？

题目（247）如图47所示，把1~8八个数字填入各圆圈中，使左中右三个四边形四角的数字之和都是17，下边三角形三顶点数字之和是14，中间横排（虚线）上三数之和是7，该怎样填？

题目（248）如图47所示，把1~8八个数字填入各圆圈中，使左中右三个四边形四角的数字之和都是17，下边三角形三顶点的数字之和是13，中间横排（虚线）上的三数之和是14，该怎样填？

题目（249）如图47所示，把1~8八个数字填入各圆圈中，使左中右三个四边形四角的数字之和都是19，下边三角形三顶点的数字之和是10，中间横排（虚线）上的三数之和是19，该怎样填？

题目（250）如图47所示，把1~8八个数字填入各圆圈中，使左中右三个四边形四角的数字之和都是19，下边三角形三顶点的数字之和是10，中间横排（虚线）上的三数之和是15，该怎样填？

题目（251）如图47所示，把1~8八个数字填入各圆圈中，使左中右三个四边形四角的数字之和都是19，下边三角形三顶点的数字之和是10，中间横排（虚线）上的三数之和是13，该怎样填？

题目（252）如图47所示，把1~8八个数字填入各圆圈中，使左中右三个四边形四角的数字之和都是17，下边三角形三顶点的数字之和是10，中间横排（虚线）上的三数之和是19，该怎样填？

题目（253）如图47所示，把1~8八个数字填入各圆圈中，使左中右三个四边形四角的数字之和都是17，下边三角形三顶点的数字之和是13，中间横排（虚线）上的三数之和是10，该怎样填？

题目（254）如图47所示，把1~8八个数字填入各圆圈中，使左中右三个四边形四角的数字之和都是20，下边三角形三顶点的数字之和是17，中间横排（虚线）上的三数之和是13，该怎样填？

题目（255）如图47所示，把1~8八个数字填入各圆圈中，使左中右三个四边形四角的数字之和都是16，下边三角形三顶点的数字之和是9，中间横排（虚线）上的三数之和是17，该怎样填？

题目（256）如图47所示，把1~8八个数字填入各圆圈中，使左中右三个四边形四角的数字之和都是19，下边三角形三顶点的数字之和是13，中间横排（虚线）上的三数之和是20，该怎样填？

题目（257）如图48所示，把1~8八个数字填入各圆圈中，使中间二数加左边竖行的五数之和是20，中间二数加右边竖行的五数之和也是20，左右两竖行中点二数之和是6，该怎样填？

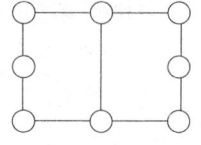

图48

题目（258）如图48所示，把1~8八个数字填入各圆圈中，使中间二数加左竖行的五数之和是21，中间二数加右边竖行的五数之和也是21，左右两竖行中点二数之和是5，该怎样填？

题目（259）如图48所示，把1~8八个数字填入各圆圈中，使中间二数加左边竖行的五数之和是22，中间二数加右边竖行的五数之和也是22，左右两竖行中点二数之和是4，该怎样填？

题目（260）如图48所示，把1~8八个数字填入各圆圈中，使中间二数加左边竖行的五数之和是23，中间二数加右边竖行的五数之和也是

23，中间竖行二数都是偶数，左右两竖行中点二数之和是3，该怎样填？

题目（261）如图48所示，把1～8八个数字填入各圆圈中，使中间二数加左边竖行的五数之和是24，中间二数加右边竖行的五数之和也是24。中间竖行二数都是偶数。左右两竖行中点二数之和是3，该怎样填？

题目（262）如图48所示，把1～8八个数字填入各圆圈中，使中间二数加左边竖行的五数之和是25，中间二数加右边竖行的五数之和也是25，左右两竖行中点的二数之和是3，该怎样填？

题目（263）如图49所示，把1～8八个数字填入各圆圈中，使图形上边二数之和是3，下边两小正方形四角的数字之和都是22，中间横排的三数之和是20，该怎样填？

图49

题目（264）如图49所示，把1～8八个数字填入各圆圈中，使图上边二数之和是4，下边两小正方形四角的数字之和都是23，中间横排的三数之和是12，该怎样填？

题目（265）如图49所示，把1～8八个数字填入各圆圈中，使图形上边二数之和是15，下边两小正方形四角的数字之和也都是15，中间横排的三数之和是6，该怎样填？

题目（266）如图49所示，把1～8八个数字填入各圆圈中，使图形上边二数之和是14，下边两小正方形四角的数字之和都是14，中间横排的三数之和是6，该怎样填？

题目（267）如图49所示，把1～8八个数字填入各圆圈中，使图形上边二数之和是5，下边两小正方形四角的数字之和都是21，中间横排的三数之和是17，该怎样填？

题目（268）如图49所示，把1～8八个数字填入各圆圈中，使图形上边二数之和是13，下边两小正方形四角的数字之和也都是13，中间横排的三数之和是11，该怎样填？

题目（269）如图50所示，把1～8八个数字填入各圆圈中，使左右两个三角形三顶点的数字之和都是9，上边正方形四角的数字之和是22，中间横排上三数之和是6，该怎样填？

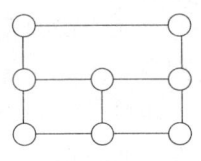

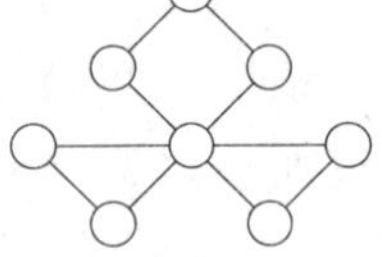

图50

题目（270）如图50所示，把1～8八个数字填入各圆圈中，使左右两个三角形三顶点的数字之和都是9，上边正方形四角的数字之和是24，中间横排上三数之和是6，该怎样填?

题目（271）如图50所示，把1~8八个数字填入各圆圈中，使左右两个三角形三顶点的数字之和都是8，上边正方形四角的数字之和是22，中间横排上三数之和是6，该怎样填？

题目（272）如图50所示，把1~8八个数字填入各圆圈中，使左右两个三角形三顶点的数字之和都是17，上边正方形四角的数字之和是16，中间横排上三数之和是21，该怎样填？

题目（273）如图50所示，把1~8八个数字填入各圆圈中，使左右两个三角形三顶点的数字之和都是18，上边正方形四角的数字之和是16，中间横排上三数之和是21，该怎样填？

题目（274）如图50所示，把1~8八个数字填入各圆圈中，使左右两个三角形三顶点的数字之和都是18，上边正方形四角数字之和是12，中间横排上三数之和是21，该怎样填？

题目（275）如图50所示，把1~8八个数字填入各圆圈中，使左右两个三角形三顶点的数字之和都是12，上边正方形四角的数字之和是22，中间横排上三数之和是15，该怎样填？

题目（276）如图50所示，把1~8八个数字填入各圆圈中，使左右两个三角形三顶点的数字之和都是12，上边正方形四角的数字之和是24，中间横排上三数之和是15，该怎样填？

题目（277）如图50所示，把1~8八个数字填入各圆圈中，使左右两个三角形三顶点的数字之和都是11，上边正方形四角的数字之和是22，中间横排上三数之和是15，该怎样填？

题目（278）如图50所示，把1~8八个数字填入各圆圈中，使左右两个三角形三顶点的数字之和都是13，上边正方形四角的数字之和是20，中间横排上三数之和是18，该怎样填？

题目（279）如图50所示，把1~8八个数字填入各圆圈中，使左右两个三角形三顶点的数字之和都是14，上边正方形四角的数字之和是16，中间横排上三数之和是9，该怎样填？

题目（280）如图50所示，把1~8八个数字填入各圆圈中，使左右两个三角形三顶点的数字之和都是12，上边正方形四角的数字之和是18，中间横排上三数之和是6，该怎样填？

（三）9～10个数 162 道题

题目（281）如图51所示，把1～9九个数字填入各圆圈中，使正方形四条边上的三数之和都是15，大正方形四角数字之和是20，该怎样填？

题目（282）如图51所示，把1～9九个数字填入各圆圈中，使正方形四条边上的三数之和都是16，大正方形四角数字之和是20，该怎样填？（有两解）

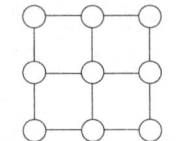

图51

题目（283）如图51所示，把1～9九个数字填入各圆圈中，使正方形四条边上的三数之和都是16，大正方形四角的数字之和是21，该怎样填？（有两解）

题目（284）如图51所示，把1～9九个数字填入各圆圈中，使正方形四条边上的三数之和都是18，大正方形四角的数字之和是30，该怎样填？

题目（285）如图51所示，把1～9九个数字填入各圆圈中，使正方形四条边上的三数之和都是13，大正方形四角的数字之和是11，该怎样填？

题目（286）如图51所示，把1～9九个数字填入各圆圈中，使正方形四条边上的三数之和都是15，大正方形四角的数字之和是19，该怎样填？

题目（287）如图51所示，把1～9九个数字填入各圆圈中，使正方形四条边上的三数之和都是15，大正方形四角的数字之和是21，该怎样填？

题目（288）如图51所示，把1～9九个数字填入各圆圈中，使正方形四条边上的三数之和都是16，大正方形四角的数字之和是23，该怎样填？（有两解）

题目（289）如图51所示，把1～9九个数字填入各圆圈中，使正方形四条边上的三数之和都是17，大正方形四角的数字之和是29，该怎样填？

题目（290）如图51所示，把1～9九个数字填入各圆圈中，使正方形四条边上的三数之和都是14，大正方形四角的数字之和是18，该怎样填？

题目（291）如图51所示，把1~9九个数字填入各圆圈中，使正方形四条边上的三数之和都是15，大正方形四角的数字之和是22，该怎样填？

题目（292）如图51所示，把1~9九个数字填入各圆圈中，使正方形四条边上的三数之和都是13，大正方形四角的数字之和是15，该怎样填？（有两解）

题目（293）如图51所示，把1~9九个数字填入各圆圈中，使正方形四条边上的三数之和都是14，大正方形四角的数字之和是19，该怎样填？（有两解）

题目（294）如图51所示，把1~9九个数字填入各圆圈中，使正方形四条边上的三数之和都是15，大正方形四边中点的四数之和是14，该怎样填？

题目（295）如图51所示，把1~9九个数字填入各圆圈中，使正方形四条边上的三数之和都是12，大正方形四边中点的四数之和是24，该怎样填？

题目（296）如图51所示，把1~9九个数字填入各圆圈中，使正方形四条边上的三数之和都是15，大正方形四边中点的四数之和是12，该怎样填？

题目（297）如图51所示，把1~9九个数字填入各圆圈中，使正方形四条边上的三数之和都是14，大正方形四边中点的四数之和是22，该怎样填？（有两解）

题目（298）如图51所示，把1~9九个数字填入各圆圈中，使正方形四条边上的三数之和都是15，大正方形四边中点的四数之和是24，该怎样填？

题目（299）如图51所示，把1~9九个数字填入各圆圈中，使正方形四条边上的三数之和都是15，大正方形四边中点的四数之和是28，该怎样填？

题目（300）如图51所示，把1~9九个数字填入各圆圈中，使正方形四条边上的三数之和都是17，大正方形四边中点的四数之和是20，该怎样填？（有两解）

题目（301）如图51所示，把1~9九个数字填入各圆圈中，使正方形四条边上的三数之和都是14，大正方形四边中点的四数之和是30，该怎样填？

题目（302） 如图 51 所示，把 1～9 九个数字填入各圆圈中，使正方形四条边上的三数之和都是 18，大正方形四边中点的四数之和是 14，该怎样填？

题目（303） 如图 51 所示，把 1～9 九个数字填入各圆圈中，使正方形四条边上的三数之和都是 15，大正方形四边中点的四数之和是 26，该怎样填？

题目（304） 如图 51 所示，把 1～9 九个数字填入各圆圈中，使正方形四条边上的三数之和都是 18，大正方形四边中点的四数之和是 12，该怎样填？

题目（305） 如图 51 所示，把 1～9 九个数字填入各圆圈中，使正方形四条边上的三数之和都是 16，大正方形四边中点的四数之和是 20，该怎样填？（有两解）

题目（306） 如图 51 所示，把 1～9 九个数字填入各圆圈中，使正方形四条边上的三数之和都是 14，大正方形左右两对边中点的二数之和是 14，该怎样填？

题目（307） 如图 51 所示，把 1～9 九个数字填入各圆圈中，使正方形四条边上的三数之和都是 15，大正方形左右两对边中点的二数之和是 11，该怎样填？

题目（308） 如图 51 所示，把 1～9 九个数字填入各圆圈中，使正方形四条边上的三数之和都是 17，大正方形左右两对边中点的二数之和是 7，该怎样填？

题目（309） 如图 51 所示，把 1～9 九个数字填入各圆圈中，使正方形四条边上的三数之和都是 18，大正方形左右两对边中点的二数之和是 8，该怎样填？

题目（310） 如图 51 所示，把 1～9 九个数字填入各圆圈中，使正方形四条边上的三数之和都是 13，大正方形左右两对边中点的二数之和是 13，该怎样填？

题目（311） 如图 51 所示，把 1～9 九个数字填入各圆圈中，使正方形四条边上的三数之和都是 12，大正方形左右两对边中点的二数之和是 14，该怎样填？

题目（312） 如图 51 所示，把 1～9 九个数字填入各圆圈中，使正方形四条边上的三数之和都是 15，大正方形左右两对边中点的二数之和是 7，该怎样填？

题目（313）如图51所示，把1~9九个数字填入各圆圈中，使正方形四条边上的三数之和都是16，大正方形左右两对边中点二数之和是6，该怎样填？

题目（314）如图51所示，把1~9九个数字填入各圆圈中，使正方形四条边上的三数之和都是16，大正方形左右两对边中点的二数之和是5，该怎样填？

题目（315）如图51所示，把1~9九个数字填入各圆圈中，使正方形各边三数之和都是14，大正方形左右两对边中点的二数之和是8，该怎样填？（有两解）

题目（316）如图51所示，把1~9九个数字填入各圆圈中，使正方形各边三数之和都是13，大正方形左右两对边中点的二数之和是11，该怎样填？（有两解）

题目（317）如图51所示，把1~9九个数字填入各圆圈中，使正方形各边三数之和都是14，大正方形左右两对边中点的二数之和是9，该怎样填？（有两解）

题目（318）如图52所示，把1~9九个数字填入各圆圈中，使图中四个三角形三顶点的数字之和都是16，正方形四边中点的数字之和是20，该怎样填？（有两解）

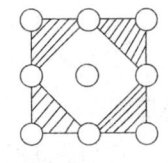

图52

题目（319）如图52所示，把1~9九个数字填入各圆圈中，使图中四个三角形三顶点的数字之和都是14，正方形四边中点的数字之和是13，该怎样填？

题目（320）如图52所示，把1~9九个数字填入各圆圈中，使图中四个三角形三顶点的数字之和都是16，正方形四边中点数字之和是21，该怎样填？（有两解）

题目（321）如图52所示，把1~9九个数字填入各圆圈中，使图中四个三角形三顶点的数字之和都是14，正方形四边中点数字之和也是14，该怎样填？

题目（322）如图52所示，把1~9九个数字填入各圆圈中，使图中四个三角形三顶点的数字之和都是16，正方形四边中点数字之和是22，该怎样填？（有两解）

题目（323）如图52所示，把1~9九个数字填入各圆圈中，使图中四个三角形三顶点的数字之和都是18，正方形四边中点数字之和是30，该怎样填？

题目（324）如图52所示，把1~9九个数字填入各圆圈中，使图中四个三角形三顶点的数字之和都是16，正方形四边中点的数字之和是23，该怎样填？（有两解）

题目（325）如图52所示，把1~9九个数字填入各圆圈中，使图中四个三角形顶点的数字之和都是18，正方形四边中点数字之和是28，该怎样填？

题目（326）如图52所示，把1~9九个数字填入各圆圈中，使图中四个三角形三顶点的数字之和都是14，正方形四边中点数字之和是17，该怎样填？（有两解）

题目（327）如图52所示，把1~9九个数字填入各圆圈中，使图中四个三角形三项点的数字之和都是15，正方形四边中点数字之和是22，该怎样填？

题目（328）如图52所示，把1~9九个数字填入各圆圈中，使图中四个三角形三顶点的数字之和都是14，正方形四角数字之和是20，该怎样填？（有两解）

题目（329）如图52所示，把1~9九个数字填入各圆圈中，使图中四个三角形三顶点的数字之和都是16，正方形四角数字之和是12，该怎样填？

题目（330）如图52所示，把1~9九个数字填入各圆圈中，使图中四个三角形三顶点的数字之和都是14，正方形四角数字之和是16，该怎样填？

题目（331）如图52所示，把1~9九个数字填入各圆圈中，使图中四个三角形三顶点的数字之和都是16，正方形四角数字之和是10，该怎样填？

题目（332）如图52所示，把1~9九个数字填入各圆圈中，使图中四个三角形三顶点的数字之和都是13，正方形四角数字之和是22，该怎样填？（有两解）

题目（333）如图52所示，把1~9九个数字填入各圆圈中，使图中四个三角形三顶点的数字之和都是15，正方形四角数字之和是14，该怎样填？

题目（334）如图52所示，把1~9九个数字填入各圆圈中，使图中四个三角形三顶点的数字之和都是13，正方形四角数字之和是20，该怎样填？（有两解）

题目（335）如图52所示，把1~9九个数字填入各圆圈中，使图中四个三角形三顶点的数字之和都是15，正方形四角数字之和是12，该怎样填？

题目（336）如图52所示，把1~9九个数字填入各圆圈中，使图中四个三角形三顶点的数字之和都是14，正方形四角数字之和是18，该怎样填？（有两解）

题目（337）如图52所示，把1~9九个数字填入各圆圈中，使图中四个三角形三顶点的数字之和都是12，正方形四角数字之和是26，该怎样填？

题目（338）如图53所示，把1~9九个数字填入各圆圈中，使四个小正方形（画阴影）的四角的数字之和都是23，大正方形四角的数字之和是10，该怎样填？

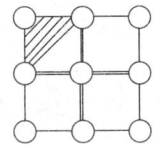

图53

题目（339）如图53所示，把1~9九个数字填入各圆圈中，使四个小正方形（画阴影）的四角的数字之和都是19，大正方形四角的数字之和是26，该怎样填？

题目（340）如图53所示，把1~9九个数字填入各圆圈中，使四个小正方形（画阴影）的四角的数字之和都是19，大正方形四角的数字之和是28，该怎样填？

题目（341）如图53所示，把1~9九个数字填入各圆圈中，使四个小正方形（画阴影）的四角的数字之和都是24，大正方形四角的数字之和是10，该怎样填？

题目（342）如图53所示，把1~9九个数字填入各圆圈中，使四个小正方形（画阴影）的四角的数字之和都是23，大正方形四角的数字之和是14，该怎样填？

题目（343）如图53所示，把1~9九个数字填入各圆圈中，使四个小正方形（画阴影）的四角的数字之和都是21，大正方形四角的数字之和是22，该怎样填？

题目（344）如图53所示，把1~9九个数字填入各圆圈中，使四个小正方形（画阴影）的四角的数字之和都是22，大正方形四角的数字之和是20，该怎样填？（有两解）

题目（345）如图53所示，把1~9九个数字填入各圆圈中，使四个小正方形（画阴影）的四角的数字之和都是21，大正方形四角的数字之和是24，该怎样填？

题目（346）如图 53 所示，把 1~9 九个数字填入各圆圈中，使四个小正方形（画阴影）的四角的数字之和都是 16，大正方形的两条对角线上的三数之和都是 15，该怎样填？

题目（347）如图 53 所示，把 1~9 九个数字填入各圆圈中，使四个小正方形（画阴影）的四角的数字之和都是 18，大正方形的两条对角线上的三数之和都是 11，该怎样填？（有两解）

题目（348）如图 53 所示，把 1~9 九个数字填入各圆圈中，使四个小正方形（画阴影）的四角的数字之和都是 20，大正方形的两条对角线上的三数之和都是 9，该怎样填？

题目（349）如图 53 所示，把 1~9 九个数字填入各圆圈中，使四个小正方形（画阴影）的四角的数字之和都是 17，大正方形的两条对角线上的三数之和都是 15，该怎样填？

题目（350）如图 53 所示，把 1~9 九个数字填入各圆圈中，使四个小正方形（画阴影）的四角的数字之和都是 18，大正方形两条对角线上的三数之和都是 15，该怎样填？

题目（351）如图 53 所示，把 1~9 九个数字填入各圆圈中，使四个小正方形（画阴影）的四角的数字之和都是 19，大正方形的两条对角线上的三数之和都是 15，该怎样填？

题目（352）如图 53 所示，把 1~9 九个数字填入各圆圈中，使四个小正方形（画阴影）的四角的数字之和都是 17，大正方形的两条对角线上的三数之和都是 19，该怎样填？

题目（353）如图 53 所示，把 1~9 九个数字填入各圆圈中，使四个小正方形（画阴影）的四角的数字之和都是 21，大正方形的两条对角线上的三数之和都是 11，该怎样填？

题目（354）如图 53 所示，把 1~9 九个数字填入各圆圈中，使四个小正方形（画阴影）的四角的数字之和都是 22，正方形各边中点的四数之和是 19，该怎样填？

题目（355）如图 53 所示，把 1~9 九个数字填入各圆圈中，使四个小正方形（画阴影）的四角的数字之和都是 20，大正方形的各边中点的四数之和是 11，该怎样填？

题目（356）如图 53 所示，把 1~9 九个数字填入各圆圈中，使四个小正方形（画阴影）的四角的数字之和都是 21，大正方形的各边中点的四数之和也是 21，该怎样填？

题目（357）如图53所示，把1~9九个数字填入各圆圈中，使四个小正方形（画阴影）的四角的数字之和都是24，大正方形的各边中点的四数之和也是24，该怎样填？

题目（358）如图53所示，把1~9九个数字填入各圆圈中，使四个小正方形（画阴影）的四角的数字之和都是22，大正方形的各边中点的四数之和是16，该怎样填？（有两解）

题目（359）如图54所示，把1~9九个数字填入各圆圈中，使左右两个正方形四角的数字之和都是22。中间横轴上的五数之和是15，且为连续数。使上边三角形（画阴影）的三顶角数字之和是18，该怎样填？

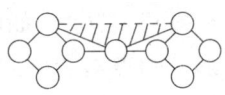

图54

题目（360）如图54所示，把1~9九个数字填入各圆圈中，使左右两个正方形四角的数字之和都是21。使上边三角形（画阴影）的三顶点的数字之和是20。中间横轴上五数之和是15，且为连续数，该怎样填？

题目（361）如图54所示，把1~9九个数字填入各圆圈中，使左右两个正方形四角的数字之和都是19。中间横轴上的五数之和是35，且为连续数。使上边三角形（画阴影）的三顶点的数字之和是10，该怎样填？

题目（362）如图54所示，把1~9九个数字填入各圆圈中，使左右两个正方形四角的数字之和都是18。中间横轴上的五数之和是35，且为连续数。上边三角形（画阴影）的三顶点的数字之和是12，该怎样填？

题目（363）如图54所示，把1~9九个数字填入各圆圈中，使左右两个正方形四角数字之和都是20。中间横轴上的五数之和是15，且为连续数。上边三角形（画阴影）的三顶点的数字之和是19，该怎样填？

题目（364）如图54所示，把1~9九个数字填入各圆圈中，使左右两个正方形四角的数字之和都是20。中间横轴上的五数之和是35，且为连续数。使上边三角形（画阴影）的三顶点的数字之和是12，该怎样填？

题目（365）如图55所示，把1~9九个数字填入各圆圈中，使大三角形三顶点的数字之和与三个小三角形三顶点的数字之和都是15。把1填在大三角形顶上角，并使虚线连接的三个数字是连续数，其余八个数字该怎样填？（有两解）

题目（366）如图55所示，把1~9九个数字填入各圆圈中，使大三角形三顶点的数字之和与三个小三角形三顶点的数字之和都是15。把3填在大三角形顶上

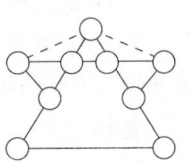

图55

角,并使虚线连接的三个数字是连续数,其余八个数字该怎样填?(有两解)

题目(367) 如图55所示,把1~9九个数字填入各圆圈中,使大三角形三顶点的数字之和与三个小三角形三顶点的数字之和都是15。把4填在大三角形顶上角,并使虚线连接的三个数字是连续数,其余八个数字该怎样填?(有两解)

题目(368) 如图55所示,把1~9九个数字填入各圆圈中,使大三角形三顶点的数字之和与三个小三角形三顶点的数字之和都是15。把6填在大三角形顶上角,并使虚线连接的三个数字是连续数,其余八个数字该怎样填?(有两解)

题目(369) 如图55所示,把1~9九个数字填入各圆圈中,使大三角形三顶点的数字之和与三个小三角形三顶点的数字之和都是15。把7填在大三角形顶上角,并使虚线连接的三个数字是连续数,其余八个数字该怎样填?(有两解)

题目(370) 如图55所示,把1~9九个数字填入各圆圈中,使大三角形三顶点的数字之和与三个小三角形三顶点的数字之和都是15。把9填在大三角形顶上角。并使虚线连接的三个数字是连续数,其余八个数字该怎样填?(有两解)

题目(371) 如图55所示,把1~9九个数字填入各圆圈中,使大三角形三顶点的数字之和与三个小三角形三顶点的数字之和都是15。把2填在大三角形顶上角,并使虚线连接的三个数字是连续数,其余八个数字该怎样填?(有三解)

题目(372) 如图55所示,把1~9九个数字填入各圆圈中,使大三角形三顶点的数字之和与三个小三角形三顶点的数字之和都是15。把8填在大三角形顶上角,并使虚线连接的三个数字是连续数,其余八个数字该怎样填?(有三解)

题目(373) 如图55所示,把1~9九个数字填入各圆圈中,使大三角形三顶点的数字之和与三个小三角形三顶点的数字之和都是15。把5填在大三角形顶上角,并使虚线连接的三个数字是连续数,其余八个数字该怎样填?(有两解)

题目(374) 如图55所示,把1~9九个数字填入各圆圈中,使大三角形三顶点的数字之和与三个小三角形三顶点的数字之和都是15.把6填在大三角形顶上角,并使虚线连接的三个数字是连续数,其余八个数字该

怎样填？

题目（375）如图56所示，把1~9九个数字填入各圆圈中，使大三角形三顶点的数字之和与三个小三角形三顶点的数字之和都是15。使横排（画双线连接）的四数都是偶数，大三角形上顶角填5，其余八个数字该怎样填？（有两解）

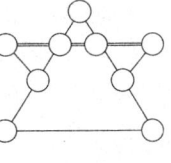

图56

题目（376）如图56所示，把1~9九个数字填入各圆圈中，使大三角形三顶点的数字之和与三个小三角形三顶点的数字之和都是15。使横排（画双线连接）的四数为连续数，四数之和是26。大三角形上顶角填4，其余八个数字该怎样填？

题目（377）如图57所示，把1~9九个数字填入各圆圈中，使三角形周围的三个梯形四角的数字之和都是20，三角形三顶点填1、5、9，其余六个数该怎样填？

题目（378）如图57所示，把1~9九个数字填入各圆圈中，使三角形周围的三个梯形四角的数字之和都是20，三角形三顶点填2、5、8，其余六个数该怎样填？（有两解）

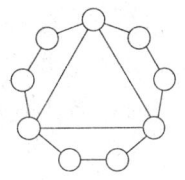

图57

题目（379）如图57所示，把1~9九个数字填入各圆圈中，使三角形周围的三个梯形四角的数字之和都是20，三角形三顶点填3、5、7，其余六个数该怎样填？

题目（380）如图57所示，把1~9九个数字填入各圆圈中，使三角形周围的三个梯形四角的数字之和都是19，三角形三顶点填1、4、7，其余六个数该怎样填？（有两解）

题目（381）如图57所示，把1~9九个数字填入各圆圈中，使三角形周围的三个梯形四角的数字之和都是21，三角形三顶点填3、6、9，其余六数该怎样填？（有两解）

题目（382）如图57所示，把1~9九个数字填入各圆圈中，使三角形周围的三个梯形四角的数字之和分别是17、18、19，三角形三顶点的数字之和是9，而且都是奇数，九个数该怎样填？（有两解）

题目（383）如图57所示，把1~9九个数字填入各圆圈中，使三角形周围的三个梯形四角的数字之和分别是18、19、20，三角形三顶点的数字之和是12，而且都是偶数，九个数该怎样填？（有两解）

题目（384）如图57所示，把1~9九个数字填入各圆圈中，使三角形周围的三个梯形四角的数字之和分别是21、22、23，三角形三顶点的数字之和是21，而且都是奇数，九个数该怎样填？（有两解）

题目（385）如图57所示，把1~9九个数字填入各圆圈中，使三角形周围的三个梯形四角的数字之和分别是20、21、22，三角形三顶点的数字之和是18，而且都是偶数，九个数该怎样填？（有两解）

题目（386）如图57所示，把1~9九个数字填入各圆圈中，使三角形周围的三个梯形四角的数字之和分别是18、19、20，三角形三顶点的数字之和是12，而且是连续数，该怎样填？（有两解）

题目（387）如图57所示，把1~9九个数字填入各圆圈中，使三角形周围的三个梯形四角的数字之和都是20，三角形三顶点的数字是连续数，该怎样填？（有两解）

题目（388）如图57所示，把1~9九个数字填入各圆圈中，使三角形周围的三个梯形四角的数字之和都是17，该怎样填？（有两解）

题目（389）如图57所示，把1~9九个数字填入各圆圈中，使三角形周围的三个梯形四角的数字之和都是23，该怎样填？（有两解）

题目（390）如图58所示，把1~9九个数字填入各圆圈中，使大、中、小三个等边三角形三顶点的数字之和都是15，三个三角形各顶角相连在一条直线上的三数之和也都是15。把1填在中间三角形上顶角处，其余八个数该怎样填？（有两解）

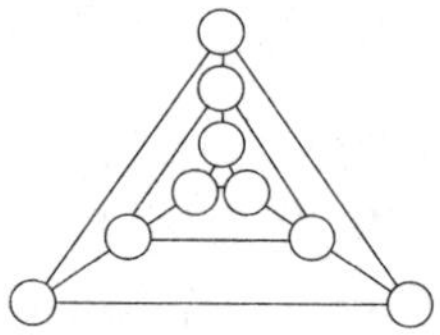

图58

题目（391）如图58所示，把1~9九个数字填入各圆圈中，使大、中、小三个等边三角形三顶点的数字之和都是15，三个三角形各顶角相连在一条直线上的三数之和也都是15。把2填在中间三角形上顶角处，其余八个数该怎样填？（有两解）

题目（392）如图58所示，把1~9九个数字填入各圆圈中，使大、中、小三个等边三角形三顶点的数字之和都是15，三个三角形各顶角相连在一条直线上的三数之和也都是15。把3填在中间三角形上顶点处，其余八个数该怎样填？（有两解）

题目（393）如图58所示，把1~9九个数字填入各圆圈中，使大、中、小三个等边三角形三顶点的数字之和都是15，三个三角形各顶角相连在一条直线上的三数之和也都是15。把4填在中间三角形上顶点处，其余八个数该怎样填？（有两解）

题目（394）如图58所示，把1~9九个数字填入各圆圈中，使大、中、小三个等边三角形三顶点的数字之和都是15,三个三角形各顶角相连在一条直线上的三数之和也都是15。把5填在中间三角形上顶角处,其余八个数该怎样填?(有两解)

题目(395) 如图58所示,把1~9九个数字填入各圆圈中,使大、中、小三个等边三角形三顶点的数字之和都是15,三个三角形各顶角相连在一条直线上的三数之和也都是15。把6填在中间三角形上顶角处,其余八个数该怎样填?(有两解)

题目(396) 如图58所示,把1~9九个数字填入各圆圈中,使大、中、小三个等边三角形三顶点的数字之和都是15,三个三角形各顶角相连在一条直线上的三数之和也都是15。把7填在中间三角形上顶角处,其余八个数该怎样填?(有两解)

题目(397) 如图58所示,把1~9九个数字填入各圆圈中,使大、中、小三个等边三角形三顶点的数字之和都是15,三个三角形各顶角相连在一条直线上的三数之和也都是15。把8填在中间三角形上顶点处,其余八个数该怎样填?

题目(398) 如图58所示,把1~9九个数字填入各圆圈中,使大、中、小三个等边三角形三顶点的数字之和都是15,三个三角形各顶角相连在一条直线上的三数之和也都是15。把9填在中间三角形上顶点处,其余八个数该怎样填?

题目(399) 如图59所示,把1~9九个数字填入各圆圈中,使左右两个梯形(画阴影的)的四角数字之和都是21,中间上边的小三角形的三顶点数字之和是6,图形下方二数之和是14,该怎样填?

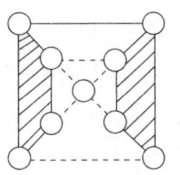

图59

题目(400) 如图59所示,把1~9九个数字填入各圆圈中,使左右两个梯形(画阴影的)的四角数字之和都是19,中间上边的小三角形三顶点的数字之和是24,图形下方二数之和是10,该怎样填?

题目(401) 如图60所示,把1~10十个数字填入各圆圈中,使周围三个小三角形三顶点的数字之和都是18,中间三角形(画虚线)的三顶点的数字之和是27,该怎样填?

题目(402) 如图60所示,把1~10十个数字填入各圆圈中,使周围三个小三角形三顶点的数字之和都是15,中间三角形(画虚线)的三顶点的数字之和是6,该怎样填?

题目（403）如图 60 所示，把 1～10 十个数字填入各圆圈中，使周围三个小三角形三顶点的数字之和都是 16，中间三角形（画虚线）的三顶点数字之和是 27，该怎样填？

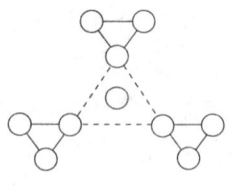

图 60

题目（404）如图 60 所示，把 1～10 十个数字填入各圆圈中，使周围三个小三角形三顶点的数字之和都是 16，中间三角形（画虚线）的三顶点数字之和是 6，该怎样填？

题目（405）如图 60 所示，把 1～10 十个数字填入各圆圈中，使周围三个小三角形三顶点的数字之和都是 17，中间三角形（画虚线）的三顶点的数字之和是 27，该怎样填？

题目（406）如图 60 所示，把 1～10 十个数字填入各圆圈中，使周围三个小三角形三顶点的数字之和都是 17，中间三角形（画虚线）的三顶点的数字之和是 6，该怎样填？

题目（407）如图 61 所示，把 1～10 十个数字填入各圆圈中，使三个菱形四角的数字之和都是 22，中间横轴的四数之和也是 22，该怎样填？（有多个解，答案列举了六例）

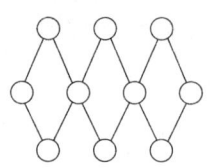

图 61

题目（408）如图 61 所示，把 1～10 十个数字填入各圆圈中，使中间菱形四角的数字之和是 22，左右两菱形四角的数字之和都是 26，该怎样填？（有三解）

题目（409）如图 61 所示，把 1～10 十个数字填入各圆圈中，使中间菱形四角的数字之和是 22，左右两菱形四角的数字之和都是 18，该怎样填？（有三解）

题目（410）如图 62 所示，把 1～10 十个数字填入各圆圈中，使四个正方形四角的数字之和都是 20，中间横排的四个数是连续数，该怎样填？（有六解）

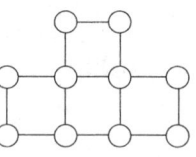

图 62

题目（411）如图 62 所示，把 1～10 十个数字填入各圆圈中，使四个正方形四角的数字之和都是 24，中间横排的四数是连续数，该怎样填？（有六解）

题目（412）如图 62 所示，把 1～10 十个数字填入各圆圈中，使四个正方形四角的数字之和都是 21，中间横排的四数之和、下边横排的四数之和也都是 21，该怎样填？（有六解）

题目（413）如图62所示，把1~10十个数字填入各圆圈中，使四个正方形四角的数字之和都是23，中间横排的四数之和、下边横排的四数之和也都是23，该怎样填？（有三解）

题目（414）如图62所示，把1~10十个数字填入各圆圈中，使四个正方形四角的数字之和都是22，中间横排的四数之和、下边横排的四数之和也都是22，该怎样填？（有三解）

题目（415）如图63所示，把1~10十个数字填入各圆圈中，使正方形四角的数字之和是26，两个五边形五角的数字之和都是27，正方形左右两角的数字之和是19，图形下边横排的四数为连续数，四数之和是26，该怎样填？

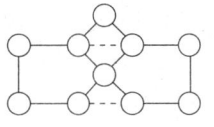

图63

题目（416）如图63所示，把1~10十个数字填入各圆圈中，使正方形四角的数字之和是29，两个五边形五角的数字之和都是31，正方形左右两角的数字之和是18，图形下边横排的四数为连续数，四数之和是18，该怎样填？

题目（417）如图63所示，把1~10十个数字填入各圆圈中，使正方形四角的数字之和是14，两个五边形五角的数字之和都是30，正方形左右两角的数字之和是3，图形下边横排的四数为连续数，四数之和是22，该怎样填？

题目（418）如图63所示，把1~10十个数字填入各圆圈中，使正方形四角的数字之和是11，两个五边形五角的数字之和都是29，正方形左右两角的数字之和是4，图形下边横排的四数为连续数，四数之和是34，该怎样填？

题目（419）如图63所示，把1~10十个数字填入各圆圈中，使正方形四角的数字之和是15，两个五边形五角的数字之和都是28，正方形左右两角的数字之和是4，图形下边四数为连续数，四数之和是34，该怎样填？

题目（420）如图63所示，把1~10十个数字填入各圆圈中，使正方形四角的数字之和是22，两个五边形五角的数字之和都是27，正方形左右两角的数字之和是19，图形下边横排的四数为连续数，四数之和是26，该怎样填？

题目（421）如图63所示，把1~10十个数字填入各圆圈中，使正方形四角的数字之和是34，两个五边形五角的数字之和都是27，正方形左右两角的数字之和是19，图形下边横排的四数为连续数，四数之和是18，该

怎样填？

题目（422）如图63所示，把1~10十个数字填入各圆圈中，使正方形四角的数字之和是22，两个五边形五角的数字之和都是28，正方形左右两角的数字之和是19，图形下边横排的四数为连续数，四数之和是18，该怎样填？

题目（423）如图63所示，把1~10十个数字填入各圆圈中，使正方形四角的数字之和是24，两个五边形五角的数字之和都是29，正方形左右两角的数字之和是19，图形下边横排的四数为连续数，四数之和是26，该怎样填？

题目（424）如图63所示，把1~10十个数字填入各圆圈中，使正方形四角的数字之和是22，两个五边形五角的数字之和都是28，正方形左右两角的数字之和是3，图形下边横排的四数为连续数，四数之和是18，该怎样填？

题目（425）如图63所示，把1~10十个数字填入各圆圈中，使正方形四角的数字之和是10，两个五边形五角的数字之和都是28，正方形左右两角的数字之和是3，图形下边横排的四数为连续数，四数之和是26，该怎样填？

题目（426）如图63所示，把1~10十个数字填入各圆圈中，使正方形四角的数字之和是12，两个五边形五角的数字之和都是29，正方形左右两角的数字之和是3，图形下边横排的四数为连续数，四数之和是34，该怎样填？

题目（427）如图63所示，把1~10十个数字填入各圆圈中，使正方形四角的数字之和是25，两个五边形五角的数字之和都是30，正方形左右两角的数字之和是18，图形下边横排的四数为连续数，四数之和是14，该怎样填？

题目（428）如图63所示，把1~10十个数字填入各圆圈中，使正方形四角的数字之和是29，两个五边形五角的数字之和都是27，正方形左右两角的数字之和是18，图形下边横排的四数为连续数，四数之和是10，该怎样填？

题目（429）如图63所示，把1~10十个数字填入各圆圈中，使正方形四角的数字之和是25，两个五边形五角的数字之和都是24，正方形左右两角的数字之和是18，图形下边横排的四数为连续数，四数之和是22，该怎样填？

题目（430）如图 63 所示，把 1～10 十个数字填入各圆圈中，使正方形四角的数字之和是 15，两个五边形五角的数字之和都是 31，正方形左右两角的数字之和是 4，图形下边横排的四数为连续数，四数之和是 22，该怎样填？

题目（431）如图 63 所示，把 1～10 十个数字填入各圆圈中，使正方形四角的数字之和是 15，两个五边形五角的数字之和都是 27，正方形左右两角的数字之和是 4，图形下边横排的四数为连续数，四数之和是 34，该怎样填？

题目（432）如图 63 所示，把 1～10 十个数字填入各圆圈中，使正方形四角的数字之和是 15，两个五边形五角的数字之和都是 28，正方形左右两角的数字之和是 4，图形下边横排的四数为连续数，四数之和是 34，该怎样填？

题目（433）如图 63 所示，把 1～10 十个数字填入各圆圈中，使正方形四角的数字之和是 25，两个五边形五角的数字之和都是 25，正方形左右两角的数字之和是 18，图形下边横排的四数为连续数，四数之和是 14，该怎样填？

题目（434）如图 63 所示，把 1～10 十个数字填入各圆圈中，使正方形四角的数字之和是 10，两个五边形五角的数字之和都是 27，正方形左右两角的数字之和是 3，图形下边横排的四数为连续数，四数之和是 26，该怎样填？

题目（435）如图 63 所示，把 1～10 十个数字填入各圆圈中，使正方形四角的数字之和是 24，两个五边形五角的数字之和都是 26，正方形左右两角的数字之和是 19，图形下边横排的四数之和是 26 也是连续数，该怎样填？

题目（436）如图 63 所示，把 1～10 十个数字填入各圆圈中，使正方形四角的数字之和是 12，两个五边形五角的数字之和都是 26，正方形左右两角的数字之和是 3，图形下边横排的四数为连续数，四数之和是 34，该怎样填？

题目（437）如图 63 所示，把 1～10 十个数字填入各圆圈中，使正方形四角的数字之和是 14，两个五边形五角的数字之和都是 25，正方形左右两角的数字之和是 3，图形下边横排的四数为连续数，四数之和是 22，该怎样填？

题目（438）如图 63 所示，把 1～10 十个数字填入各圆圈中，使正方形四角的数字之和是 22，两个五边形五角的数字之和都是 27，正方形左右两角的数字之和是 3，图形下边横排的四数为连续数，四数之和是 18，该怎样填？

题目（439）如图 64 所示，把 1～10 十个数字填入各圆圈中，使各菱形四角的数字之和分别是 18、19、20。各菱形径向对角线（虚线）上的二数之和分别是 9、10、11，该怎样填？（有三解）

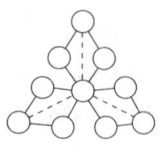

图 64

题目（440）如图 64 所示，把 1～10 十个数字填入各圆圈中，使各菱形四角的数字之和分别是 20、21、22。各菱形径向对角线（虚线）上的二数之和分别是 12、13、14，该怎样填？（有三解）

题目（441）如图 64 所示，把 1～10 十个数字填入各圆圈中，使各菱形四角的数字之和分别是 22、23、24。各菱形径向对角线（虚线）上的二数之和分别是 15、16、17，该怎样填？（有三解）

题目（442）如图 64 所示，把 1～10 十个数字填入各圆圈中，使各菱形四角的数字之和分别是 24、25、26。各菱形径向对角线（虚线）上的二数之和分别是 17、18、19，该怎样填？（有三解）

（四）11～16 个数 163 道题

题目（443）如图 65 所示，把 1～12 十二个数字填入各圆圈中，使六条直线（大三角形三边、小三角形三边及延线）上的四数之和都等于 26，三个菱形四角的数字之和也都等于 26，一共九个 26。使大、小三角形三顶点的数字之和都等于 13。图中画三角形的位置已填入 8（上）、12（左）、6（右）。其余九个数该怎样填？

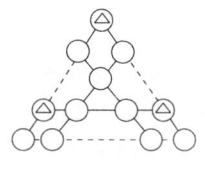

图 65

题目（444）如图 65 所示，把 1～12 十二个数字填入各圆圈中，使六条直线（大三角形三边、小三角形三边及其延线）上的四数之和都等于 26，三个菱形四角的数字之和也都等于 26，一共九个 26。使大、小三角形三顶点的数字之和都等于 13。图中画三角的位置数字已填入 5（上）、11（左）、10（右）。其余九个数字该怎样填？

题目（445）如图65所示，把1~12十二个数字填入各圆圈中，使六条直线（大三角形三边、小三角形三边及其延线）上的四数之和都等于26，三个菱形四角的数字之和也都等于26，一共九个26。使大、小三角形三顶点的数字之和都等于27。图中画三角的位置已填入数字11（上）、3（左）、4（右）。其余九个数字该怎样填？

题目（446）如图65所示，把1~12十二个数字填入各圆圈中，使六条直线（大三角形三边、小三角形三边及其延线）上的四数之和都等于26，三个菱形四角的数字之和也都等于26，一共九个26。使大、小三角形三顶点的数字之和都等于27。图形画三角的位置已填入数字8（上）、1（左）、9（右）。其余九个数字该怎样填？

题目（447）如图65所示，把1~12十二个数字填入各圆圈中，使六条直线（大三角形三边、小三角形三边及其延线）上的四数之和都等于26，三个菱形四角的数字之和也都等于26，一共九个26。使大、小三角形三顶点的数字之和都等于24。图形画三角的位置已填入数字12（上）、1（左）、5（右）。其余九个数字该怎样填？

题目（448）如图65所示，把1~12十二个数字填入各圆圈中，使六条直线（大三角形三边、小三角形三边及其延线）上的四数之和都等于26，三个菱形四角的数字之和也都等于26，一共九个26。使大、小三角形三顶点的数字之和都等于24。图中画三角形的位置已填入4（上）、8（左）、6（右）。其余九个数字该怎样填？

题目（449）如图65所示，把1~12十二个数字填入各圆圈中，使六条直线（大三角形三边、小三角形三边及其延线）上的四数之和都等于26，三个菱形四角的数字之和也都等于26，一共九个26。使大、小三角形三顶点的数字之和都等于23。图中画三角的位置已填入12（上）、4（左）、（10右）。其余九个数字怎样填？

题目（450）如图65所示，把1~12十二个数字填入各圆圈中，使六条直线（大三角形三边、小三角形三边及其延线）上的四数之和都等于26，三个菱形四角的数字之和也都等于26，一共九个26。使大、小三角形三顶点的数字之和都等于23。图中画三角的位置已填入11（上）、9（左）、6（右）。其余九个数字该怎样填？

题目（451）如图65所示，把1~12十二个数字填入各圆圈中，使六条直线（大三角形三边、小三角形三边及其延线）上的四数之和都等于26，三个菱形四角的数字之和也都等于26，一共九个26。使大、小三角形三顶点的数字之和都等于 27。图中画三角的位置已填入 12（上）、2（左）、7（右）。其余九个数字该怎样填？

题目（452）如图 65 所示，把 1～12 十二个数字填入各圆圈中，使六条直线（大三角形三边、小三角形三边及其延线）上的四数之和都等于 26，三个菱形四角的数字之和也都等于 26，一共九个 26。使大、小三角形三顶点的数字之和都等于 27。图中画三角的位置已填入 10（上）、5（左）、6（右）。其余九个数字该怎样填？

题目（453）如图 65 所示，把 1～12 十二个数字填入各圆圈中，使六条直线（大三角形三边、小三角形三边及其延线）上的四数之和都等于 26，三个菱形四角的数字之和也都等于 26，一共九个 26。使大、小三角形三顶点的数字之和都等于 23。图中画三角的位置已填入 10（上）、5（左）、1（右）。其余九个数字该怎样填？

题目（454）如图 65 所示，把 1～12 十二个数字填入各圆圈中，使六条直线（大三角形三边、小三角形三边及其延线）上的四数之和都等于 26，三个菱形四角的数字之和也都等于 26，一共九个 26。使大、小三角形三顶点的数字之和都等于 23。图中画三角的位置已填入 3（上）、7（左）、6（右）。其余九个数字该怎样填？

题目（455）如图 65 所示，把 1～12 十二个数字填入各圆圈中，使六条直线（大三角形三边、小三角形三边及其延线）上的四数之和都等于 26，三个菱形四角的数字之和也都等于 26，一共九个 26。使大、小三角形三顶点的数字之和都等于 20。图中画三角的位置已填入 3（上）、10（左）、8（右）。其余九个数字该怎样填？

题目（456）如图 65 所示，把 1～12 十二个数字填入各圆圈中，使六条直线（大三角形三边、小三角形三边及其延线）上的四数之和都等于 26，三个菱形四角的数字之和也都等于 26，一共九个 26。使大、小三角形三顶点的数字之和都等于 20。图中画三角的位置已填入 12（上）、4（左）、5（右）。其余九个数字该怎样填？

题目（457）如图 65 所示，把 1～12 十二个数字填入各圆圈中，使六条直线（大三角形三边、小三角形三边及其延线）上的四数之和都等于 26，三个菱形四角的数字之和也都等于 26，一共九个 26。使大、小三角形三顶角的数字之和都等于 20。图中画三角的位置已填入 9（上）、8（左）、10（右）。其余九个数字该怎样填？

题目（458）如图 65 所示，把 1～12 十二个数字填入各圆圈中，使六条直线（大三角形三边、小三角形三边及其延线）上的四数之和都等于 26，三个菱形四角的数字之和也都等于 26，一共九个 26。使大、小三角形三顶点的数字之和都等于 20。图中画三角的位置已填入 12（上）、11（左）、4（右）。其余九个数字该怎样填？

题目（459）如图 65 所示，把 1~12 十二个数字填入各圆圈中，使六条直线（大三角形三边、小三角形三边及其延线）上的四数之和都等于 26，三个菱形四角的数字之和也都等于 26，一共九个 26。使大、小三角形三顶点的数字之和都等于 20。图中画三角的位置已填入 4（上）、10（左）、8（右）。其余九个数字该怎样填？

题目（460）如图 65 所示，把 1~12 十二个数字填入各圆圈中，使六条直线（大三角形三边、小三角形三边及其延线）上的四数之和都等于 26，三个菱形四角的数字之和也都等于 26，一共九个 26。使大、小三角形三顶点的数字之和都等于 20。图中画三角的位置已填入 12（上）、9（左）、1（右）。其余九个数字该怎样填？

题目（461）如图 65 所示，把 1~12 十二个数字填入各圆圈中，使六条直线（大三角形三边、小三角形三边及其延线）上的四数之和都等于 26，三个菱形四角的数字之和也都等于 26，一共九个 26。使大、小三角形三顶点的数字之和都等于 20。图中画三角的位置已填入 9（上）、7（左）、10（右）。其余九个数字该怎样填？

题目（462）如图 65 所示，把 1~12 十二个数字填入各圆圈中，使六条直线（大三角形三边、小三角形三边及其延线）上的四数之和都等于 26，三个菱形四角的数字之和也都等于 26，一共九个 26。使大、小三角形三顶点的数字之和都等于 20。图中画三角的位置已填入 11（上）、12（左）、3（右）。其余九个数字该怎样填？

题目（463）如图 65 所示，把 1~12 十二个数字填入各圆圈中，使六条直线（大三角形三边、小三角形三边及其延线）上的四数之和都等于 26，三个菱形四角的数字之和也都等于 26，一共九个 26。使大、小三角形三顶点的数字之和都等于 20。图中画三角的位置已填入 9（上）、5（左）、12（右）。其余九个数字该怎样填？

题目（464）如图 65 所示，把 1~12 十二个数字填入各圆圈中，使六条直线（大三角形三边、小三角形三边及其延线）上的四数之和都等于 26，三个菱形四角的数字之和也都等于 26，一共九个 26。使大、小三角形三顶点的数字之和都等于 20。图中画三角的位置已填入 11（上）、8

（左）、7（右）。其余九个数字该怎样填？

题目（465）如图65所示，把1~12十二个数字填入各圆圈中，使六条直线（大三角形三边、小三角形三边及其延线）上的四数之和都等于26，三个菱形四角的数字之和也都等于26，一共九个26。使大、小三角形三顶点的数字之和都等于20。图中画三角的位置已填入6（上）、5（左）、11（右）。其余九个数字该怎样填？

题目（466）如图65所示，把1~12十二个数字填入各圆圈中，使六条直线（大三角形三边、小三角形三边及其延线）上的四数之和都等于26，三个菱形四角的数字之和也都等于26，一共九个26。使大、小三角形三顶点的数字之和都等于20。图中画三角的位置已填入10（上）、8（左）、4（右）。其余九个数字该怎样填？

题目（467）如图65所示，把1~12十二个数字填入各圆圈中，使六条直线（大三角形三边、小三角形三边及其延线）上的四数之和都等于26，三个菱形四角的数字之和也都等于26，一共九个26。使大、小三角形三顶点的数字之和都等于20，图中画三角的位置已填入6（上）、7（左）、10（右）。其余九个数字该怎样填？

题目（468）如图65所示，把1~12十二个数字填入各圆圈中，使六条直线（大三角形三边、小三角形三边及其延线）上的四数之和都等于26，三个菱形四角的数字之和也都等于26，一共九个26。使大、小三角形三顶点的数字之和都等于20。图中画三角的位置已填入11（上）、3（左）、9（右）。其余九个数字该怎样填？

题目（469）如图65所示，把1~12十二个数字填入各圆圈中，使六条直线（大三角形三边、小三角形三边及其延线）上的四数之和都等于26，三个菱形四角的数字之和也都等于26，一共九个26。使大、小三角形三顶点的数字之和都等于20。图中画三角的位置已填入2（上）、12（左）、3（右）。其余九个数字该怎样填？

题目（470）如图65所示，把1~12十二个数字填入各圆圈中，使六条直线（大三角形三边、小三角形三边及其延线）上的四数之和都等于26，三个菱形四角的数字之和也都等于26，一共九个26。使大、小三角形三顶点的数字之和都等于20。图中画三角的位置已填入9（上）、1（左）、7（右）。其余九个数字该怎样填？

题目（471）如图65所示，把1~12十二个数字填入各圆圈中，有六条直线（大三角形三边、小三角形三边及其延线）上的四数之和都等于

26，三个菱形四角的数字之和也都等于26，一共九个26。使大、小角形三顶点的数字之和都等于21。图中画三角的位置已填入9（上）、4（左）、11（右）。其余九个数字该怎样填？

题目（472）如图65所示，把1~12十二个数字填入各圆圈中，使六条直线（大三角形三边、小三角形三边及其延线）上的四数之和都等于26，三个菱形四角的数字之和也都等于26，一共九个26。使大、小三角形三顶点的数字之和都等于21。图中画三角的位置已填入10（上）、12（左）、2（右）。其余九个数字该怎样填？

题目（473）如图65所示，把1~12十二个数字填入各圆圈中，使六条直线（大三角形三边、小三角形三边及其延线）上的四数之和都等于26，三个菱形四角的数字之和也都等于26，一共九个26，使大、小三角形三顶点的数字之和都等于21。图中画三角的位置已填入7（上）、6（左）、11（右）。其余九个数字该怎样填？

题目（474）如图65所示，把1~12十二个数字填入各圆圈中，使六条直线（大三角形三边、小三角形三边及其延线）上的四数之和都等于26，三个菱形四角的数字之和也都等于26，一共九个26。使大、小三角形三顶点的数字之和都等于21。图中画三角的位置已填入12（上）、10（左）、2（右）。其余九个数字该怎样填？

题目（475）如图65所示，把1~12十二个数字填入各圆圈中，使六条直线（大三角形三边、小三角形三边及其延线）上的四数之和都等于26，三个菱形四角的数字之和也都等于26，一共九个26。使大、小三角形三顶点的数字之和都等于21。图中画三角的位置已填入3（上）、11（左）、6（右）。其余九个数字该怎样填？

题目（476）如图65所示，把1~12十二个数字填入各圆圈中，使六条直线（大三角形三边、小三角形三边及其延线）上的四数之和都等于26，三个菱形四角的数字之和也都等于26，一共九个26。使大、小三角形三顶点的数字之和都等于21。图中画三角的位置已填入12（上）、1（左）、7（右）。其余九个数字该怎样填？

题目（477）如图65所示，把1~12十二个数字填入各圆圈中，使六条直线（大三角形三边、小三角形三边及其延线）上的四数之和都等于26，三个菱形四角的数字之和也都等于26。使大、小三角形三顶点的数字之和都等于26，一共十一个26。图中画三角的位置已填入6（上）、9（左）、1（右）。其余九个数字该怎样填？

题目（478）如图 65 所示，把 1～12 十二个数字填入各圆圈中，使六条直线（大三角形三边、小三角形三边及其延线）上的四数之和都等于 26，三个菱形四角数字之和都等于 26。使大、小三角形三顶点的数字之和都等于 26，一共十一个 26。图中画三角的位置已填入 10（上）、4（左）、2（右）。其余九个数字该怎样填？

题目（479）如图 65 所示，把 1～12 十二个数字填入各圆圈中，使六条直线（大三角形三边、小三角形三边及其延线）上的四数之和都等于 26，三个菱形四角的数字之和也都等于 26，一共九个 26。使大、小三角形三顶点的数字之和都等于 22。图中画三角的位置已填入 4（上）、12（左）、3（右）。其余九个数字该怎样填？

题目（480）如图 65 所示，把 1～12 十二个数字填入各圆圈中，使六条直线（大三角形三边、小三角形三边及其延线）上的四数之和都等于 26，三个菱形四角的数字之和也都等于 26，一共九个 26。使大、小三角形三顶点的数字之和都等于 22。图中画三角的位置已填入 11（上）、1（左）、7（右）。其余九个数字该怎样填？

题目（481）如图 65 所示，把 1～12 十二个数字填入各圆圈中，使六条直线（大三角形三边、小三角形三边及其延线）上的四数之和都等于 26，三个菱形四角的数字之和也都等于 26，一共九个 26。使大、小三角形三顶点的数字之和都等于 22。图中画三角的位置已填入 1（上）、5（左）、7（右）。其余九个数字该怎样填？

题目（482）如图 65 所示，把 1～12 十二个数字填入各圆圈中，使六条直线（大三角形三边、小三角形三边及其延线）上的四数之和都等于 26，三个菱形四角的数字之和也都等于 26，一共九个 26。使大、小三角形三顶点的数字之和都等于 22。图中画三角的位置已填入 8（上）、2（左）、3（右）。其余九个数字该怎样填？

题目（483）如图 65 所示，把 1～12 十二个数字填入各圆圈中，使六条直线（大三角形三边、小三角形三边及其延线）上的四数之和都等于 26，三个菱形四角的数字之和也都等于 26，一共九个 26。使大、小三角形三顶点的数字之和都等于 22。图中画三角的位置已填入 1（上）、7（左）、9（右）。其余九个数字该怎样填？

题目（484）如图 65 所示，把 1～12 十二个数字填入各圆圈中，使六条直线（大三角形三边、小三角形三边及其延线）上的四数之和都等于 26，三个菱形四角的数字之和也都等于 26，一共九个 26。使大、小三角形三顶点的数字之和都等于 22。图中画三角的位置已填入 12（上）、3（左）、2（右）。其余九个数字该怎样填？

题目（485）如图 65 所示，把 1~12 十二个数字填入各圆圈中，使六条直线（大三角形三边、小三角形三边及其延线）上的四数之和都等于 26，三个菱形四角的数字之和也都等于 26，一共九个 26。使大、小三角形三顶点的数字之和都等于 12。图中画三角的位置已填入 5（上）、6（左）、10（右）。其余九个数字该怎样填？

题目（486）如图 65 所示，把 1~12 十二个数字填入各圆圈中，使六条直线（大三角形三边、小三角形三边及其延线）上的四数之和都等于 26，三个菱形四角的数字之和也都等于 26，一共九个 26。使大、小三角形三顶点的数字之和都等于 12。图中画三角的位置已填入 2（上）、7（左）、12（右）。其余九个数字该怎样填？

题目（487）如图 65 所示，把 1~12 十二个数字填入各圆圈中，使六条直线（大三角形三边、小三角形三边及其延线）上的四数之和都等于 26，三个菱形四角的数字之和也都等于 26。使大、小三角形三顶点的数字之和都等于 26，一共十一个 26。图中画三角的位置已填入 5（上）、9（左）、3（右）。其余九个数字该怎样填？

题目（488）如图 65 所示，把 1~12 十二个数字填入各圆圈中，使六条直线（大三角形三边、小三角形三边及其延线）上的四数之和都等于 26，三个菱形四角的数字之和也都等于 26。使大、小三角形三顶点的数字之和都等于 26，一共十一个 26。图中画三角的位置已填入 12（上）、1（左）、4（右）。其余九个数字该怎样填？

题目（489）如图 65 所示，把 1~12 十二个数字填入各圆圈中，使六条直线（大三角形三边、小三角形三边及其延线）上的四数之和都等于 26，三个菱形四角的数字之和也都等于 26，一共九个 26。使大、小三角形三顶点的数字之和都等于 24。图中画三角的位置已填入 11（上）、3（左）、1（右）。其余九个数字该怎样填？

题目（490）如图 65 所示，把 1~12 十二个数字填入各圆圈中，使六条直线（大三角形三边、小三角形三边及其延线）上的四数之和都等于 26，三个菱形四角的数字之和也都等于 26，一共九个 26。使大、小三角形三顶点的数字之和都等于 24。图中画三角的位置已填入 2（上）、7（左）、6（右）。其余九个数字该怎样填？

题目（491）如图 66 所示，把 1~12 十二个数字填入各圆圈中，使两横排、两竖行的四数之和都等于26，五个正方形四角的数字之和都等于26。图形上端二数与下端二数、左端二数与右端端二数之和仍等于26，左端二数与右端二数之和仍等于26，一共十一个26。图中画三角的位置二数之和等于3。这十二个数该怎样填？（有两解）

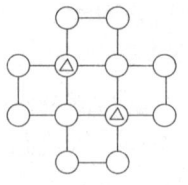

图66

题目（492）如图66所示，把1~12十二个数字填入各圆圈中，使两横排、两竖行上的四数之和都等于26，五个正方形四角的数字之和也等于26。图形上端二数与下端二数、左端二数与右端二数之和仍等于26，一共十一个26。图形画三角位置的二数之和等于4。这十二个数该怎样填？（有两解）

题目（493）如图66所示，把1~12十二个数字填入各圆圈中，使两横排、两竖行的四数之和都等于26，五个正方形四角的数字之和都等于26。图形上端二数与下端二数、左端二数与右端二数之和仍等于26，一共十一个26。中间正方形四角是四个连续数。这十二个数该怎样填？（有两解）

题目（494）如图66所示，把1~12十二个数字填入各圆圈中，使两横排、两竖行的四数之和都等于22，周围四个正方形四角的数字之和也等于22。中间正方形四角的数字为连续数，该怎样填？（有两解）

题目（495）如图66所示，把1~12十二个数字填入各圆圈中，使两横排、两竖行的四数之和都等于30，周围四个正方形四角的数字之和也等于30。中间正方形四角的数字为连续数，该怎样填？（有两解）

题目（496）如图67所示，把1~12十二个数字填入各圆圈中，使三列横排的四数之和都等于26，六个正方形四角的数字之和也等于26，中间横排四数为连续数，该怎样填？

题目（497）如图67所示，把1~12十二个数字填入各圆圈中，使三列横排的四数之和都等于26，六个正方形四角的数字之和也等于26，上边横排四数为连续数，该怎样填？

题目（498）如图68所示，把1~12十二个数字填入各圆圈中，使左、右、下三个梯形的六数之和都等于39，小三角形三顶点的数字之和等于6，大三角形三顶点的数字之和等于33，该怎样填？

图67

题目（499）如图68所示，把1~12十二个数字填入各圆圈中,使左、右、下三个梯形的六数之和都等于33,小三角形三顶点的数字之和等于6,大三角形三顶点的数字之和等于15,且为连续数,该怎样填?

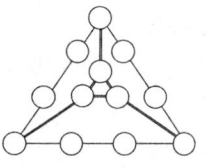

图 68

题目(500)如图 68 所示,把 1~12 十二个数字填入各圆圈中,使左、右、下三个梯形的六数之和都等于36,小三角形三顶点的数字之和等于6,大三角形三顶点的数字之和等于24,且为连续数,该怎样填?

题目(501)如图 68 所示,把 1~12 十二个数字填入各圆圈中,使左、右、下三个梯形的六数之和都等于45,小三角形三顶点的数字之和等于33,大三角形三顶点的数字之和等于24,且为连续数,该怎样填?

题目(502)如图 68 所示,把 1~12 十二个数字填入各圆圈中,使左、右、下三个梯形的六数之和都等于42,小三角形三顶点的数字之和等于33,大三角形三顶点的数字之和等于15,且为连续数,该怎样填?

题目(503)如图 68 所示,把 1~12 十二个数字填入各圆圈中,使左、右、下三个梯形的六数之和都等于39,小三角形三顶点的数字之和等于33,大三角形三顶点的数字之和等于6,该怎样填?

题目(504)如图 68 所示,把 1~12 十二个数字填入各圆圈中,使左、右、下三个梯形的六数之和都等于39,小三角形三顶点的数字之和等于15,且为连续数,大三角形三顶点的数字之和等于24,且为连续数,该怎样填?

题目(505)如图 68 所示,把 1~12 十二个数字填入各圆圈中,使左、右、下三个梯形的六数之和都等于33,小三角形三顶点的数字之和等于15,且为连续数,大三角形三顶点的数字之和等于6,该怎样填?

题目(506)如图 68 所示,把 1~12 十二个数字填入各圆圈中,使左、右、下三个梯形的六数之和都等于42,小三角形三顶点的数字之和等于15,且为连续数,大三角形三顶点的数字之和等于33,该怎样填?

题目(507)如图 68 所示,把 1~12 十二个数字填入各圆圈中,使左、右、下三个梯形的六数之和都等于36,小三角形三顶点的数字之和等于24,且为连续数,大三角形三顶点的数字之和等于6,该怎样填?

题目(508)如图 68 所示,把 1~12 十二个数字填入各圆圈中,使左、右、下三个梯形的六数之和都等于39,小三角形三顶点的数字之和等于24,且为连续数,大三角形三顶点的数字之和等于15,也是连续数,该

怎样填？

题目（509）如图68所示，把1~12十二个数字填入各圆圈中，使左、右、下三个梯形的六数之和都等于45，小三角形三顶点的数字之和等于24，且为连续数，大三角形三顶点的数字之和等于33，该怎样填？

题目（510）如图69所示，把1~16十六个数字填入各圆圈中，使两横排的五数之和、两竖行的五数之和都等于40。把1~8八个数字填入中间正方形各边上，使两横排中点的二数之和等于6，两竖行中点的二数之和也等于6，该怎样填？

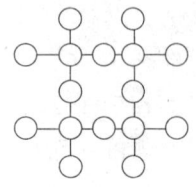

图69

题目（511）如图69所示，把1~16十六个数字填入各圆圈中，使两横排的五数之和、两竖行的五数之和都等于39。把1~8八个数字填入中间正方形各边上，使两横排中点的二数之和等于8，两竖行的中点二数之和也等于8，该怎样填？（有两解）

题目（512）如图69所示，把1~16十六个数字填入各圆圈中，使两横排的五数之和、两竖行的五数之和都等于37。把1~8八个数字填入中间正方形各边上，使两横排中点的二数之和等于12，两竖行中点的二数之和也等于12，该怎样填？

题目（513）如图69所示，把1~16十六个数字填入各圆圈中，使两横排的五数之和、两竖行的五数之和都等于38。把1~8八个数字填入中间正方形各边上，使两横排中点的二数之和等于10，两竖行中点的二数之和也等于10，该怎样填？（有两解）

题目（514）如图69所示，把1~16十六个数字填入各圆圈中，使两横排的五数之和、两竖行的五数之和都等于48。把9~16八个数字填入中间正方形各边上，使两横排中点的二数之和等于22，两竖行中点的二数之和也等于22，该怎样填？

题目（515）如图69所示，把1~16十六个数字填入各圆圈中，使两横排的五数之和、两竖行的五数之和都等于47。把9~16八个数字填入中间正方形各边上，使两横排中点的二数之和等于24，两竖行中点的二数（虚线两端）之和也等于24，该怎样填？（有两解）

题目（516）如图69所示，把1~16十六个数字填入各圆圈中，使两横排的五数之和、两竖行的五数之和都等于45。把9~16八个数字填入中间正方形各边上，使两横排中点的二数之和等于28，两竖行中点的二数之和也等于28，该怎样填？

题目（517）如图69所示，把1~16十六个数字填入各圆圈中，使两横排的五数之和、两竖行的五数之和都等于46。把9~16八个数字填入中间正方形各边上，使两横排中点的二数之和等于26，两竖行中点的二数之和也等于26，该怎样填？（有两解）

题目（518）如图69所示，把1~16十六个数字填入各圆圈中，使两横排的五数之和、两竖行的五数之和都等于44。把5~12八个数字填入中间正方形各边上，使两横排中点的二数之和等于14，两竖行中点的二数之和也等于14，该怎样填？

题目（519）如图69所示，把1~16十六个数字填入各圆圈中，使两横排的五数之和、两竖行的五数之和都等于43。把5~12八个数字填入中间正方形各边上，使两横排中点的二数之和等于16，两竖行中点的二数之和也等于16，该怎样填？（有两解）

题目（520）如图69所示，把1~16十六个数字填入各圆圈中，使两横排的五数之和、两竖行的五数之和都等于41。把5~12八个数字填入中间正方形各边上，使两横排中点的二数之和等于20，两竖行中点的二数之和也等于20，该怎样填？

题目（521）如图69所示，把1~16十六个数字填入各圆圈中，使两横排的五数之和、两竖行的五数之和都等于42。把5~12八个数字填入中间正方形各边上，使两横排中点的二数之和等于18，两竖行中点的二数之和也等于18，该怎样填？（有两解）

题目（522）如图69所示，把1~16十六个数字填入各圆圈中，使两横排的五数之和、两竖行的五数之和都等于45。把1~16中的奇数填入中间正方形各边上，使两横排中点的二数之和等于10，两竖行中点的二数之和也等于10，该怎样填？

题目（523）如图69所示，把1~16十六个数字填入各圆圈中，使两横排的五数之和、两竖行的五数之和都等于43。把1~16中的奇数填入中间正方形各边上，使两横排中点的二数之和等于14，两竖行中点的二数之和也等于14，该怎样填？（有两解）

题目（524）如图69所示，把1~16十六个数字填入各圆圈中，使两横排的五数之和、两竖行的五数之和都等于39。把1~16中的奇数填入中间正方形各边上，使两横排中点的二数之和等于22，两竖行中点的二数之和也等于22，该怎样填？

题目（525）如图 69 所示，把 1~16 十六个数字填入各圆圈中，使两横排的五数之和、两竖行的五数之和都等于 41。把 1~16 中的奇数填入中间正方形各边上，使两横排中点的二数之和等于 18，两竖行中点的二数之和也等于 18，该怎样填？（有两解）

题目（526）如图 69 所示，把 1~16 十六个数字填入各圆圈中，使两横排的五数之和、两竖行的五数之和都等于 46。把 1~16 中的偶数填入中间正方形各边上，使两横排中点的二数之和等于 12，两竖行中点的二数之和也等于 12，该怎样填？

题目（527）如图 69 所示，把 1~16 十六个数字填入各圆圈中，使两横排的五数之和、两竖行的五数之和都等于 44。把 1~16 中的偶数填入中间正方形各边上，使两横排中点的二数之和等于 16，两竖行中点的二数之和也等于 16，该怎样填？（有两解）

题目（528）如图 69 所示，把 1~16 十六个数字填入各圆圈中，使两横排的五数之和、两竖行的五数之和都等于 40。把 1~16 中的偶数填入中间正方形各边上，使两横排中点的二数之和等于 24，两竖行中点的二数之和也等于 24，该怎样填？

题目（529）如图 69 所示，把 1~16 十六个数字填入各圆圈中，使两横排的五数之和、两竖行的五数之和都等于 42。把 1~16 中的偶数填入中间正方形各边上，使两横排中点的二数之和等于 20，两竖行中点的二数之和也等于 20，该怎样填？（有两解）

题目（530）如图 70 所示，把 1~11 十一个数字填入各圆圈中，使上、下两个正方形四角的数字之和都等于 21，左、右两个五边形五角的数字之和都等于 34，中间竖轴上的三数之和等于 8，该怎样填？（有两解）

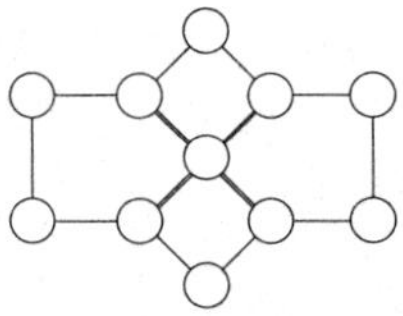

图 70

题目（531）如图 70 所示，把 1~11 十一个数字填入各圆圈中，使上、下两个正方形四角的数字之和都等于 21，左、右两个五边形五角的数字之和都等于 34，中间竖轴上的三数之和等于 10，该怎样填？

题目（532）如图 70 所示，把 1~11 十一个数字填入各圆圈中，使上、下两个正方形四角的数字之和都等于 22，左、右两个五边形五角的数字之和都等于 35，中间竖轴上的三数之和等于 12，该怎样填？（有两解）

题目（533）如图 70 所示，把 1~11 十一个数字填入各圆圈中，使上、下两个正方形四角的数字之和都等于 16，左、右两个五边形五角的数字之和都等于 32，中间竖轴上的三数之和等于 6，该怎样填？

题目（534）如图 70 所示，把 1~11 十一个数字填入各圆圈中，使上、下两个正方形四角的数字之和都等于 24，左、右两个五边形五角的数字之和都等于 24，中间竖轴上的三数之和等于 24，该怎样填？（有两解）

题目（535）如图 70 所示，把 1~11 十一个数字填入各圆圈中，使上、下两个正方形四角的数字之和都等于 23，左、右两个五边形五角的数字之和都等于 33，中间竖轴上的三数之和等于 6，该怎样填？

题目（536）如图 70 所示，把 1~11 十一个数字填入各圆圈中，使上、下两个正方形四角的数字之和都等于 28，左、右两个五边形五角的数字之和都等于 25，中间竖轴上的三数之和等于 24，该怎样填？（有两解）

题目（537）如图 70 所示，把 1~11 十一个数字填入各圆圈中，使上、下两个正方形四角的数字之和都等于 28，左、右两个五边形五角的数字之和都等于 36，中间竖轴上的三数之和等于 12，该怎样填？

题目（538）如图 71 所示，把 1~12 十二个数字填入各圆圈中，使正方形各边的四数之和都等于 22，把最小数填在四角左下和右角处，并且使左边两角的二数之和与右边两角的二数之和相等，该怎样填？（有三解）

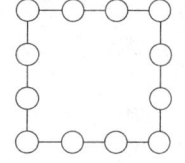

图 71

题目（539）如图 71 所示，把 1~12 十二个数字填入各圆圈中，使正方形各边的四数之和都等于 22，把最小数填在四角上边的两角处，并且使两组对角的二数之和相等，该怎样填？（有三解）

题目（540）如图 71 所示，把 1~12 十二个数字填入各圆圈中，使正方形各边的四数之和都等于 22，把最小数填在四角上边的两角处，并且使左边两角的二数之和与右边两角的二数之和相等，该怎样填？（有三解）

题目（541）如图 71 所示，把 1~12 十二个数字填入各圆圈中，使正方形各边的四数之和都等于 30，把最小数填在四角的左下角和右上角处，并且使左边两角的二数之和与右边两角的二数之和相等，该怎样填？（有三解）

题目（542）如图 71 所示，把 1~12 十二个数字填入各圆圈中，使正方形各边的四数之和都等于 30，把最小数填在四角上边的两角处，并且使两组对角的二数之和相等，该怎样填？（有三解）

题目（543）如图 71 所示，把 1~12 十二个数字填入各圆圈中，使正方形各边的四数之和都等于30，把最小数填在四角上边两角处，并且使左边两角数字之和与右边两角数字之和相等，该怎样填？（有三解）

题目（544）如图71所示，把1~12十二个数字填入各圆圈中，使正方形各边的四数之和都等于26，四角的数字是连续数，把小数填在左上角和右下角处，并且使左边两角二数之和与右边两角二数之和相等，该怎样填？（有三解）

题目（545）如图71所示，把1~12十二个数字填入各圆圈中，使正方形各边的四数之和都等于26，四角的数字是连续数，把小数填在上边两角处，并且使左边两角二数之和与右边两角二数之和相等，该怎样填？（有两解）

题目（546）如图71所示，把1~12十二个数字填入各圆圈中，使正方形各边的四数之和都等于26，四角的数字是连续数，把小数填在上边两角处，并且使两组对角的二数之和相等，该怎样填？（有三解）

题目（547）如图71所示，把1~12十二个数字填入各圆圈中，使正方形各边的四数之和都等于25，四角中三数比最小的数大3、6、9，其中小数填在左、右两角处，并使左边两角的二数之和与右边两角的二数之和相等，该怎样填？（有三解）

（548）如图71所示，把1~12十二个数字填入各圆圈中，使正方形各边的四数之和都等于25，四角中三数比最小的数大3、6、9，其中小数填在左下角和右上角处，并要使左边两角的二数之和与右边两角的二数之和相等，该怎样填？（有两解）

题目（549）如图71所示，把1~12十二个数字填入各圆圈中，使正方形各边的四数之和都等于25，四角中三数比最小数的大3、6、9，其中小数填在上边两角处，并使两组对角的二数之和相等，该怎样填？（有两解）

题目（550）如图71所示，把1~12十二个数字填入各圆圈中，使正方形各边的四数之和都等于26，四角中三数比最小的数大3、6、9，其中小数填在左下角和右上角处，并使左边两角二数之和与右边两角二数之和相等，该怎样填？（有三解）

题目（551）如图71所示，把1~12十二个数字填入各圆圈中，使正方形各边的四数之和都等于26，四角中三数比最小的数大3、6、9，其中小数填在下边两角处，并使左边两角的二数之和与右边两角的二数之和相等，该怎样填？（有四解）

题目（552）如图 71 所示，把 1~12 十二个数字填入各圆圈中，使正方形各边的四数之和都等于 27，四角中三数比最小的数大 3、6、9，其中小数填在左下角和右上角处，并左边两角的二数之和与右边两角的二数之和相等，该怎样填？（有三解）

题目（553）如图 71 所示，把 1~12 十二个数字填入各圆圈中，使正方形各边的四数之和都等于 27，四角中的数字都是三的倍数，其中小数填在下边两角处，并使左边两角的二数之和与右边两角的二数之和相等，该怎样填？（有两解）

题目（554）如图 71 所示，把 1~12 十二个数字填入各圆圈中，使正方形各边的四数之和都等于 27，四角中的数字都是三的倍数，其中小数填在下边两角处，并使两组对角的二数之和相等，该怎样填？（有两解）

题目（555）如图 71 所示，把 1~12 十二个数字填入各圆圈中，使正方形各边的四数之和都等于 26，四角中三数比最小的数大 1、6、7，其中小数填在下边两角处，并使左边两角的二数之和与右边两角的二数之和相等，该怎样填？（有两解）

题目（556）如图 71 所示，把 1~12 十二个数字填入各圆圈中，使正方形各边的四数之和都等于 26，四角中三数比最小的数大 1、6、7，其中小数填在左下角和右上角处，并使左边两角二数之和与右边两角二数之和相等，该怎样填？（有两解）

题目（557）如图 71 所示，把 1~12 十二个数字填入各圆圈中，使正方形各边的四数之和都等于 26，四角中三数比最小的数大 1、6、7，其中小数填在右边两角处，并使两组对角的二数之和相等，该怎样填？（有两解）

（558）如图 71 所示，把 1~12 十二个数字填入各圆圈中，使正方形各边的四数之和都等于 26，四角中三数比最小的数大 1、4、5，其中小数填在上边两角处，并使左边两角的二数之和与右边两角的二数之和相等，该怎样填？

题目（559）如图 71 所示，把 1~12 十二个数字填入各圆圈中，使正方形各边的四数之和都等于 26，四角中三数比最小的数大 3、8、11，其中小数填左边两角处，并使上边两角的二数之和与下边两角的二数之和相等，该怎样填？

题目（560）如图 71 所示，把 1~12 十二个数字填入各圆圈中，使正方形各边的四数之和都等于 26，四角中的数字是十二个数中最小和最大的

四个数,其中小的填在左、右两角处,并使上边两角的二数之和与下边两角的二数之和相等,该怎样填?(有三解)

题目(561) 如图71所示,把1~12十二个数字填入各圆圈中,使正方形各边的四数之和都等于26,四角中三数比最小的数大2、9、11,其中小数填在左下角和右上角处,并使左边两角的二数之和与右边两角的二数之和相等,该怎样填?(有三解)

题目(562) 如图71所示,把1~12十二个数字填入各圆圈中,使正方形各边的四数之和都等于26,四角中三数比最小的数大5、6、11,其中小数填在左边两角处,并使上边两角的二数之和与下边两角的二数之和相等,该怎样填?(有三解)

题目(563) 如图71所示,把1~12十二个数字填入各圆圈中,使正方形各边的四数之和都等于26,四角中三数比最小的数大3、6、9,其中小数填在左下角和右上角处,并使上边两角的二数之和与下边两角的二数之和相等,该怎样填?(有三解)

题目(564) 如图71所示,把1~12十二个数字填入各圆圈中,使正方形各边的四数之和都等于26,四角中三数比最小的数大5、6、11,其中小数填在左下角和右上角处,并使上边两角的二数之和与下边两角的二数之和相等,该怎样填?(有三解)

题目(565) 如图71所示,把1~12十二个数字填入各圆圈中,使正方形各边的四数之和都等于26,四角中三数比最小的数大3、6、9,其中小数填在下边两角处,并使左边两角的二数之和与右边两角的二数之和相等,该怎样填?(有三解)

题目(566) 如图71所示,把1~12十二个数字填入各圆圈中,使正方形各边的四数之和都等于28,四角中三数比最小的数大1、6、7,其中小数填在下边两角处,并使左边两角的二数之和与右边两角的二数之和相等,该怎样填?

题目(567) 如图71所示,把1~12十二个数字填入各圆圈中,使正方形各边的四数之和都等于26,四角中三数比最小的数大2、3、5,其中小数填在左边两角处,并使上边两角的二数之和与下边两角的二数之和相等,该怎样填?

题目(568) 如图71所示,把1~12十二个数字填入各圆圈中,使正方形各边的四数之和都等于28,四角中三数比最小的数大1、6、7,其中小数填在左、右两下角处,并使两组对角的二数之和相等,该怎样填?

（有两解）

题目（569）如图71所示，把1～12十二个数字填入各圆圈中，使正方形各边的四数之和都等于26，四角中三数比最小的数大4、7、11，其中小数填在左边两角处，并使上边两角的二数之和与下边两角的二数之和相等，该怎样填？

题目（570）如图71所示，把1～12十二个数字填入各圆圈中，使正方形各边的四数之和都等于28，四角中三数比最小的数大1、6、7，其中小数填在左下角和右上角处，并使上边两角的二数之和与下边两角的二数之和相等，该怎样填？（有三解）

题目（571）如图71所示，把1～12十二个数字填入各圆圈中，使正方形各边的四数之和都等于24，四角中三数比最小的数大1、6、7，其中小数填在左上角和右下角处，并使上边两角的二数之和与下边两角的二数之和相等，该怎样填？（有三解）

题目（572）如图71所示，把1～12十二个数字填入各圆圈中，使正方形各边的四数之和都等于24，四角中三数比最小的数大1、6、7，其中小数填在上边两角处，并使两组对角的二数之和相等，该怎样填？（有两解）

题目（573）如图71所示，把1～12十二个数字填入各圆圈中，使正方形各边的四数之和都等于26，四角中三数比最小的数大2、3、5，其中小数填在上边两角处，并使两组对角的二数之和相等，该怎样填？

题目（574）如图71所示，把1～12十二个数字填入各圆圈中，使正方形各边的四数之和都等于24，四角中三数比最小的数大1、6、7，其中小数填在上边两角处，并使左边两角的二数之和与右边两角的二数之和相等，该怎样填？（有两解）

题目（575）如图71所示，把1～12十二个数字填入各圆圈中，使正方形各边的四数之和都等于26，四角中三数比最小的数大1、8、9，其中小数填在左上角和右下角处，并使上边两角的二数之和与下边两角的二数之和相等，该怎样填？（有两解）

题目（576）如图71所示，把1～12十二个数字填入各圆圈中，使正方形各边的四数之和都等于26，四角中三数比最小的数大3、6、9，其中小数填在下边两角处，并使两组对角的二数之和相等，该怎样填？（有两解）

题目（577）如图71所示，把1～12十二个数字填入各圆圈中，使正方形各边的四数之和都等于 26，四角中三数比最小的数大 2、7、9，其中小数填在左上角和右下角处，并使上边两角的二数之和与下边两角的二数之和相等，该怎样填？（有三解）

（578）如图 71 所示，把 1～12 十二个数字填入各圆圈中，使正方形各边的四数之和都等于 26，四角中三数比最小的数大 4、5、9，其中小数填在左边两角处，并使上边两角的二数之和与下边两角的二数之和相等，该怎样填？

题目（579）如图 71 所示，把 1～12 十二个数字填入各圆圈中，使正方形各边的四数之和都等于 26，四角中三数比最小的数大 4、5、9，把小数填在左上角和右下角处，并使上边两角的二数之和与下边两角的二数之和相等，该怎样填？

题目（580）如图 72 所示，把 1～12 十二个数字填入各圆圈中，使大、中、小三个正方形四角的数都是连续数，使横轴的四数之和与竖轴的四数之和都等于 18，使大正方形各边上的三数之和分别等于 22、23、24、25，并把它们标在各方框中，该怎样填？（有三解）

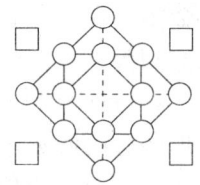

图 72

题目（581）如图 72 所示，把 1～12 十二个数字填入各圆圈中，使大、中、小三个正方形四角的数都是连续数，使横轴的四数之和与竖轴的四数之和都等于 34，使大正方形各边上的三数之和分别等于 22、23、24、25，并把它们标在各方框中，该怎样填？（有三解）

题目（582）如图 72 所示，把 1～12 十二个数字填入各圆圈中，使大、中、小三个正方形四角的数都是连续数，使横轴的四数之和与竖轴的四数之和都等于 26，使大正方形各边上的三数之和分别等于 10、11、12、13，并把它们标在各方框中，该怎样填？（有三解）

题目（583）如图 72 所示，把 1～12 十二个数字填入各圆圈中，使大、中、小三个正方形四角的数都是连续数，使横轴的四数之和与竖轴的四数之和都等于 34，使大正方形各边上的三数之和分别等于 14、15、16、17，并把它们标在各方框中，该怎样填？（有三解）

题目（584）如图 72 所示，把 1～12 十二个数字填入各圆圈中，使大、中、小三个正方形四角的数都是连续数，使横轴的四数之和与竖轴的四数之和都等于 26，使大正方形各边上的三数之和分别等于 26、27、28、29，并把它们标在各方框中，该怎样填？（有三解）

题目（585）如图72所示，把1～12十二个数字填入各圆圈中，使大、中、小三个正方形四角的数都是连续数，使横轴的四数之和与竖轴的四数之和都等于18，使大正方形各边上的三数之和分别等于14、15、16、17，并把它们标在各方框中，该怎样填？（有三解）

题目（586）如图73所示，把1～12十二个数字填入各圆圈中，使周围三个正方形、三个梯形四角的数字之和都等于26，中间正六边形和外围的六边形的六数之和都等于39，该怎样填？（有六解）

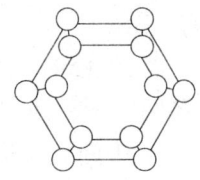

图73

题目（587）如图74所示，把1～13十三个数字填入各圆圈中，使上下左右四个五边形五角的数字之和都等于27，图形左边的两数之和等于19，右边的两数之和也等于19。中间正方形（虚线连接）四角数为连续数，该怎样填？（有三解）

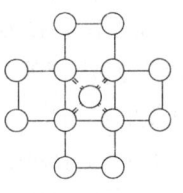

图74

题目（588）如图74所示，把1～13十三个数字填入各圆圈中，使上下左右四个五边形五角的数字之和都等于35，图形左边的两数之和等于11，右边的两数之和也等于11。中间正方形（虚线连接）四角的数为连续数，该怎样填？（有三解）

题目（589）如图74所示，把1～13十三个数字填入各圆圈中，使上下左右四个五边形五角的数字之和都等于34，图形左边的两数之和等于14，右边的两数之和也等于14。中间正方形（虚线连接）四角的数为连续数，该怎样填？（有三解）

题目（590）如图74所示，把1～13十三个数字填入各圆圈中，使上下左右四个五边形五角的数字之和都等于29，图形左边的两数之和等于19，右边的两数之和也等于19。中间正方形（虚线连接）四角的数为连续数，该怎样填？（有三解）

题目（591）如图74所示，把1～13十三个数字填入各圆圈中，使上下左右四个五边形五角的数字之和都等于43，图形左边的两数之和等于9，右边的两数之和也等于9。中间正方形（虚线连接）四角的数为连续数，该怎样填？（有三解）

题目（592）如图74所示，把1～13十三个数字填入各圆圈中，使上下左右四个五边形五角的数字之和都等于41，图形左边的两数之和等于9，右边的两数之和也等于9。中间正方形（虚线连接）四角的数为连续数，

该怎样填？（有三解）

题目（593）如图75所示，把1~15十五个数字填入各圆圈中，使周围五个三角形三顶点的数字之和都等于24，中间五边形五角的数字之和等于15，该怎样填？（有六解）

题目（594）如图75所示，把1~15十五个数字填入各圆圈中，使周围五个三角形三顶点的数字之和都等于24，中间五边形五角的数字之和等于65，该怎样填？（有六解）

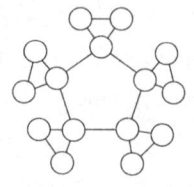

图75

题目（595）如图75所示，把1~15十五个数字填入各圆圈中，使周围五个三角形三顶点的数字之和都等于24，中间五边形五角的数字之和等于35，五个数中每相隔一数的两数之差都是3，该怎样填？（有两解）

题目（596）如图75所示，把1~15十五个数字填入各圆圈中，使周围五个三角形三顶点的数字之和都等于24，中间五边形五角的数字之和等于40，五个数中每相隔一数的两数之差都是3，该怎样填？（有三解）

题目（597）如图75所示，把1~15十五个数字填入各圆圈中，使周围五个三角形三顶点的数字之和都等于24，中间五边形五角的数都是三的倍数，该怎样填？（有两解）

题目（598）如图75所示，把1~15十五个数字填入各圆圈中，使周围五个三角形三顶点的数字之和都等于24，中间五边形五角的数字之和等于40，且这五个数为连续数，该怎样填？（有五解）

题目（599）如图76所示，把1~11十一个数字填入各圆圈中，使上边三个三角形三顶点的数字之和都等于11，下边三个三角形三顶点的数字之和都等于25。上横排的四数之和等于10，下横排的四数之和等于38，该怎样填？（有两解）

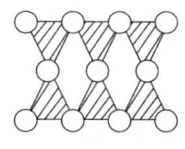

图76

题目（600）如图76所示，把1~11十一个数字填入各圆圈中，使上边三个三角形三顶点的数字之和都等于13，下边三个三角形三顶点的数字之和都等于21。上横排的四数之和等于22，下横排的四数之和等于38，该怎样填？（有两解）

题目（601）如图76所示，把1~11十一个数字填入各圆圈中，使上边三个三角形三顶点的数字之和都等于15，下边三个三角形三顶点的数字之和都等于23。上横排的四数之和等于10，下横排的四数之和等于26，

该怎样填？（有两解）

题目（602）如图77所示，把1～12十二个数字填入各圆圈中，使上边三个三角形三顶点的数字之和都等于24，下边三个三角形三顶点的数字之和都等于15，上横排的三数之和等于33，下横排的三数之和等于6，该怎样填？（有两解）

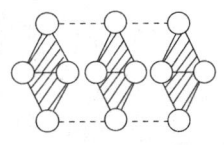

图77

题目（603）如图77所示，把1～12十二个数字填入各圆圈中，使上边三个三角形三顶点的数字之和都等于18，下边三个三角形三顶点的数字之和都等于15，上横排的三数之和等于33，下横排的三数之和等于24，且为连续数，该怎样填？（有两解）

题目（604）如图77所示，把1～12十二个数字填入各圆圈中，使上边三个三角形三顶点的数字之和等于24，下边三个三角形三顶点的数字之和等于21，上横排的三数之和等于15，且为连续数，下横排的三数之和等于6，该怎样填？（有两解）

三、答案解析

（一） 4~6 个数

题目（1） 三根短杠数字总和是 $5+6+7=18$。而 1~4 四数之和是 10。因为中心数多加了两次，所以中心数应是 $(18-10)\div(3-1)=4$。把 4 填在中心，再把 1、2、3 填在各角上。

题目（2） 解法同第 1 题。

题目（3） 在 1~4 四个数中，三数之和是 9 的只能是 2、3、4。把它们填在各角上，中心填 1。

题目（4） 解法同第 3 题。

题目（5） 三个三角形顶点的数字总和是 $6+8+9=23$。1~4 四数之和是 10。所以中心数应是 23，把 3 填在中心处，三角形三顶点填 1、2、4。

题目（6） 解法同第 5 题。

题目（7） 三角形底边上三数之和是 6，所以这三数是 1、2、3。底边两端二数之和是 5，这两数是 2、3。三角形顶点填 4。

题目（8） 解法同第 7 题。

题目（9） 1~4 四数之和是 10，底边三数之和是 7，这三数是 1、2、4，所以三角形上顶点是 $10-7=3$。把 1 填在底边中点处，两端填 2 和 4。

题目（10） 解法同第 9 题。

题目（11） 左右两直角三角形三顶点的数字总和是 $9+8=17$，而 1~4 四数之和是 10，所以两直角三角形上下公用的二数之和应是 $17-10=7$，这两数为 3 和 4。把这两数填在中间上下，哪个在上，哪个在下都行，再把 1 和 2 填在底边两端。

题目（12） 解法同第 11 题。

题目（13） 两条对角线的数字总和是 $8+8=16$，而 1~5 五数之和是 15，因为图形中心是两对角线公用的，重复相加。所以中心数应是 $16-15=1$。再把 2 和 5 填在一对角线两端，把 3 和 4 填在另一对角线两端。

题目（14） 解法同第 13 题。

题目（15） 解法同第 13 题。

题目（16） 1~5 五个数之和是 15，下横排四数之和是 14。所以横排上边的数字是 $15-14=1$，整个大三角形三顶点数字之和是 6，所以下横排左、右端的数应是 2 和 3，又要求左右两三角形三顶点的数字之和相等。

所以 4 填在 3 旁边，5 填在 2 旁边。

题目（17） 1~5 五数之和是 15，下横排四数之和是 12，所以横排上边的数是 15-12=3。要求中间的三角形三顶点的数字之和是 10，所以中间三角形底边二数之和应是 10-3=7，这两数是 2 和 5。又要求左右两三角形三顶点的数字之和相等。所以下横排把 4 填在 2 的旁边，把 1 填在 5 的旁边。

题目（18） 1~5 五数之和是 15。下横排的四数之和是 10，所以横排上边的数是 15-10=5。又要求左右两三角形三顶点的数字之和都是 10，所以 1 和 4 填在一边，2 和 3 填在另一边。横排两端二数之和是 3，所以 1 和 2 填在横排的左右端。

题目（19） 三角形三顶点和横排的数字总和是 11+6=17。1~5 五数之和是 15。因为图形中心是三角形和横排的公用数。所以中心数应是 17-15=2。横排左右两端二数之和是 6-2=4，填 1 和 3。三角形上边的两数之和是 11-2=9，填 4 和 5。

题目（20） 解法同第 19 题。

题目（21） 解法同第 19 题。

题目（22） 两个三角形三顶点的数字总和是 10+10=20，1~5 五数之和是 15。因为横排中心数是两三角形公用的，多加了一次，所以这个数是 20-15=5，左边的三角形另外两顶点填 1 和 4，右边三角形另外两顶点填 2 和 3。为证下边横排上的三数之和是 12，所以要把 4 和 3 填在横排的两端。

题目（23） 解法同第 22 题。

题目（24） 解法同第 22 题。

题目（25） 正方形四角与横排上四数总和是 12+12=24，1~6 六数之和是 21。正方形左右两角的数与横排上两数公用。所以这两数之和是 24-21=3，这两数是 1 和 2。正方形另外两角的数字之和应是 12-1-2=9。两数之和是 9 的数有 4 和 5、3 和 6。若是在正方形上下填 4 和 5，3 和 6 填在横排两端，这样就不能使横排左端的二数之和是右端的二数之和，所以正方形上下不能填 4 和 5，只能填 3 和 6。再把 4 和 5 填在横排左右两端，并使 4 填在 2 旁，5 填在 1 旁。若在 1 和 2 确定之后先填横排上的左右端，就比较顺利的填好了。

题目（26） 解法同第 25 题。

题目（27） 横排左端二数之和与右端二数之和都是 9，即 3 和 6、4 和

5，其总和是 18。而 1~6 六数之和是 21，所以图形上下二数之和应是 21 - 18 = 3，这两数填 1、2。为使图形上下左右端四数之和是 10，所以要把 3 和 4 填在横排的左右端，则横排中间把 6 填在 3 的一边，5 填在 4 的一边。

题目（28）横排左端二数之和与右端二数之和都是 7，即 6 和 1、3 和 4，或者 2 和 5、4 和 3，还可以是 1 和 6、2 和 5。为保证中间正方形四角的数字之和是 17，只有把图形上下两数填 5 和 2，中间填 6 和 4。图形左右端填 1 和 3，并使 3 与 4 在一边，1 与 6 在另一边。

题目（29）横排上四数之和是 10，这四个数是 1、2、3、4。要使左端两数之和是右边两数之和，所以把 1、4 填在左边（或右边），把 2、3 填在右边（或左边），3、4 填在左右两端，最后再把 5、6 填在图形上下。

题目（30）正方形四角的数字之和是 18，这四个数是 3、4、5、6。要使横排左端和右端二数都是 7，则一边填 1、6，另一边填 2、5。

题目（31）对角线两端的数是对角线和平行四边形公用的，可以先求出它们，也可以最后求。如果最后求，可以这样解题：1~6 六数之和是 21，因为平行四角的数字之和是 18，所以对角线中间两数之和是 21 - 18 = 3，这两数是 1 和 2。因为对角线上四数之和是 12，所以平行四边形上下两数之和是 21 - 12 = 9，这两数可以是 4 和 5 或 3 和 6。如果平行四边形上下两角填 3、6，还剩下 4 和 5 填在左右端，4 填在 2 旁边，5 填在 1 旁边。若在平行四边形上下填 4 和 5 的话，把 3 和 6 填在对角两端就不能满足对角左端二数之和与右端二数之和相等的条件。

这道题，如果先求对角线两端的数，可以这样解题：平行四边形四数与对角线上四数的总和是 18 + 12 = 30，因为两点公用，所以左右两数之和是 30 - 21 = 9，填 4 和 5 较好，再填上下 3 和 6。

题目（32）解法同第 31 题。

题目（33）对角线上四数之和是 8 + 8 = 16，1~6 六数之和是 21，所以图形上下两数之和是 21 - 16 = 5，这两数是 1 和 4 或 2 和 3。经试填证明，不能填 2 和 3，应填 1 和 4。对角线四数之和是 16，长向对角线左右两端二数之和是 5，这二数应是 3 和 2。对角线中间两数之和是 16 - 5 = 11，填 5、6，6 靠近 2，5 靠近 3。

题目（34）解法同第 33 题。

题目（35）平行四边形对角线左边二数之和与右边二数之和都是 9，这两组数是 6 和 3 或 4 和 5。四边形长向对角线左右两端二数填 5 和 6，中间填 3 和 4，3 填在 6 旁，4 填在 5 旁。1~6 六数之和是 21，对角四数之和是 9+9=18，所以平行四边形上下两角的数字之和是 21-18=3，填 1 和 2。

题目（36）平行四边形对角线上四数总和是 5+5=10，这四个数是 1、2、3、4，1 和 4 在一端，2 和 3 在另一端。对角线中间二数之和是 3，所以填 1 和 2。最后把 5 和 6 填在平行四边形上下两角。

题目（37）1~6 六数之和为 21，正方形四角的数字之和是 18，所以图形下边二数之和是 21-18=3，应填 1 和 2。跟 1 在一直线上的两数之和应是 11-1=10，填 4 和 6。跟 2 在一直线上另外两数之和应是 11-2=9，填 4 和 5，把 4 填在交叉点上，5 和 6 填在左右端。最后把 3 填在正方形最上角处。

题目（38）解法同第 37 题。

题目（39）解法同第 37 题。

题目（40）1~6 六数之和是 21，正方形四角的数字之和是 16，所以图形下边两数之和应是 21-16=5，这两数可以是 2 和 3 或 1 和 4。若 2、3 填在图形下边，再按要求使三角形三顶点的数字之和是 7，就无法达到，所以图形下边二数应是 1 和 4。图形中心填 2，3、5、6 填在正方形上、左、右三角处。

题目（41）解法同第 40 题。

题目（42）解法同第 40 题。

题目（43）1~6 六数之和是 21。正方形四角和对角线五数之和是 17，所以图形上边应是 21-17=4。正方形两对角线的数字总和应是 9+9=18，因对角交点重复相加，所以对角线交点是 18-17=1。而对角线上三数之和都是 9，所以一条对角线两端填 3 和 5，另一条对角线两端填 2 和 6。为使上边三角形三顶点的数字之和是 9，所以把 2 和 3 填在上边三角形的底边两侧。

题目（44）解法同第 43 题。

题目（45）解法同第 43 题。

题目（46）1~6 六数之和是 21，上边正方形四角的数字之和是 18，所以图形下边两数之和是 21-18=3，这两数是 1、2。若 1 在左、2 在右，左三角形另外两顶点数字之和是 10-1=9，两数之和是 9 的数有 4 和 5、3 和 6，左三角形若先填 4 和 5，则右三角形另外的两顶点就该填 3 和 5，5 是两三角形公用点。最上边的点填 6。见答案（46-1）。

若左三角形除 1 外另两顶点填 3 和 6，那么右三角形另外两顶点就要填 3 和 5，3 是两三角公用点。图形上端填 4。见答案（46－2）。

题目（47）解法同第 46 题。

题目（48）1～6 六数之和是 21，正方形四角的数字之和是 14，所以图形下边两数之和是 21－14＝7，两数之和是 7 的数有 2 和 5、3 和 4、1 和 6。经试验只有 3 和 4 可以完成题目的要求，3 填在左，4 填在右。左三角形另两顶点的数字之和是 11－3＝8，应填 6 和 2。右三角形另两顶点应填 5 和 2，2 是公用点填在中心。6 和 5 填在左右，最上边填 1。见答案（48－1）。

当左三角形另两角填 2 和 6 时，右三角形另两角填 1 和 6。最后图形上端填 5。见答案（48－2）。

题目（49）解法同第 48 题，题目（50）1～6 六数之和是 21，正方形四角的数字之和是 11，所以图形下端二数之和应该是 21－11＝10，只有填 4 和 6。4 填在左，6 填在右。左三角形另两顶点数字之和是 11－4＝7，只有填 5 和 2。右三角形另两顶点数字之和是 11－6＝5，只有填 3 和 2。2 是两三角形公用数，填在中心，5 和 3 填在左右两边。图形最上端填 1。

题目（51）1～6 六数之和是 21，正方形四角的数字之和是 12，所以图形下端二数之和应是 21－12＝9，两数之和是 9 的数有 3 和 6、4 和 5。当图形下边两数是 3 和 6 时，又有两解见答案（51－1）和（51－2）。当图形下边两数是 4 和 5 时，又有一解见答案（51－3）。

题目（52）有两解法：解法 1：先求中心数。中心柱上两数与两个三角形顶点数字总和是 5＋9＋9＝23。1～6 六数之和是 21。在 23 中，中心数加三次。从 23 减去 1～6 六数之和，则剩下的就是中心数的 2 倍。所以中心数应是（23－21）÷2＝1。所以中心柱下端填 4（5－1）。左三角形上下填 2 和 6（9－1＝8）。右三角形上下填 3 和 5（9－1＝8）。把 2 和 3 分别填在上端左右。

解法 2：先不求中心数。1～6 数字之和是 21，中心柱上二数之和是 5，所以两个三角形竖直边上的四数之和是 21－5＝16，两个三角形三顶点的数字之和相等，两三角形公用点是中心数，所以两个三角形竖直边的二数之和也是相等的，都是 8。因此就要把 1～6 六个数分为三组，各组的两数之和为 5、8、8，即 1＋4、2＋6、3＋5，分别填到中心柱和两侧的竖直线上。根据题目要求，上边三角形三顶点的数字之和应是 6，所以把各组的 1、2、3 填在上端。

题目（53）解法同第 52 题。

题目（54）解法同第 52 题。

题目（55）解法同第 52 题。

题目（56）解法同第 52 题。

题目（57）解法同第 52 题。

题目（58）1~6 六数之和是 21。三条边的数字总和是 11 + 12 + 13 = 36。因为三角形三顶点的数是由于重复相加造成的，所以三角形三顶点的数字之和是 36 - 21 = 15，三角形三顶点是 4、5、6。然后在 5 和 6 之间填 2，6 和 4 之间填 1，4 和 5 之间填 3。见答案（58 - 1）。

还有一解是在 5 和 6 之间填 1，4 和 5 之间填 2，4 和 6 之间填 3。见答案（58 - 2）。

题目（59）解法同第 58 题。

题目（60）1~6 六数之和是 21。三角形三条边上数字总和是 8 + 10 + 12 = 30，因为三角形三顶角的数多加了一次，所以三角形三顶角的数字之和是 30 - 21 = 9。因此三角形三顶角的三个数有三种可能：1、3、5；1、2、6；2、3、4。

①把 1、3、5 填在各角上。在 1 和 5 之间填 2，在 3 和 5 之间填 4，在 1 和 3 之间填 6。见答案（60 - 1）。

②把 1、3、5 填在各角上。在 1 和 5 之间填 6，在 3 和 5 之间填 2，在 1 和 3 之间填 4。见答案（60 - 2）。

③把 1、2、6 填在各角上。在 1 和 6 之间填 3，在 2 和 6 之间填 4，在 1 和 2 之间填 5。见答案（60 - 3）。

④把 2、3、4 填在各角上。在 2 和 4 之间填 6，在 3 和 4 之间填 1，在 2 和 3 之间填 5。见答案（60 - 4）。

题目（61）解法同第 60 题。

题目（62）1~6 六数之和是 21。三角形三条边数字总和是 9 + 11 + 11 = 31。因为三角形三顶点多加了一次，则三顶点的数字之和是 31 - 21 = 10。因此三数之和是 10 的数有三种可能：2、3、5；1、3、6；1、4、5。然后再按第 60 题方法逐个填上。

题目（63）解法同第 58 题，但只有一解。

题目（64）1~6 六数之和是 21。三个三角形各顶点的数字总和是 8 + 9 + 10 = 27。因为大三角形各边的中点是周围每两个小三角形公用点，所以重复相加了一次，因此这三个点之和是 27 - 21 = 6，只有 1、2、3 符合要求，把它们填在大三角形各边中点处。然后在 2 和 1 外边填 5，这个小三角形上三顶点的数字之和为 8。在 2 和 3 外边填 4，这个小三角形三顶点的数字之和为9。在1和3的外边填6，这个小三角形三顶点的数字之和为10。见答案（64－1）。

若在2和1外边填6，2和3外边填5，1和3外边填4，这也使周围三个三角形三顶点的数字之和是9、10、8。见答案（64－2）。

题目（65）解法同第64题。

题目（66）中间小三角形三顶点的数字之和是6，这三个数是1、2、3。在1和2之外填6和4，构成梯形四角的数字之和是$1+2+4+6=13$。再在大三角形第三个顶点处填5。这时左梯形四角数字之和$1+3+6+5=15$，下梯形四角数字之和$3+2+4+5=14$。见答案（66－1）。

填完中间小三角形三顶点1、2、3以后，在1和2之外填5和6，梯形四角的数字之和是$1+2+5+6=14$。在大三角形第三个顶点处填4。见答案（66－2）。

题目（67）解法同第66题。

题目（68）1~6六数之和是21，下边横排五数之和是15，所以横排上端的数是$21-15=6$。横排的中心段三数之和是6，这三数是1、2、3。横排的左右端就是4和5。要求左右两小三角形三顶点的数字之和都是13。所以横排的左端与横排的右端二数之和都应是$13-6=7$。所以横排的一端是2、5，另一端是3、4。1填在下横排中间。

题目（69）解法同第68题。

题目（70）解法同第68题。

题目（71）1~6六数之和是21，横排五数之和是20，所以横排上端的数是$21-20=1$。左三角形和右三角形横排上的两数之和都是$9-1=8$，所以5和3在一边，2和6在另一边。因为中心三角形三顶点的数字之和为6，所以横排上二数为2和3，靠近中心填。横排中心填4，两端填5和6。

（72）解法同第71题。

题目题目（73）解法同第71题。

题目（74）1~6六数之和是21，下横排五数之和是17，所以横排上端的数是$21-17=4$。整个大三角形三顶点的数字之和是7，所以横排两端二数之和是$7-4=3$，这两数是1和2。中心三角形三顶点的数字之和是15，所以横排上的两数之和是$15-4=11$，应填5和6。左右两三角形数字和相等，横排上左端与右端二数之和一定都相等7。所以5和2在横排一端，6和1在横排另一端。最后把3填在横排中心。

题目（75）解法同 74 题。

题目（76）解法同 74 题。

题目（77）1~6 六数之和是 21，下横排五数之和是 20，所以横排上端的数是 21－20＝1。左右两三角形三顶点的数字之和都是 9，在横排上二数之和都应是 9－1＝8，因此一端是 3 和 5，另一端是 2 和 6。中心三角形三顶点的数字之和是 12，所以横排上二数之和应是 12－1＝11，这两数是 5 和 6，靠近中心填。2 在横排一端靠近 6，3 在另一端靠近 5，横排中心填 4。

题目（78）解法同第 77 题。

题目（79）解法同第 77 题。

题目（80）1~6 六数之和是 21。两个平行四边形四角的数字总和是 12＋12＝24。这是因为中间两数是两个平行四边形公用的，多加了一次。所以这两数之和是 24－21＝3，应该是 1 和 2。两平行四边形四角的数字之和都是 12，所以图形左边两数之和与右边两数之和都应该是 9，因此一边是 4 和 5，另一边是 3 和 6。为了使下边三角形三顶点的数字之和是 9，可把三个竖行中的 4、2、3 填在下边，也可以把 5、1、3 填在下边。

题目（81）1~6 六数之和是 21。两个平行四边形四角的数字总和是 13＋13＝26，图形中间两数是两个平行四边形公用的，多加了一次，所以这两数之和应是 26－21＝5，因此两数是 1 和 4 或 2 和 3。但下边三角形三顶点数字之和要求是 6，所以下边三角形三顶点必须是 1、2、3。则两个平行四边形的公用点只能是 4 和 1。三角形底边填 2 和 3。再把 5 和 6 填在图形左上角和右上角。1、2、3 填在各竖行的下端。

题目（82）解法同第 81 题。

题目（83）解法同第 81 题。

题目（84）解法同第 81 题。

题目（85）解法同第 81 题。

题目（86）解法同第 81 题。

题目（87）解法同第 81 题。

题目（88）中间横排上的三数之和是 6，这三个数是 1、2、3。

①若把 1 和 3 填在左右两端，则在上三角形顶角处填 4，把 2 填在中心。在下三角形底边填 5 和 6。

②若把 1 和 2 填横排两端，则在上三角形顶角处填 5，把 3 填在中心。

在下三角形底边填 4 和 6。

题目（89）中间横排上三数之和是 6，这三数是 1、2、3。

①若把 2 和 3 填在横排左右两端，则在上三角形顶角处填 4，把 1 填在横排中心。在下三角形底边填 5 和 6。

②若把 1 和 3 填在横排两端，则在上三角形顶角处填 5，把 2 填在横排中心。在下三角形底边填 4 和 6。

③若把 1 和 2 填在横排左右两端，则在上三角形顶角处填 6，把 3 填在横排中心。在下三角形底边填 4 和 5。

题目（90）解法同第 88 题。

题目（91）解法同第 88 题。

题目（92）中间横排三数之和是 15 且为连续数，这三个数是 4、5、6。

①若把 5 和 6 填在横排左右两端，则在上三角形顶角处填 1，把 4 填在横排中心。在下三角形底边填 2 和 3。

②若把 5 和 4 填在横排左右两端，则在上三角形顶角处填 3，把 6 填在横排中心。在下三角形底边填 1 和 2。

③若把 4 和 6 填在横排左右两端，则在上三角形顶角处填 2，把 5 填在横排中心，在下三角形底边填 1 和 3。

题目（93）1~6 六数之和是 21。上、左、右三个三角形顶点的数字总和是 9 + 9 + 9 = 27。三个三角形中，每两个三角形都有一个公用点，共三个数，这三个数都多加了一次，所以这三个数之和是 27 - 21 = 6，因此三个公用点为 1、2、3。

①若把 1 和 2 填在水平横线两端，3 填在下边。则在 1、2 之上填 6，1 的下端填 5，2 的下端填 4。

②若把 2 和 3 填在水平横线两端，1 填在下边。则在 2、3 之上填 4，3 的下端填 5，2 的下端填 6。

③若把 1 和 3 填在水平横线两端，2 填在下边。则在 1 和 3 之上填 5，1 的下端填 6，3 的下端填 4。

题目（94）1~6 六数之和是 21。上、左、右三个三角形顶点的数字总和是 11 + 11 + 11 = 33。每两个三角形公用的三数多加了一次，所以这三个公用数之和是 33 - 21 = 12。三数之和是 12 的数有三种可能：2、4、6；3、4、5；1、6、5。经试验只有 2、4、6 能完成题目的要求。

①若把 2 和 6 填在水平线两端，4 填在下边。在 2 和 6 之上填 3，在 2

下边填5，在6下边填1。

②若把4和6填在水平线两端，2填在下边。在4和6之上填1，在6下边填3，在4的下边填5。

③若把4和2填在水平线两端，6填在下边。在4和2之上填5，在4下边填1，在2的下边填3。

题目（95）1～6六数之和是21。上、左、右三个三角形三顶点的数字总和是12×3＝36。中间空白三角形的三个顶点是公用的，多加了一次，所以空白三角形三顶点的数字之和是36－21＝15。且三个数又是连续数，所以这三个数是4、5、6。往下的解题过程与第94题相同。

题目（96）中间空白三角形三顶点都是奇数，所以是1、3、5。往下解题过程与第94题相同。

（二）7～8个数

题目（97）1～7七个数字之和是28，左右两个三角形顶点的六数之和是11＋11＝22，所以图形中心数应是28－22＝6。因为中间横排三数之和是18，所以横排左右两数之和是18－6＝12，这两数为5和7。若7在左，5在右，左三角形上下两数之和应是11－7＝4，填3和1。右三角上下两数之和应是11－5＝6，填2和4。这样上边三角形三顶点的数字之和为6＋3＋2＝11，恰好合题的要求。

题目（98）解法同第97题。

题目（99）解法同第97题。

题目（100）1～7七数之和是28。三个三角形三顶点的数字总和是10＋10＋10＝30，因为中心数多加了两次，所以中心数是（30－28）÷2＝1。下横排三数之和是6，所以左右两数之和为6－1＝5，填2和3。若2填左边，3填右边，则左三角形上边顶点应填10－1－2＝7，右三角形上边顶点应填10－1－3＝6。最后把4的5填在中三角形上边两顶点处。

题目（101）解法同第100题。

题目（102）解法同第100题。

题目（103）1～7七数之和是28，上下横排六数总和是12＋12＝24，所以图形中心数是28－24＝4。中间竖行4的上下两数之和是12－4＝8。两数之和是8的数有3和5、2和6、1和7。

①若 4 的上下填 3 和 5。上横排 3 的左右应填 2 和 7，下横排 5 的左右应填 6 和 1。

②若 4 的上下填 2 和 6。上横排 2 的左右应填 3 和 7，下横排 6 的左右应填 5 和 1。

③若 4 的上下填 7 和 1。上横排 7 的左右应填 2 和 3，下横排 1 的左右应填 6 和 5。

题目（104） 1～7 七数之和是 28，上下横排六数之和是 11 + 11 = 22，所以图形中心是 28 - 22 = 6。中间竖行 6 的上下两数之和是 11 - 6 = 5。两数之和是 5 的数有 2 和 3、1 和 4。

①若 6 的上下填 2 和 3。上横排 2 的左右应填 4 和 5，下横排 3 的左右应填 7 和 1。

②若 6 的上下填 1 和 4。上横排 1 的左右应填 3 和 7，下横排 4 的左右应填 2 和 5。

题目（105） 解法同第 104 题。

题目（106） 解法同第 104 题。

题目（107） 1～7 七数之和为 28，左右三角形顶点的六数之和是 13 + 13 = 26，所以上部的三角形最上边的数是 28 - 26 = 2，下边两角处应填 1 和 3。左三角形另两顶点的数字之和是 13 - 1 = 12，填 7 和 5。右三角形另两顶点数字之和是 13 - 3 = 10，填 4 和 6。

题目（108） 解法同第 107 题。

题目（109） 解法同第 107 题。

题目（110） 1～7 七数之和是 28，上下长方形的数字总和是 17 + 17 = 34。因为图形中间三数是上下两长方形公用的，多加了一次而形成的，所以中间公用的三数之和是 34 - 28 = 6。上边长方形顶上两数之和与下边长方形最下边两数之和都应是 17 - 6 = 11。上边填 5 和 6，下边填 7 和 4。图形中间三数填 1、2、3。

题目（111） 解法同第 110 题。

题目（112） 解法同第 110 题。

题目（113） 1～7 七数之和是 28，左右平行四边形各角的数字总和是 15 + 15 = 30，因为上横排中心数是两个平行四边形公用的，多加了一次，所以这个数字是 30 - 28 = 2。上横排要求三个数是连续数，所以 2 的左右填 1 和 3。在左边平行四边形的下端填 7 和 5。在右边平行四边形的下端填 4 和 6。

题目（114）解法同第113题。

题目（115）解法同第113题。

题目（116）1~7七数之和是28。上下两三角形各顶点及横轴上三数总和是 14+14+14=42，在42中包括图形周围的六个数字，也是中心数字的三倍，因为上下三角形及横轴都包括中心数，所以中心数应是（42-28）÷（3-1）=7。因为两个三角形三顶点的数字之和及横轴上三数都是14，所以上下三角形另外两顶点二数之和以及横轴和两端二数之和都是14-7=7。在1~6六个数中，大小搭配可得到三组：即1和6、2和5、3和4。分别填在上下三角形另外两顶点及横轴的左右两端。

题目（117）解法同第116题。

题目（118）1~7七数之和是28。上下两三角形各顶点及横轴上三数总和是 12+12+16=40。因为中心数是它们公用的，多加了两次，所以中心数应是（40-28）÷2=6。上下两三角形另外两顶点的数字之和都应是12-6=6，即2和4、1和5。横轴两端二数之和是16-6=10，这两端就填3和7。

题目（119）解法同第118题。

题目（120）解法同第118题。

题目（121）解法同第118题。

题目（122）解法同第118题。

题目（123）解法同第118题。

题目（124）解法同第118题。

题目（125）解法同第118题。

题目（126）解法同第118题。

题目（127）解法同第118题。

题目（128）解法同第118题。

题目（129）解法同第118题。

题目（130）1~7七数之和是28，左右两个三角形顶点的数字总和是 11+11=22，所以中三角形上顶点的数字是 28-22=6。中心三角形底边上的二数之和应是 18-6=12，填7和5。若7在左，则5在右。左三角形另外两顶点的数字之和应是 11-7=4，填1和3。右三角形另外两顶点的数字之和应是 11-5=6，填2和4。

题目（131）解法同第130题。

题目（132）解法同第130题。

题目（133）解法同第130题。

题目（134）解法同第130题。

题目（135）解法同第130题。

题目（136）因为 1 + 4 = 5，2 + 3 = 5。所以 1～4 四数之和是 10。1～7 七数之和是 28。则横排之上一数、横排之下二数，三数之和是 28 - 10 = 18，这三个数是 5、6、7。题目要求中间三角形三顶点的数字之和是 10。

①若三角形上顶角填 5，则下两角应填 1、4 或 2、3。若填 2、3，则 1、4 填在横排两端。6、7 填在图形下端两角处。

②若三角形上顶角处 6，则下两角只能填 1、3。横排左右两端填 2、4。图形下端填 5、7。

③若三角形上顶角处 7，则下两角只能填 1、2，横排左右两端填 3、4。图形下端填 5、6。

题目（137）因为 2 + 5 = 7，3 + 4 = 7。所以横排四数之和是 14，这四数是 2、3、4、5；1、3、4、6；1、2、4、7。题目要求上边小三角形三顶角的数字之和是 6，只能是 1、2、3。

①若三角形上顶角填 1，则下端两角填 2、3。横排两端二数之和是 14 - 2 - 3 = 9，填 4 和 5。图形下边二数是 6 和 7。

②若三角形上顶角填 2，则下端两角填 1、3。横排两端二数之和是 14 - 1 - 3 = 10，两端填 4、6。图形下边二数是 5 和 7。

③若三角形上顶角填 3，则下端两角填 1、2。横排两端二数之和是 14 - 1 - 2 = 11。两端填 4、7。图形下边二数是 5 和 6。

题目（138）1～7 七数之和是 28，三根杆上数字总和是 16 + 15 + 15 = 46。因为三角形三个顶点的数都是每两杆公用的，都多加了一次，所以三角形三顶点的数字之和是 46 - 28 = 18，要求是连续数，则三角形三顶点的数字是 5、6、7。

①若在三角形上顶角处填 5，7、6 填在三角形下边两角上，横杆两端二数之和是 16 - 7 - 6 = 3，填 1、2。在 5、7 两数斜杆下端填 3，在 5、6 两数斜杆下端填 4。

②若在三角形上顶角处填 6，下边两角上填 5、7。在 6、5 斜杆底端应填 15 - 6 - 5 = 4。在 6、7 斜杆底端应填 15 - 6 - 7 = 2。在横杆两端的数字填 1、3。

③若在三角形上顶角处填 7，下边两角上填 6、5。在 7、6 斜杆底端应填 15 - 7 - 6 = 2。在 7、5 斜杆底端应填 15 - 7 - 5 = 3。最后再把 1、4 填在

横杆的左右两端。

题目（139）解法同第 138 题。

题目（140）1~7 七个数之和是 28。横杆和两斜杆上的数字总和是 13＋12＋12＝37。比七数之和多 37－28＝9，因为三角形三顶点的数都是两杆公用的，即：上边顶角的数都是两斜杆公用的，底边两顶角的数是横杆与其中一斜杆公用的。所以 9 是三角形三顶角的数字之和。三数之和是 9 的数有：2＋3＋4＝9、1＋2＋6＝9、1＋3＋5＝9 三种情况。

①若小三角形三顶点填 2、3、4 时，又有三种不同的填法。4 在上顶角处，2 和 3 在横杆上时，横杆左右两端的数字之和是 13－2－3＝8，填 1、7。2 和 4 的斜杆下端是 13－4－2＝6。4 和 3 的斜杆下端是 13－4－2＝5。见答案（140－1）。另外两解见答案（140－2）、（140－3）。

②若小三角形三顶点填 1、2、6 时，只有把 6 填在三角形上端顶角处，1 和 2 只有填水平杆上一种情况，若不这样，1 和 2 在一根斜杆上时，要让这根斜杆的三数之和为 12，需要在杆的下端再填 9 才行，这是不能实现的。把小三角形三顶点填 1、2、6 后，横杆左右两端的数字之和是 13－1－2＝10，填 3 和 7。在 6 和 1 的斜杆下端是 12－6－1＝5。在 6 和 2 的斜杆下端是 12－6－2＝4。见答案（140－4）。

③若小三角形三顶点填 1、3、5 时，与三角形三顶点填 1、2、6 一样，不再重述，也只有一个答案，即答案（140－5）。

题目（141）解法同第 140 题。

题目（142）1~7 七数之和是 28。横杆四数与两斜杆各三数的总和是 12＋14＋14＝40。三角形三顶点都是其中两杆公用数，所以三角形三顶点的数字之和是 40－28＝12。三数之和是 12 的数有 2＋3＋7＝12、1＋4＋7＝12、2＋4＋6＝12。经试验只有 2、3、7 可行，后两组都不能完成。把 2、3、7 填在小三角形三顶点处，只有 7 填在上端、2 和 3 填在横杆上一种填法。这时横杆左右两端二数之和是 12－2－3＝7，填 1、6。7 和 2 斜杆下端是 14－7－2＝5。7 和 3 斜杆下端是 12－7－3＝4。

题目（143）解法同第 142 题。

题目（144）1~7 七数之和是 28。两个三角形三顶点和横轴上数字总和是 12×3＝36，因为图形中心数是横轴和两三角形公用的多加了两次，所以图形中心数是（36－28）÷2＝4。则横轴两端二数之和是 12－4＝8。两数之和是 8 的数有 1 和 7、2 和 6、3 和 5。把其中一组填在横轴两端，把另外两组填在上下两个三角形顶角处。

85

题目（145）解法同第144题。

题目（146）解法同第144题。

题目（147）1~7七数之和是28，两正方形四角的数字总和是17+17=34。因为图形中心数是两正方形公用的，所以中心数是34-28=6。因为下边三角形三顶点的数字之和是18，所以图形下边填5、7。左边正方形上边两角填2和4（17-6-5=6）。右边正方形上边两角填1和3（17-6-7=4）。

题目（148）解法同第147题。

题目（149）解法同第147题。

题目（150）1~7七数之和是28。左右两个三角形顶角的六数之和是11+11=22，所以中间三角形上角处数为28-22=6。中间三角形下边两角二数之和是11-6=5。两数之和是5的数可以是1+4=5，也可以是2+3=5。有两种情况。

①若在中间三角形底边填3和2。左三角形另外两顶点处填1、7。右三角形另外两顶点处填5、4。

②若在中间三角形底边填1和4。左三角形另外两顶点处填3和7。右三角形另外两顶点处填5、2。

题目（151）解法同第150题。

题目（152）解法同第150题。

题目（153）1~7七个数字之和是28。两个小三角形和中间大三角形三顶点的数字总和是14+14+12=40。上横排中间的数是三个三角形公用的，加了三次，所以这个数字是（40-28）÷（3-1）=6。两个小三角形另外两顶点的数字之和都是14-6=8。左边小三角形另外两顶点填3、5，右边三角形另外两顶点填1、7。大三角形底边两处填2、4。

题目（154）解法第153题。

题目（155）解法第153题。

题目（156）解法第153题。

题目（157）解法第153题。

题目（158）解法第153题。

题目（159）1~8八数之和是36。上横排三数与下横排三数及正方形四数总和是15+15+10=40，因上下横排中点是公用的，重复相加，所以这两数之和是40-36=4，这两数填3、1。上横排左右两数之和是15-3=12，填5、7。下横排左右两数之和是15-1=14，填6、8。

若采用另一种解法，则会出现两个不同的解。那是由上下两横排六数之和与整个八数和之差求出正方形左右两数之和，即 36 – 15 – 15 = 6，正方左右两数可以是 1 和 5，也可以是 2 和 4。如果填 2 和 4 就是前边说的解，如果 1 和 5 这时就出现另外一解。答案见（159 – 2）。

题目（160）解这题完全可以采用 159 题的解法，不过这题只有一解。

解这题还可以采用另一种分析方法。1～8 八数之和是 36，正方形四数之和是 10，这四数是 1、2、3、4，所以上下横排两端四数之和是 36 – 10 = 26，这四数肯定是 5、6、7、8。如果把 5 填在上横排左端，那么上横排右端填 6、7、8 是否可行？如果填 8，8 + 5 = 13，下横排 7 + 6 = 13。这样无论中点填哪两个不同的数，两横排三数之和都不相等。上横排的右端填 8、填 6 都不行，只有在右端填 7，上横排中间应填 10 – 5 – 7 = 4，才正好。下横排左右两端填 6 和 8，中间应填 16 – 6 – 8 = 2，也正好合适。最后再把 1、3 填在正方形左右。

题目（161）中间正方形四角的数字之和是 26，这四个数是 5、6、7、8。上下横排左右四个数字是 1、2、3、4。中间正方形若把 7 放在上或下，在 7 的左右二数之和应是 12 – 7 = 5，可以放 1、4 或 2、3。但是如填 1、4，会剩下 2、3。填在上横排两端，要求下横排三数之和也是 12，只能填 7。这是不可能的。

如果把 5 填在中间正方形上或下，5 的左右需填之和是 12 – 5 = 7，只能填 3、4。剩下 1、2 填在另一横排左右端，要求横排三数之和是 12，按要求需填 9。1～8 中没 9，所以 5 和 7 都不能填在上或下，只能填 8 和 6。这样的方法叫"分析法"，很麻烦。若采用"重叠相加法"就很普通很适用。1～8 八数之和是 36。上下两横排三数与中间正方形四角的数字总和是 12 + 12 + 26 = 50，是因上下横排中点数字要相加而造成的，所以上下横排两中点的和是 50 – 36 = 14，只有填 8、6。8 的左右二数填 1、3，6 的左右填 2、4。

题目（162）根据 161 题的重叠相加法可求出上下横排中点数是 7、5。正方形左右两数是 6、8。横排 7 的左右填 1、3，5 的左右填 2、4。

题目（163）解法同第 162 题。

题目（164）用重叠相加法，可求出上下横排中点二数之和是 8，因为都是偶数，所以是 2、6，正方形左右是 4、8。横排 6 的左右填 1、5（12 – 6 = 6）。2 的左右填 3、7（12 – 2 = 10）。

题目（165）解法同第 164 题。

题目（166）解法同第 164 题。

题目（167）按 161 题重叠相加法求出上下横排中点 8、6 两数后，在上横排 8 的两端填 2、4（14－8＝6），在 6 的两端可填 3、5 或 1、7（14－6＝8）。若 6 的两端填 3、5，则在正方形左右填 1、7。若 6 的两端填 1、7，则在正方形左右填 3、5。

题目（168）解法同第 167 题。

题目（169）1～8 八数之和是 36，左上方的三角形和右下方的三角形（图 38－1 中画阴影部分）顶点的六数之和是 12＋11＝23。所以图形右上角和左下角的二数之和是 36－23＝13。同理，图形左上角和右下角的二数之和也是 13。两组之和是 13 的数字，一组是 8、5，另一组是 6、7。若 8、6 填在上边，8 左，6 右。要使左上三角形三顶点的数字之和是 11，在 7 上边也应填 1、3。同理左右两个三角形，6 下边应填 4、2，5 上边也应填 4、2。1 和 3 互换位置、4 和 2 互换位置都不影响结果。

题目（170）解法同第 169 题。

题目（171）图形上下四个数都是奇数，是 1、3、5、7。其他内容都和第 169 题相同。

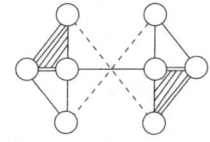

图 38－1

题目（172）1～8 八数之和是 36，左上方三角形和右下方的三角形顶点的六数之和是 14＋13＝27。所以图形右上方和左下方的二数之和是 36－27＝9。同理图形左上方和右下方的两数之和也是 9。且这四个数是连续数，所以是 3、4、5、6。3＋6＝9，4＋5＝9。在 5、6 之间填 1、7。在 4、3 之间填 8、2。

题目（173）解法同第 172 题。

题目（174）图形上下四个数是偶数，所以是 2、4、6、8。解法同 172 题。

题目（175）1～8 八数之和是 36，上边三角形三顶点的数字之和是 14，所以下边两个三角形的五数（其中一个点公用）之和是 36－14＝22。左右两三角形顶点的数字之和是 14＋14＝28。因两个三角形之间数公用，这个数是 28－22＝6。左三角形另外两顶点填 3、5（14－6＝8）。右三角形另外两顶点填 1、7（14－6＝8），填这四个数时，把 3 和 1 填在上边。最后把上边的三角形填上 2、4、8。2 填在 1、3 之间。

题目（176）解法同第 175 题。

题目（177）解法同第 175 题。中间横排三数之和是 21。这三个数是

7、8、6。

题目（178）解法同第175题。

题目（179）解法同第175题。中间横排三数之和是12。这三个数是4、5、3。

题目（180）解法同第175题。

题目（181）1～8八数之和是36。上端二数之和是4，下端二数之和是6，所以中间横排的四数之和是36－4－6＝26，且这个数又是连续数。最大和最小的二数之和是26÷2＝13，7＋6＝13，5＋8＝13。所以横排四数填5、6、7、8。上边小正方形四数之和是17，所以小正方形下边二数之和等17－4＝13，这两数填8、5或7、6。小正方形上边二数填1、3。最后再把4、2填在图形下端。

题目（182）在1～8八个数中，两数相加等于13的数只有5＋8＝13、7＋6＝13。所以图形最上端和下端分别填5、8和7、6两组。中间横排四数是1、2、3、4。要使上边小正方形的四数之和是18，小正方形下边两数之和是18－13＝5。可填3、2或1、4。最后把7、6填在图形下边。

题目（183）1～8八数之和为36。图形上端二数之和为8，下端二数之和是14，所以中间横排四数之和是36－8－14＝14。这四个数又是连续数，最大的和最小的二数之和是14÷2＝7，这四个数是2、3、4、5（2＋5＝7）、（3＋4＝7）。上边小正方形四角的数字之和是15，所以小正方形下边二数填3、4或2、5。最后再把8、6填在图形下边。

题目（184）1～8八数之和是36。图形上端二数之和是10，下端二数是4，所以中间横排四数之和是36－10－4＝22。且这四数又是连续数，最大和最小的二数之和是22÷2＝11，这四个数是4、5、6、7（4＋7＝11）、（5＋6＝11）。其他解法与上几个题都一样。

题目（185）图形上端二数之和是3，填1、2。下端二数之和是14，填8、6。中间横排四数填3、4、5、7。上边小正方形下边两角的二数之和是12－1－2＝9，填4、5。横排左右两端填3、7。

题目（186）图形上端二数之和是4，填1、3。下端二数之和是15，填8、7。中间横排四数填2、4、5、6。小正方形下边二数之和是14－1－3＝10，填6、4。横排左右两端填2、5。

题目（187）图形中间横排四数都是奇数，所以图形上端和图形下端四数都是偶数。图形上端二数之和是6，这两数为2、4。小正方形下边二数之和是10－2－4＝4，填1、3。7、5填在横排左右两端。6、8填在图形下端。

题目（188）中间横排四数是偶数，图形上下端四数都是奇数。上端二数之和是6，填1、5。下端二数之和是10，填3、7。小正方形下边二数之和是 $18-1-5=12$，填4、8。横排左右两端填2、6。

题目（189）1~8八数之和是36。左右两三角形三顶点的数字总和是 $16+16=32$，所以两三角形之间延长线上的二数之和是 $36-32=4$，这两数是1、3。中间小正方形左右两数之和是 $10-4=6$，这两数是2、4。左三角形竖直边上两数之和是 $16-2=14$，应填8、6。右三角形竖直边上两数之和是 $16-4=12$，填7、5。

题目（190）1~8八数之和是36。左右两三角形三顶点的数字总和是 $15+15=30$。所以两三角形之间延长线上的二数之和是 $36-30=6$，这两数可以是2、4，也可以是1、5。因为中间小正方形四角的数字之和是12，所以上下两数填2、4，左右两数就填1、5。左三角形竖直两数则填8、6（$15-1=14$）。右三角形竖直边两数则填7、3（$15-5=10$）。答案见（190-1）。

中间小正方形若上下填1、5，则左右应填2、4。左三角形竖直边两数填6、7（$15-7=13$），右三角形竖直边两数填8、3（$15-4=11$）。答案见（190-2）。

题目（191）1~8八数之和是36。左右两三角形三顶点的数字总和是 $15+15=30$，所以三角形之间延长线上的两数之和是 $36-30=6$，这两数可以是1、5，也可以是2、4。但无论是1、5，还是2、4，左右两数都应是7、8。若7填在左边，8填在右边，则左三角形竖直边上下可填2、6，也可以填3、5（$15-7=8$）。右三角形右边竖直边可填4、3，也可填1、6（$15-8=7$）。

题目（192）1~8八数之和是36。左右两三角形三顶点的数字总和是 $15+15=30$。所以两三角形之间延长线上的二数之和是 $36-30=6$，可填1、5。中间小正方形左右的两数之和是 $16-1-5=10$，这两数可以是2和8、7和3、6和4。实验证明填2、8不行，只能填6、4和7、3。

①若左填6，则右填4。在左三角形左竖直边填2、7（$15-6=9$），右三角形右竖直边填3、8（$15-4=11$）。

②若中间小正方形左右填7、3。则在左三角形左竖直边填2、6（$15-7=8$），右三角形右竖直边填8、4（$15-3=12$）。

题目（193）解法同第191题。

题目（194）解法同第191题。

题目（195）解法同第191题。

题目（196）解法同第191题。

题目（197）1~8八数之和是36。左右两三角形三顶点的数字总和是13+13=26，所以两三角形中间延长线上的二数之和是36-26=10，这两数可以是3+7、2+8、4+6。中间小正方形左右的两数之和是19-10=9，这两数可以是5、4，也可以是2、7。这样这题就有三个答案。

题目（198）1~8八数之和是36。左右两三角形三顶点的数字总和是12+12=24。两三角形中间延长线上的二数之和也是36-12-12=12，这两数可以是7、5，也可以是8、4。中间小正方形左右的两数之和是19-12=7，这两数可以是3、4，也可以是2、5。其他解法都与前边的题相同。

题目（199）解法同第197题。

题目（200）1~8八数之和是36。左右两三角形三顶点的数字总和是11+11=22。所以两三角形中间延长线上的二数之和是36-22=14。两数之和是14的数只有6、8一组。中间小正方形左右两数之和是26-14=12，两数之和等于12的数只有7、5一组，左右三角形竖直边填1、3和2、4。

题目（201）1~8八个数字之和是36。两个三角形三顶点、正方形四角的数字总和是11+11+17=39，因为图形中心的两数是公用的，多加了一次，所以图形中心的二数之和是39-36=3，这两数是2、1。中间正方形上边的二数之和是17-2-1=14，这两数是6、8。中间横排左右端二数之和是14-2-1=11，这两数是4、7。左三角形下顶点填5（11-4-2=5），右三角形下顶点填3（11-1-7=3）。

题目（202）解法同第201题。

题目（203）1~8八数之和是36。两个三角形三顶点数字、正方形四角的数字总和是13+13+14=40，图形中心两数是公用的，多加了一次，所以图形中心的二数是1、3（40-36=4）。小正方形上边的二数之和是14-1-3=10。两数之和等于10的数有4、6和2、8。如果填2和8，往下的步骤无法完成，所以只能填4、6。中间横排左右两端二数之和是11-1-3=7，两端填5、2。左三角形下顶点填7（13-1-5=7），右三角形下顶点填8（13-3-2=8）。

题目（204）解法同第203题。

题目（205）解法同第203题。

题目（206）解法同第203题。

题目（207）解法同第 203 题。

题目（208）解法同第 203 题。

题目（209）1~8 八数之和是 36。两三角形三顶点数字、正方形四角的数字总和是 12 + 12 + 15 = 39，因为图形中心二数是公用的，多加了一次，所以图形中心的二数之和是 39 - 36 = 3，填 1、2。正方形上边两数之和是 15 - 1 - 2 = 12，两数之和是 12 的数有 7、5 和 8、4。若把 7 和 5 填在正方形上边两角，8 和 4 就填在中间横排左右两端；若把 8 和 4 填在正方形上边两角，7 和 5 就填在横排左右两端。再把 3 和 6 填在两个三角形下顶点处。见答案（209）。

题目（210）解法同第 203 题。

题目（211）解法同第 201 题。

题目（212）解法同第 201 题。

题目（213）1~8 八数之和是 36。上下两个三角形三顶点的六数字总和是 16 + 16 = 32，所以中间横排当中的二数之和是 36 - 32 = 4，这两数是 1、3。中间小三角形上角的数是 9 - 1 - 3 = 5。下三角形下边两角的数字之和是 16 - 5 = 11，这两数填 7、4。上边大三角形在横排靠近 1 的角上填 8，靠近 3 的角上填 6，这样在中间横排上一边是 1、8，另一边是 3、6，都是 9。最后上边大三角形上顶角填 2。

题目（214）1~8 八数之和是 36。上下两大三角形三顶点的六数字之和是 15 + 15 = 30，所以中间横排当中的二数之和是 36 - 30 = 6，这两数可以是 1、5，也可以是 2、4。因为中间小三角形三顶点的数都是奇数，所以三角形下边两角填 1、5，上边顶点处填 3。下边大三角形下边的二数之和是 15 - 3 = 12，这两数填 8、4。上边三角形在横排靠近 1 的角上填 6（1 + 6 = 7），靠近 5 的角上填 2（5 + 2 = 7），最后上边的大三角形上顶角填 7。

题目（215）1~8 八数之和是 36。上下两大三角形三顶点的六数之和是 12 + 12 = 24，所以中间横排当中的二数之和是 36 - 24 = 12。因为中间小三角形三顶点的数都是奇数，所以填 5、7，上顶点填 3（15 - 5 - 7 = 3）。下边大三角形下边两角的二数之和是 12 - 3 = 9，这两数填 1、8。上边大三角形在横排上靠近 5 的角上填 4，靠近 7 的角上填 2，因为 5 + 4 = 7 + 2 = 9。最后上边大三角形顶角填 6。

题目（216）1~8 八数之和是 36。上下两大三角形三顶点的六数之和是 15 + 15 = 30，所以中间横排当中的二数之和是 36 - 30 = 6，因为中间小三角形三顶点的数都是偶数，所以填 2、4，顶上填 6。下边大三角形下边二角的数字之和是15-6=9,这两数填8、1。上边大三角形在横排上靠近2的角上填7,靠近4的角上填5,因为2+7=4+5=9。最后上边大三角形上顶角填3。

题目（217）解法同第216题。

题目（218）1~8八数之和是36。上下两个大三角形三顶点的六数之和是13+13=26,所以中间横排当中的二数之和是36-26=10,两数之和是10的数有2和8、3和7、4和6。3、7都不是偶数不能填,若填2、8,那么小三角形顶上的数应填12-2-8=2,但是不能有两个2,所以中间横排当中的二数只能填4、6。中间小三角形顶上的角上填2（12-4-6=2）。下边大三角形下边两角的二数之和是13-2=11,这两数填3、8。上边大三角形在横排上靠近4的角上填7,靠近6的角上填5,因为4+7=6+5=11。最后上边大三角形上顶角填1。

题目（219）解法同第216题。

题目（220）解法同第216题。

题目（221）解法同第216题。

题目（222）解法同第216题。

题目（223）解法同第216题。

题目（224）1~8八数之和是36。上下两大三角形三顶点的六数之和是11+11=22,所以中间横排当中的二数之和是36-22=14,这两数只能填6、8。中间小三角形三顶点的数是连续数,所以上顶角处填7。下边大三角形下边两顶角的二数之和是11-7=4,这两数填3、1。上边大三角形在横排上靠近6的角上填4,靠近8的角上填2,因为6+4=8+2=10。最后上边大三角形上顶角填5。

题目（225）正方形上下对边、左右对边中间的二数之和是6,这两数只有1、5和2、4两种情况。若把上下两边中点填1、5,左右两边中点填2、4。如图44-1所示。

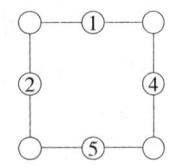

图44-1

上横排上,中点是1,要让三数之和是15,在1的左右必须填6、8。但是哪个数在左边那个数在右边,是要考虑的,如果8填在左边,为了使正方形左边的三数之和是15,就必须在2的下边填5。因为5已在下边中点处了,再在2下边填5是不可能的,所以要把6填在1的左边,在2的下边填7（15-6-2=7）。8填在1的右边,4的下面填3（15-8-4=3）。正方形下边正好是7+5+3=15。

题目（226）正方形上下对边、左右对边中点的二数之和是8，这两数有2、6，3、5和1、7。经试验，1、7和3、5在同一个正方形对边中点是不可能完成这题的，只有3、5和2、6在一个正方形中，1、7和2、6在一个正方形中才能完成这题。如图44-2所示。

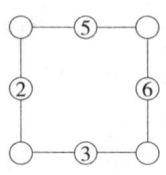

图44-2

①若把3、5和2、6填在各边中点处，在正方形上边5的左右应填8、1（14-5=9）。若把1填在5的左边，8填在右边，正方形左边8+6=14，在6的下边不能再填数了，所以要把8填在5的左边，1填在5的右边。正方形左边2的下面填4（14-8-2=4），正方形右边6的下边填7（14-1-6=7），这时正方形下边4+3+7=14。符合题目要求。见答案（226-1）。

②若把7、1和6、2填在正方形四边中点处，按答案（226-1）的解法可得到答案（226-2）。

题目（227）正方形上下对边、左右对边中间的二数之和是12，这两数只有8、4和5、7。如图（44-3）所示。

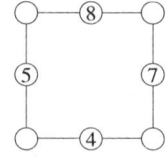

图44-3

把5、7和8、4填在各边中间处。正方形上边8的左右应填1和3（12-8=4）。若把3填在8的左边，在正方形左边5的下面应填12-3-5=4，4已经填在下边中点了，再填是不可能的。所以在正方形上边8的左边应填1，右边填3。左边5下填6，右边7下填2。

题目（228）解法同第226题。

题目（229）正方形对角的二数之和是6，这两数只有1、5和2、4。如图（45-1）所示。

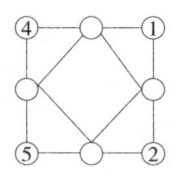

图45-1

在填写另外4个数时一般先填图中最小的数，再填最大的数。右上的三角形，斜边二数之和是15-1=14，应填6和8。若把6填在1、4之间，8填在1、2之间，右上的三角形没问题，右下的三角形2的左边应填15-8-2=5，但5已填在图形左下角了，不能再填5了。所以在1下边应填6，1的左边填8。在2、5之间填7，4、5之间填3。

题目（230）正方形的对角的二数之和是8，这两数有1、7，2、6，3、5。经试验，1、7和3、5在同一正方形中不能完成，只有1、7和2、6，3、5和2、6两种情况可以完成。把7、1和6、2按图（45-2）填好。

①若右下角的三角形的斜边二数填5、8（14－1＝13）。5在6、1之间，8在2、1之间，4填在2、7之间，3填7、6之间。见答案（230－1）。

②若正方形对角填6、2和5、3时，也同样符合题目的要求。见答案（230－2）。

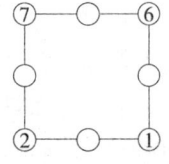

图45－2

题目（231）正方形对角的二数之和是12，这两数只有5、7和4、8一种情况，解法同第229题。

题目（232）正方形对角二数之和是10，有2、8，3、7和4、6三组。如果4、6和2、8在同一正方形中无法完成，只有3、7和2、8，3、7和4、6这两种情况。具体解法同第230题。

题目（233）1～8八个数字之和是36。中间正方形顶上角的数是3，所以左右两个正方形中的七数（其中一数公用）之和是36－3＝33，左右两正方形的四角数字总和是17＋17＝34，中间公用数为34－33＝1。中间正方形左右的二数之和是10－3－1＝6，这两数为2、4。左正方形另外两数之和是17－1－2＝14，这两数是8、6。右正方形另外的两数之和是17－1－4＝12，填5、7。

题目（234）解法同第233题。

题目（235）解法同第233题。

题目（236）1～8八数之和是36。中间正方形顶上角的数是4，所以左右两正方形中的七数（中心数公用）之和是36－4＝32，左右两正方形四角的数字之和是17＋17＝34，中心数是34－32＝2。中间正方形左右的两数之和是10－2－4＝4，这两数是1、3。左正方形其余两角的数字之和是17－2－1＝14，填8、6。右正方形其余两角数字之和是17－2－3＝12，填5、7。

题目（237）解法同第236题。

题目（238）1～8八数之和是36。中间正方形顶上角数是8，所以左右两正方形的七数（中心数公用）之和是36－8＝28，左右两个正方形四角的数字总和是17＋17＝34，左右两正方形之间的中心数是34－28＝6。中间正方形的四数之和是26，这四个数为5、6、7、8。所以正方形左右填5、7。左正方形其余两角的二数之和是17－6－5＝6，填2、4。右正方形其余两角的数字之和是17－6－7＝4，填1、3。

题目（239）解法同第238题。

题目（240）1～8八数之和为36，中间正方形顶上角的数是5，所以左右两正方形上的七数（中心数公用）之和是 36-5=31，左右两正方形的四角的数字总和是 17+17=34，所以中心数是 34-31=3。中间正方形四角的数字之和是 18，且为四个连续数，其中最大的与最小的二数之和是 18÷2=9。所以中间正方形的四角数字为 3、4、5、6。3 填在下边，5 已在上方，4 和 6 填在左右。左正方形其余两角的二数之和是 17-3-4=10，填 8、2。右正方形其余两角的二数之和是 17-3-6=8，填 1、7。

题目（241）解法同第 240 题。

题目（242）解法同第 238 题。

题目（243）解法同第 240 题。

题目（244）解法同第 240 题。

题目（245）1~8 八数之和是 36。上四边形四角、下三角形三顶点、横排上的三数总和是 15+10+15=40，因为中心数公用，多加了两次，所以中心的公用数是（40-36)÷(3-1)=2。下边三角形另外的两数之和是 10-2=8，填 5 和 3。横排左右的两数之和是 15-2=13，填 7 和 6。左四边形上顶角的数是 15-2-5-7=1。右四边形上顶角的数是 15-2-3-6=4。最后在上四边形顶上角处填 8。经验证上边的四边形四角的数字之和是 2+1+4+8=15，符合题目要求。

题目（246）解法同第 245 题。

题目（247）1~8 八数之和是 36。上四边形四角、下三角形三顶点、横排上的三数总和是 17+14+7=38，因为中心数公用，多加了两次，所以中心的公用数是（38-36)÷(3-1)=1。这时如先填横排左右，肯定填 2、4（7-1=6），然后再填三角形下边两角，6、7 或 8、5（14-1=13）。若填 7、6，左四边形上顶角填 8（17-1-2-6=8），右四边形上顶角填 5（17-1-4-7=5）。最后再在四边形顶上填 3。经验证上四边形四角的数字之和是 1+8+5+3=17。这题也可以把 6、7 与 8、5 位置互调。

题目（248）解法同第 247 题。

题目（249）解法同第 247 题。

题目（250）解法同第 245 题。

题目（251）中心数 3 的求法与前边的求法相同。在求三角形下边二数时，10-3=7，可填 2、5，也可填 1、6。在求横排左右两数时，13-3=10，可填 6、4，也可填 2、8。但经验证三角形下边二数只有填 2、5，横排左右只有填 6、4，才能解出最后结果。

题目（252）解法同第 247 题。

题目（253）解法同第 247 题。

题目（254）解法同第 247 题。

题目（255）解法同第 247 题。

题目（256）解法同第 247 题。

题目（257）图形左边长方形的五数（中行两数和左行三数）之和与右边长方形的五数（中行两数和右行三数）总和是 20＋20＝40，而 1～8 八数之和是 36。因为中行二数公用，多加了一次，所以中行二数之和是 40－36＝4，填 1、3。其余六个数字分成两组，每组三数之和都是 20－1－3＝16，即 8＋2＋6＝7＋4＋5＝16。把左右两竖行中各填一组，把 2 和 4 填在每竖行中点处。

题目（258）按 257 题方法求出中间两数之和是 6，这两数可以是 1、5 或 2、4，题又要求左右两竖行中点的二数之和是 5，应该是 2、3 或 1、4。这样两竖行中点填 1、4，中间竖行二数之和是 6 就没法填写。所以左右两竖行中点填 3、2，中间竖行两数填 1、5。再把 8、4，7、6 填在左竖行上下和右竖行上下。

题目（259）解法同第 258 题。

题目（260）1～8 八数之和是 36。左边长方形的五数（中间二数、左边三数）之和与右边长方形的五数（中间二数、右边三数）之和是 23＋23＝46。因为中间二数公用，多加了一次，所以中间二数之和是 46－36＝10。两数之和是 10 的数有 4、6 和 3、7，题目要求奇数，所以填 3、7。其余解题过程，与 257 题一样。

题目（261）解法同第 260 题。

题目（262）解法同第 257 题。

题目（263）图形上边长方形两顶角的二数之和是 3，这两数是 1 和 2。1～8 八数之和是 36，所以除 1、2 以外其他六数之和是 36－3＝33。左右两小正方形四角的数字总和是 11＋11＝22，因为两正方形中间二数公用，所以中间的二数之和是 33－22＝11。两小正方形左边二数、右边二数之和也都是 11，这两数可以是 3、8，4、7 和 5、6。把这三组分别填在两小正方形竖直边上，把 8、5、7 填在中间横排，因为 8＋5＋7＝20，符合题目要求。

题目（264）图形上边长方形两顶角的二数之和是 4，这两数是 1 和 3。1～8 八数之和是 36，所以除了 1、3 以外其他六数之和是 36－4＝32。两小正方形四角的数字总和是 23＋23＝46。因为两小正方形中间二数公用，多加了一次，所以这两数之和是 46 – 32 = 14，因此只能是填 6 和 8。两小正方形左边二数、右边二数都是 23 – 14 = 9，左边和右边分别填 2、7 和 4、5。把 2、6、4 填在中间横排处。

题目（265）解法同第 260 题。

题目（266）解法同第 260 题。

题目（267）1～8 八数之和是 36。图形上边长方形两顶角的二数之和是 5，所以其他六个数字之和是 31。两个小正方形四角的数字总和是 21 + 21 = 42，因为中间二数公用多加了一次，所以中间的二数之和是 42 – 31 = 11。小正方形左边二数、右边二数之和都是 21 – 11 = 10。这样图形上边二数为 1、4。两小正方形公用的数是 6、5。小正方形左右竖行填 8、2 和 3、7。

题目（268）解法同第 267 题。

题目（269）1～8 八数之和是 36。左右两个三角形三顶点、上边正方形四角的数字总和是 9 + 9 + 22 = 40，由于中心的数字公用，多加了两次，所以中心数是（40 – 36）÷（3 – 1）= 2。横排两侧的二数之和是 6 – 2 = 4，这两数是 1、3。左三角形下顶点填 6（9 – 1 – 2 = 6），右三角形下顶点填 4（9 – 2 – 3 = 4）。再把 7、8、5 填在上边正方形的左右上三个角上。

题目（270）解法同第 269 题。

题目（271）解法同第 269 题。

题目（272）1～8 八数之和是 36。左右两个三角形三顶点、上边正方形四角的数字总和是 17 + 17 + 16 = 50，因为中心数公用，多加了两次，所以中心数是（50 – 36）÷（3 – 1）= 7。横排左右端的二数之和是 21 – 7 = 14，这两数是 6、8。左三角形下顶点填 4（17 – 7 – 6 = 4）。右三角形下顶点填 2（17 – 7 – 8 = 2）。再把 1、3、5 填在正方形的左右上三个角上。

题目（273）解法同第 272 题。

题目（274）解法同第 272 题。

题目（275）1～8 八数之和为 36。左右两个三角形三顶点、正方形四角的数字总和是 12 + 12 + 22 = 46，因中心数公用，多加了两次，所以中心数是（46 – 36）÷（3 – 1）= 5。横排左右的二数之和是 15 – 5 = 10，两数之和是 10 的数有 2、8，3、7 和 4、6。经试验 5 的左右填 2、8 和 3、7 都不行，只能填 4、6。左三角形下顶点填 3（12 – 5 – 4 = 3），右三角形下顶点填 1（12 – 5 – 6 = 1）。最后再把 8、7、2 填在正方形左右上三个角上。

题目（276）解法同第 275 题。

题目（277）解法同第275题。
题目（278）解法同第275题。
题目（279）解法同第275题。
题目（280）解法同第275题。

（三）9~10个数

题目（281）正方形三条边上的三数之和都等于15，四条边上的数字总和是 $15 \times 4 = 60$。因为大正方形四个角上的数字都是每两条边公用的，多加了一次。所以四条边的八数之和是 $60 - 20 = 40$，1~9九数字之和等于45，图形中心数是 $45 - 40 = 5$。上边加下边再加中心数，七数之和是 $15 + 15 + 5 = 35$。所以水平轴两侧的二数之和等于 $45 - 35 = 10$。同理竖直轴上下二数之和也等于10。两数之和等于10的数有1、9，2、8，3、7，4、6，经试验水平轴竖直轴两端二数，只有1、9和3、7，才能符合题目要求。若把3、7填在水平轴左右，1、9填在竖直轴上下。在1的左右填8和6（$15 - 1 = 14$）。究竟哪个数在左，哪个数在右？若6在左、8在右，则左边 $6 + 3 = 9$，还要再填6是不行的。右边，$8 + 7 = 15$，也不行。所以在1的两边只能8在左、6在右。左边3的下边填4（$15 - 8 - 3 = 4$）。右边7的下边填2（$15 - 6 - 7 = 2$）。最后验证下边 $4 + 9 + 2 = 15$，符合题目要求。

题目（282）正方形四条边上的三数之和等于16，四条边上的数字总和是 $16 \times 4 = 64$。因为大正方形四角上的数字都是每两条边公用的，多加了一次，所以四条边的八数之和是 $64 - 20 = 44$，1~9九数之和等于45，图形中心数是 $45 - 44 = 1$。上边加下边再加中心数，七数之和是 $16 + 16 + 1 = 33$。所以横轴左右二数之和是 $45 - 33 = 12$。同理竖直上下二数之和等于12，两数之和等于12的数有3、9，4、8，5、7。经试验8、4和3、9在一个正方形中可用，8、4和5、7在一个正方形中也可用，而5、7和3、9在一个正方形中不能得出结果。

① 若把8、4填在正方形横轴左右，3、9填在竖轴上下。上边3的左右填6、7（$16 - 3 = 13$），6在右、7在右可行。左边在8的下边填2（$16 - 6 - 8 = 2$）。右边在4的下边填5（$16 - 7 - 4 = 5$）。最后验证下边 $2 + 9 + 5 = 16$，符合题目要求。见答案282-1。

② 若把5、7填在正方形横轴左右，4、8填在竖轴上下，同样做出答

案。见答案 282-2。

题目（283）解法同第 282 题。

题目（284）大正方形四角的数字之和是 30，这四个数是 6、7、8、9。先把这四个数填在四角上，不能把 6、9 填在同一边上，8、7 也不能填在同一边上，不然的话就没法填 3。大正方形上边左右两角填 9、8，下边左右两角填 7、6。大正方形上边，9、8 之间填 1（18-9-8=1），左边 9、7 之间填 2（18-9-7=2）。大正方形右边 8、6 之间填 4（18-8-6=4），下边 7、6 之间填 5（18-7-6=5）。最后把 3 填在中心。

题目（285）正方形四条边上的三数之和都等于 13，四条边上的数字总和是 13×4=52。因为正方形四角上的数字都是每两边公用，多加了一次，所以四条边的八数之和是 52-11=41。1~9 九数之和是 45，图中心数是 45-41=4。正方形上边三数、下边三数加中心数相加的七数之和是 45-30=15。同理竖轴上下的二数之和等于 15，两数之和等于 15 的数有 6、9 和 8、7。把 6、9 和 8、7 填在横轴左右和竖轴上下。其他解法与上题同样。

题目（286）解法同第 284 题。

题目（287）解法同第 284 题。

题目（288）正方形四条边上的三数之和都等于 16，四条边上的数字总和是 16×4=64。因为正方形四角的数重复相加，所以四条边的八数之和是 64-23=41。1~9 九数之和等于 45，图形中心数是 45-41=4。正方形上边三数、下边三数、中心数相加的七数总和是 16+16+4=36，所以横轴左右二数之和是 45-36=9。同理竖轴上下二数之和等于 9，两数之和等于 9 的数有 6、3，7、2，1、8。经试验 6、3、1、8 在同一正方形各边中点，是得不出结果的，只有 6、3、7、2 可行，1、8、7、2 也可行。

① 若把 6、3 填在横轴左右，7、2 填在竖轴上下，在正方形上边 7 的左右填 1、8（16-7=9）。在正方形左边 6 的下边填 9（16-1-6=9）。正方形右边 3 的下边填 5（16-8-3=5）。最后正方形下边的三数之和是 9+2+5=16，完全符合题目要求。见答案 288-1。

② 若把 1、8 填在横轴 4 的左右，7、2 填在竖轴 4 的上下，也同样能得出结果。见答案 288-2。

题目（289）解法同第 284 题。

题目（290）解法同第 284 题。

题目（291）解法同第 284 题。

题目（292）解法同第288题。

题目（293）解法同第288题。

题目（294）正方形四边上的三数之和等于15，四条边的数字总和是 $15 \times 4 = 60$。因为正方形四角的数重复相加，多加了一次，各边中点数只加了一次。若在60的基础上再加上各边中点的四数之和，则周围八数都加了两次，即 $60 + 14 = 74$，所以周围八数之和是 $74 \div 2 = 37$。1~9九数之和是45，图形中心数之和是 $15 + 15 + 8 = 38$，正方形左右两对边中心二数之和是 $45 - 38 = 7$。同理正方形上下两对边中心的二数之和也等于7。两数之和等于7的数有2、5，1、6，3、4。经试验2、5和1、6不能在一个正方形中，2、5和3、4也不能在一个正方形中。所以只有1、6、3、4在一个正方形中能求出结果。在把4、3和1、6填在正方形左右上下各边中点处。上边1的左右填9和5（$15 - 1 = 14$），左边4的下边填2（$16 - 9 - 4 = 2$），右边3的下边填7（$15 - 5 - 3 = 7$）。最后底边的三数之和是 $2 + 6 + 7 = 15$，完全符合题目要求。

题目（295）正方形四边上的三数之和是12，四条边的数字总和是 $12 \times 4 = 48$。因为正方形四角的数字多加了一次，各边中点只加了一次。若在48基础上再加上各边中点四数之和，则周围八数都加了两次，即 $48 + 24 = 72$，所以周围八数之和是 $72 \div 2 = 36$。1~9九数之和为45，图形中心数是 $45 - 36 = 9$。上边三数、下边三数、中心数相加的七数 $12 + 12 + 9 = 33$，所以左右两对边中心的二数之和是 $45 - 33 = 12$。同理上下两对边中心的二数之和也等于12。两数之和等于12的数有8、4，7、5两组。把这四数分别填到左右上下各边中点处。上边7的左右填3、2（$12 - 7 = 5$）。左边8的下边填1（$12 - 3 - 8 = 1$）。右边4的下边填6（$12 - 2 - 4 = 6$）。最后下边的三数之和是 $1 + 5 + 6 = 12$，完全符合题目要求。

题目（296）解法同第295题

题目（297）正方形四边上的三数之和为14，四条边的数字总和是 $14 \times 4 = 56$。因为正方形四角是公用数加了两次，各边中点只加了一次，若在56基础上再加上各边中点四数之和，则周围八个数都加了两次，即 $56 + 22 = 78$，所以周围八数之和是 $78 \div 2 = 39$。1~9九数之和为45，图形中心数是 $45 - 39 = 6$。正方形上边三数、下边三数、中心数相加的七数总和是 $14 + 14 + 6 = 34$，所以左右两对边中点的二数之和是 $45 - 34 = 11$。同理上下两对边中心的二数之和也等于11。两数之和等于11的数有8、3，2、9，7、4。经试验若把2、9、7、4填在一个正方形各边中点，得不出结果。2、

9、3、8可以，7、4、3、8也可以。把2、9、3、8填在左右上下各边中点处。上边3的左右填7、4（14－3＝11）。左边在2的下边填5（14－7－2＝5）。右边在9的下边填1（14－4－9＝1）。最后下边的三数之和是5＋8＋1＝14，完全符合题目要求。

题目（298）解法同第294题。

题目（299）解法同第294题。

题目（300）解法同第297题。

题目（301）正方形四边上的三数之和都等于14，四条边上的数字之和是14×4＝56。因为正方形四角是公用数加了两次，各边中点只加了一次，若在56的基础上再加上各边中点数字之和，则周围八个数都加了两次，即56＋30＝86，所以周围八数之和是86÷2＝43。1～9九数之和是45，图形中心数是45－43＝2。上边三数、下边三数和中心数相加的七数总和是14＋14＋2＝30。左右对边中心的二数之和是45－30＝15。同理上下对边中心的二数之和也是15。之和等于15的数有8、7和6、9。把8、7、6、9填入左右上下各边中点处。上边在8的下边填1（14－5－8＝1）。右边在7的下边填4（14－3－7＝4）。最后下边的三数之和是1＋9＋4＝14，完全符合题目要求。

题目（302）解法同第301题。

题目（303）正方形四边上的三数之和都等于15，四条边上的数字总和是15×4＝60。因为正方形四角上的数重复相加，多加了一次，各边中心数只加了一次，若在60基础上再加四条边中点四数之和，则周围八数都加了两次，即60＋26＝86，所以周围八数之和是86÷2＝43。1～9九数之和是45，图形中心数是45－43＝2。上边三数、下边三数、中心数相加的七数总和是15＋15＋2＝32。左右两对边中心的二数之和是45－32＝13。同理上下两对边中心的二数之和也等于13。两数之和等于13的数有8、5，7、6、4、9。经试验证8、5与7、6不行，8、5与4、9也不行，都求不出结果，只有7、6、4、9填在左右上下各边中点处才行。

题目（304）解法同第301题。

题目（305）解法同第297题。

题目（306）第306～318题都只给出左右两对边中心二数之和的数字。实际上，上下两对边中点二数之和也是这个数，因为四条边的三数之和都相等。下面用ABCD代表左右上下对边中点，用●代表各边上的数和图形中心数。左右两对边中点AB之和等于九数之和减上下对边六数减中心数。A + B = C + D，如图 51 - 1 所示。

正方形上边三数、下边三数、左右对边中点二数总和是 14 + 14 + 14 = 42。1～9 九数之和是 45，所以图形中心数是 45 - 42 = 3。正方形左右两对边中点的二数之和等于 14，填 8、6。上下两对边中点二数之和也等于 14，填 9、5。上边在 9 的左右填 4、1（14 - 9 = 5）。左边在 8 的下边填 2（14 - 14 - 8 = 2）。右边在 6 的下边填 7（14 - 1 - 6 = 7）。下边三数之和是 2 + 5 + 7 = 14，符合题目要求。

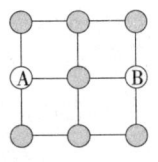

图 51 - 1

题目（307）正方形上边三数、下边三数、左右对边中点二数总和是 15 + 15 + 11 = 41。1～9 九数之和等于 45，所以图形中心数是 45 - 41 = 4。正方形左右两对边中点的二数之和等于 11，上下对边中点的二数之和也等于 11。两数之和等于 11 的数有 2、9，3、8，5、6。经试验 5、6 填在对边中点后，再把 2、9 或 3、8 填在另外对边中点，都不能符合题目的要求，只有把 8、3、2、9 填在正方形左右上下各边中点处才行。上边在 2 的左右填 6、7（15 - 2 = 13）。右边在 8 的下边填 1（15 - 6 - 8 = 1）。下边三数之和是 1 + 9 + 5 = 15，符合题目要求。

题目（308）解法同第 306 题。

题目（309）解法同第 306 题。

题目（310）解法同第 306 题。

题目（311）解法同第 306 题。

题目（312）正方形上边三数、下边三数、左右对边中间二数的总和是 15 + 15 + 7 = 37。1～9 九数之和是 45，所以图形中心数是 45 - 37 = 8。正方形左右对边中点的二数之和等于 7，上下对边中点的二数之和也等于 7。两数之和等于 7 的数有 2、5，1、6，3、4。经试验若把 2、5 填在一组对边中点处，在另一组对边中点处填 1、6 或 3、4，都不能符合题目的要求，只有把 4、3、1、6 填在左右上下各边中点处才行。上边在 1 的左右填 9、5（15 - 1 = 14）。左边在 4 的下边填 2（15 - 9 - 4 = 2）。右边在 3 的下边填 7（15 - 5 - 3 = 7）。下边三数之和是 2 + 6 + 7 = 15，符合题目要求。

题目（313）解法同第 306 题。

题目（314）解法同第 306 题。

题目（315）正方形上边三数、下边三数、左右对边二数总和是 14 + 14 + 8 = 36。1～9 九数之和是 45，所以图形中心数是 45 - 36 = 9。左右对边中点的二数之和等于 8，上下对边中点的二数之和也等于 8。两数之和等于8的二数有1、7，2、6，3、5。若把3、5、1、7填在左右上下各边中点处，再填2、6、4、8，不符合题目要求。只有把2、6、3、5填在各边中点，把2、6、7、1填在左右上下各边中点（另一解）才能符合题目要求。上边在3的左右填4、7（14－3＝11）。左边在2的下边填8（14－7－6＝1），下边三数之和是8＋5＋1＝14，符合题目要求。

题目（316）解法同第315题。

题目（317）解法同第315题。

题目（318）每个三角形三顶点的数字之和都等于16，四个三角形顶点的数字总和是16×4＝64。因为正方形各边中点是两三角形公用点，重复相加，若从64中减去四边中点数字之和，所以周围八数字之和是64－20＝44。1～9九数之和是45，图形中心数是45－44＝1。左上角三角形三顶点、右下角三角形三顶点、图形中心点七数之和是16＋16＋1＝33，所以正方形右上角和左下角二数之和等于45－33＝12。

① 若先把3、9、4、8填入正方形四角上。顶角为3的三角斜边的二数之和是16－3＝13，填7、6；顶角为8的三角形斜边的二数之和是16－8＝8，填2、6，所以6填在3、8之间。4、7所在的三角形的另外顶点填5（16－4－7＝5），2、9所在的三角形另外顶点也应填5（16－2－9＝5），5填在4、9之间。见答案318－1。

② 若把7、5、8、4填在正方形四角上。顶角为7的三角形斜边上的二数填3、6（16－7＝9），顶角为8的三角形斜边上的二数填6、2（16－8＝8），所以6应填在7、8之间。顶角3、4的三角形的另一顶点填9（16－3－4＝9），顶角2、5的三角形另一顶点也应填9（16－2－5＝9）。9填在4、5之间。见答案318－2。

若把3、9、7、5填在正方形四角处，根本做不出结果。所以这题只有两个答案。

题目（319）每个三角形三顶点的数字之和都等于14，四个三角形三顶点的数字总和是14×4＝56。因为正方形各边中点都是两三角形公用点，重复相加，若从56中减去四边中心数字之和，所以周围八数之和是56－13＝43。1～9九数之和为45，图形中心数是45－43＝2。正方形右上角、左下角二数之和等于九数之和减去左上三角形三顶点数字、右下三角形三顶点数字以及中心点数字，即45－14－14－2＝15。同理，正方形左上角、右下角的二数之和也等于15，两数之和等于15的数只有6、9，7、8。把这四数填在正方形四角处，在顶角8的三角形斜边二数填5、1（14－8＝

6），在顶角 6 的三角形斜边二数填 5、3（14 − 6 = 8），所以把 5 填在 8、6 之间。在顶角 1、9 的三角形另一顶角处填 4（14 − 1 − 9 = 4）。在顶角 3、7 的三角形另一顶角处也应填 4（14 − 3 − 7 = 4）。

题目（320）解法同第 318 题。

题目（321）解法同第 319 题。

题目（322）解法同第 318 题。

题目（323）解法同第 319 题。

题目（324）解法同第 318 题。

题目（325）解法同第 319 题。

题目（326）解法同第 318 题。

题目（327）解法同第 319 题。

题目（328）每个三角形三顶点的数字之和都等于 14，四个三角形三顶点的数字总和是 14×4 = 56。因为正方形各边中点都是两个三角形公用的，多加了一次，若再加上正方形四角数字之和，就变成周围八个数字的 2 倍，所以周围八数之和是（56 + 20）÷ 2 = 38。1～9 九数之和等于 45，图形中心数是 45 − 38 = 7。左上三角形三顶点、右下三角形三顶点、图形中心数相加就是这七个数字之和。所以正方形右上角和左下角二数之和是 45 − 14 − 14 − 7 = 10，同理，正方形左上角和右下角二数之和也等于 10。两数之和等于 10 的数有 1、9，2、8，4、6。经试验把 1、9、8、2 填在一个正方形四角，求不出结果。先把 4、6、8、2 填在正方形四角。在顶角 8 的三角形斜边填 5、1（14 − 8 = 6），在顶角 6 的三角形斜边填 5、3（14 − 6 = 8），所以把 5 填在 8、6 之间。在 1 和 4 的三角形另一顶角处填 9（14 − 1 − 4 = 9），在 3 和 2 的三角形另一顶角处也应填 9（14 − 3 − 2 = 9），最后把 9 填在 4、2 之间。

题目（329）每个三角形三顶点的数字之和等于 16，四个三角形三顶点的数字总和是 16×4 = 64，正方形各边中点都是两个三角形公用的，多加了一次，若在 64 基础上再加上正方形四角数字之和就是周围八个数字的二倍，所以周围八数之和是（64 + 12）÷ 2 = 38。1～9 九数之和为 45，图形中心数是 45 − 38 = 7。左上三角形三顶角、右下三角形三顶角、图形中心数七数之和是 16 + 16 + 7 = 39。所以正方形右上角与左下角二数之和是 45 − 39 = 6，同理，正方形左上角与右下角二数之和也等于 6。两数之和等于 6 的数有 1、5，2、4。顶角为 5 的三角形斜边应填 3、8（16 − 5 = 11），顶角为 4 的三角形斜边上应填 3、9（16 − 4 = 12），把 3 填在 5、4 之间。

两角为 8、2 的三角形另一顶角填 6（16 − 8 − 2 = 6），两角为 9、1 的三角形另一顶角也应填 6（16 − 9 − 1 = 6），6 填在 2、1 之间。

题目（330）解法同第 328 题。

题目（331）解法同第 329 题。

题目（332）解法同第 328 题。

题目（333）解法同第 329 题。

题目（334）解法同第 328 题。

题目（335）解法同第 329 题。

题目（336）解法同第 328 题。

题目（337）解法同第 329 题。

题目（338）1~9 九数之和为 45。每个小正方形四角的数字之和都是 23，四个小正方形四角的数字总和是 23 × 4 = 92。在 92 中，含有图形中心数的四倍、各边中点数的两倍、正方形四角数的一倍。如在 92 的基础上加上正方形四数，则含正方形四角数也变成两倍了，图形中心仍是四倍。若再减去 1~9 九数和的两倍，剩下的就是中心数的两倍。即 92 + 10 − 45 × 2 = 12，图形中心数是 12 ÷ 2 = 6。左上边的小正方形与右下边的小正方形四角上的数字总和是 23 + 23 = 46，46 中含有两个 6，所以这两个小正方形的七数之和是 46 − 6 = 40，则正方形左下角和右上角的二数之和是 45 − 40 = 5。

同理，正方形左上角与右下角二数之和也等于 5。两数之和等于 5 的数有 1、4，2、3。先把 6 填在中心，再把 4、1、2、3 填在各角上。在角上是 4 的小正方形的另外两角填 5、8（23 − 4 − 6 = 13），在角上是 2 的小正方形另外两角上填 8、7（23 − 2 − 6 = 15），8 填在 4、2 之间。再把 9 填在中心数 6 的下边。最后再验证下边两个正方形四角的数字之和、左下边正方形四角的数字之和都等于 23，符合题目要求。

题目（339）解法同第 338 题。

题目（340）解法同第 338 题。

题目（341）解法同第 338 题。

题目（342）解法同第 338 题。

题目（343）解法同第 338 题。

题目（344）每一个小正方形四角的数字之和是 22，四个小正方形四角上数字总和是 22 × 4 = 88。在 88 中含图形中心数的四倍、正方形各边中点数的两倍、正方形四角度数的一倍。若再加上正方形四角数，则正方形四角也变为两倍。若再去两倍的 1 - 9 数之和,剩下的就是中心数的两倍。即 88 + 20 - 45 × 2 = 18,图形中心数是 18 ÷ 2 = 9。左上边的小正方形与右下边的小正方形七个数字之和是 22 + 22 - 9 = 35。1~9 九数之和是 45,所以正方形右上角和左下角的二数之和是 45 - 35 = 10。

同理,正方形左上和右下角二数之和也等于 10。两数之和为 10 的数有 2、8,3、7,4、6。若把 4、6、2、8 填在一个正方形四角处,就得不到题目答案。2、8、3、7 在一个正方形中,可得出答案 344 - 1。3、7、4、6 填在一个正方形中,可得出答案 344 - 2。

题目(345)解法同第 338 题。

题目(346)两对角小正方形的四角数字与两正方形对角的三数总和是 16 + 16 + 15 = 47。如图 53 - 1 所示。1~9 九数之和是 45,由于图形中心数是公用的,多加了两次,所以正方形中心数是 (47 - 45) ÷ 2 = 1。大正方形对角的三数之和是 15,所以大正方形右上角与左下角二数之和等于 15 - 1 = 14。

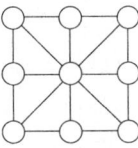

图 53 - 1

同理,大正方形另一组对角(左上和右下)的二数之和也等于 14。两数之和等于 14 的数有 5、9,6、8。把这四数与中心数都填好,顶角为 8 的小正方形另外两角填 4、3 (16 - 8 - 1 = 7)。顶角为 5 的小正方形另外两角填 7、3 (16 - 5 - 1 = 10)。最后把 2 填在 9、6 中间。验证下边两小正方形四角数字之和都是 16。

题目(347)两对角的小正方形的四角与两小正方形对角线的三数总和是 18 + 18 + 11 = 47,如图 53 - 1 所示。1~9 九数之和是 45,由于图形中心数是公用的,多加了两次,所以正方形中心数是 (47 - 45) ÷ 2 = 1。大正方形两对角的三数之和都等于 11,所以大正方形两组对角的二数之和都是 11 - 1 = 10。两数之和等于 10 的数有 2、8,3、7,4、6。若把 2、8、4、6 填入正方形四角,得不出结果。把 7、3、4、6 填入正方形四角,可得到答案 347 - 1。把 7、3、2、8 填入正方形四角,可得到答案 347 - 2。

题目(348)解法同第 346 题。

题目(349)解法同第 346 题。

题目(350)解法同第 346 题。

题目(351)解法同第 346 题。

题目(352)解法同第 346 题。

题目(353)解法同第 346 题。

题目（354）每一个小正方形四角的数字之和等于22，四个小正方形四角的数字总和等于22×4=88。因为正方形各边中点都是相邻两个正方形公用，多加了一次，图形中心数是四个小正方形公用，多加了三次。若从88中减去正方形各边中点，周围八个数多加了一次，中心数多加了三次，即88－19＝69。1～9九数之和是45，图形中心数是（69－45）÷3＝8。按图52－1所示，对角的两小正方形的七数之和是22＋22－8＝36，所以正方形对角的二数之和是45－36＝9。两数之和等于9的数有2、7、4、5。把正方形四角和中心共五个数字填好，在顶角为2的小正方形另两顶点填9、3（22－2－8＝12），3为公用数。在顶角为5的小正方形另两顶点填6、3（22－5－8＝9）。最后把1填在4、7之间。验证下边两个小正方形四角的数字之和都等于22，完全符合题目要求。

题目（355）解法同第354题。

题目（356）解法同第354题。

题目（357）解法同第354题。

题目（358）每一个小正方形四角的数字之和等于22，四个小正方形四角的数字总和是22×4＝88。因为正方形各边中点是两个正方形公用点，多加了一次。图形中心是四个小正方形共用点，多加了三次。若从88中减去正方形各边中点，周围八个数只多加了一次，中心数多加了三次，即88－16＝72。1～9九数之和是45，图形中心数是（72－45）÷3＝9。按图52－1所示，对角的两个小正方形的七数之和是22＋22－9＝35，所以正方形两对角的二数之和是45－35＝10。两数之和等于10的数有2、8、3、7、4、6。若把2、8、4、6填在一个正方形四角，不能符合题目要求。把3、7、2、8填入一个正方形四角，可得出答案358－1。把3、7、4、6填入一个正方形四角，可得出答案358－2。

题目（359）两个正方形八数之和是22＋22＝44，1～9九数之和是45，所以图形中心数是45－44＝1。上边三角形另外两顶点的数字之和是18－1＝17，填9、8。横轴上五数之和等于15，应是1、2、3、4、5。把2、4填在左正方形的两对角处，3、5填在右正方形对角处。最后7、6填在左右正方形下边两角处。

题目（360）解法同第359题。

题目（361）两个正方形八数之和是19＋19＝38，1～9九数之和是45，所以图形中心数是45－38＝7。上边三角形另外两顶点的数字之和是10－7＝3，填1、2。横轴上五数之和等于35，应是5、6、7、8、9。把6、

8 填在左正方形两对角处,9、5 填在右正方形两对角处。最后把 4、3 填在左右正方形下角处。

题目(362) 解法同第 359 题。

题目(363) 左右两正方形八数字之和是 20 + 20 = 40,1 ~ 9 九数之和是 45,所以图形中心数是 45 - 40 = 5。上边三角形另外两顶点的数字之和是 19 - 5 = 14,填 8、6。横轴五数之和等于 15,应是 1、2、3、4、5。把 2、3 填在左正方形两对角处,4、1 填在右正方形两对角处。最后把 7、5 填在左右正方形下角处。

题目(364) 解法同第 363 题。

题目(365) 上顶角处 1 是大三角形和中间小三角形公用数,两个三角形底边上的二数之和应是 15 - 1 = 14。两数之和等于 14 的数有 8、6,9、5,分别填在大三角形和中间小三角形的下底边两角上。虚线连接的三个数是连接数,所以横排左右端应填 3、2。

① 若把 5、9 填在中间小三角底边,8、6 填在大三角形底边,左小三角形另一顶点填 7(15 - 5 - 3 = 7),右小三角形另一顶点填 4(15 - 9 - 8 = 4)。参见答案 365 - 1。

② 若把 8、6 填在中间小三角形底边,5、9 填在大三角形底边,可得到答案 365 - 2。

题目(366) 上顶角处 3 是大三角形和中间小三角形公用数,这两个三角形底边上的二数之和是 15 - 3 = 12。两数之和等于 12 的数有 8、4,7、5。虚线连接的三数是连续数,连续数可以是 1、2、3,2、3、4,3、4、5。4、5 都不可能在横排左右,只能把 1、2 填在横排左右。

① 若中间小三角形底边填 8、4,大三角形底边填 7、5。右小三角形另一角填 6(15 - 8 - 1 = 6)。右小三角形另一角上填 9(15 - 4 - 2 = 9)。参见答案 366 - 1。

② 若把 5、7 填在中间小三角形底边,4、8 填在大三角形底边,可参见答案 366 - 2。

题目(367) 解法同第 366 题。

题目(368) 解法同第 366 题。

题目(369) 解法同第 366 题。

题目(370) 解法同第 365 题。

题目(371) 上顶角处 2 是大三角形也是中间小三角形公用数,两个三角形下底角的二数之和是 15 - 2 = 13。两数之和等于 13 的数有 8、5,7、

6、9、4。虚线连接的三数是连续数，即2、3、4或1、2、3。若横排左右两端填3、4，那么中间小三角形底边二数无论填5、8、7、6、9、4，都无法完成题目的要求，所以横排两端只能填1、3。

① 若把5、8填入中间小三角形底边，即左小三角形另一角填9（15－5－1＝9），右小三角形另一角填4，（15－8－3＝4）。最后再把7、6填在大三角形底边两端。参见答案371－1。

② 若把6、7填入中间小三角形底边，可得到答案371－2。

③ 若把9、4填入中间小三角形底边，可得到答案371－3。

题目（372）解法同第371题。

题目（373）上顶角处5是中间小三角形与大三角形公用数，两个三角形底边上的二数之和是15－5＝10，两数之和等于10的数有1、9、2、8、3、7、4、6。题目要求横排四数都是偶数，所以中间小三角形底边可填4、6或2、8。

① 若填4、6，2、8就填到横排两端，可得到答案373－1。

② 若填2、8，4、6就填到横排两端，可得到答案373－2。

题目（374）横排的四个连续数之和是26，26÷2＝13，是最小数与最大数之和，也是中间二数之和，所以这四个数是5、6、7、8。中间小三角形底边填5、6（15－4＝11）。7、8填到横排左右两端。左小三角形另一角填3（15－5－7＝3）。右小三角形另一角填1（15－6－8＝1）。最后把9、2填入大三角形底边。

题目（375）解法同第371题。

题目（376）上顶角处6是大三角形和中间小三角形公用数，两个三角形底边的二数之和是15－6＝9，两数之和等于9的数有1、8、2、7、4、5。但这两个三角形底边不能用5、4，要把这两数填入横排左右两端，与6形成三个连续数。把1、8填入中间小三角形底边，7、2填入大三角形底边，最后再把9、3填入左右两个小三角形下顶角处。

题目（377）把三角形三顶角1、5、9填好，然后再填各梯形另外两角。如果把下边梯形上边两角填1和9两数，下边两角应填7、3、4、6、2、8。但是，还需要考虑左右两个梯形需填哪个数，左边梯形已有1和5，还需填8和6（20－1－5＝14），填别的数达不到二数之和等于14的要求。右边的梯形需要填4和2（20－5－9＝6），填别的数达不到二数之和等于6的要求。最后把7和3填入下边梯形中。若先把4、6或2、8填入下边梯形中，上边两梯形就无法填了。

题目（378）先把2、5、8填在三角形三顶角上，从三角形2、8的那边看，梯形另外两数能填4、6，3、7，1、9（20-2-8=10）。

① 填4和6，左右两梯形就无法填3。填9和1，得到答案378-1。

② 若下边梯形填7和3，得到答案378-2。

题目（379）解法同第377题。

题目（380）解法同第378题。

题目（381）解法同第378题。

题目（382）三角形三顶点的数字之和等于9，而且都是奇数，这三个数是1、3、5。填入三角形三顶点。

① 若一边是3、5的梯形，要使四角的数字之和等于17，需填7、2（17-3-5=9）。一边是1、5的梯形，要使四角的数字之和等于18，需填8、4（18-1-5=12）。一边是1、3的梯形，要使四角的数字之和等于19，需填9、6。参见答案382-1。

② 若一边是1、3的梯形，要使四角的数字之和等于17，需填4、9（17-1-3=13）。一边是3、5的梯形，要使四角的数字之和等于18，需填8、2（18-3-5=10）。一边是1、5的梯形，要使四角的数字之和等于19，需要填7、6（19-1-5=13）。参见答案382-2。

题目（383）三角形三顶点的数字之和等于12，而且都是偶数，这三个数是2、4、6，填入三角形三顶点处，其余解法同第382题。

题目（384）三角形三顶点的数字之和等于21，三个数都是奇数，这三个数是5、7、9，因三个数的平均数也就是中间数等于21÷3=7。比7小的奇数是5，比7大的奇数是9。先把5、7、9填入三角形三顶点上，然后再看哪个梯形四角的数字之和有可能等于21，最后确定三角形7、9所在的梯形，再填上1、4正好合适。

① 若三角形7、5所在的梯形，再填上3、8正好四角的数字之和是7+5+3+8=23。三角形5、9所在的梯形，再填上6、2正好四角的数字之和是5+9+6+2=22。参见答案384-1。

② 若三角形7、9所在梯形填4、1。7、5的梯形再填2、8。5、9的梯形再填6、3。得出答案384-2。

题目（385）三角形三顶点为4、6、8。然后再填其余六个数。解法同384题。

题目（386）三角形三顶点为3、4、5。然后再填其余六数。解法同384题。

题目（387）每个梯形四角的数字之和都等于20，三个梯形四角的数字总和是 $20 \times 3 = 60$。1~9九数之和是45，因为三角形三顶点都是两个梯形公共点，多加了一次，所以三角形三顶点的数字之和是 $60 - 45 = 15$。三数之和等于15的连续数是4、5、6，填入三角形三顶点处。4、5所在的梯形填上2、9（$4+5+2+9=20$）。5、6所在的梯形填上1、8（$5+6+1+8=20$）。4、6所在的梯形填上7、3（$4+6+7+3=20$）。参见答案387-1。第二个答案也用同样方法求出。

题目（388）每个梯形四角的数字之和都等于17，三个梯形四角的数字总和是 $17 \times 3 = 51$。因为三角形三顶点都是两个梯形公用点，1~9九数之和是45，所以三角形三顶点的数字之和是 $51 - 45 = 6$，这三个数是1、2、3。具体解法与第387题相同。

题目（389）解法同第387题。

题目（390）1的上下两数（大、小三角形上顶点）之和必须是 $15 - 1 = 14$。中三角形下边两顶点左右二数之和也必须 $15 - 1 = 14$。先把5、9填在1的上下，把6、8填在中三角形下顶点左右。如图58-1所示。

还剩下2、3、4、7。为了使大、小三角形三顶角的数字之和都等于15，小三角形下边两顶点填2、4（$15-9=6$），大三角形下边两顶点填3、7（$15-5=10$）。2、4、3、7应该在左还是右，是由在一条直线上三数之和都等于15来决定，如图58-2所示。参见答案390-1。第二个答案也用同样方法求出。

题目（391）2的上下二数（大、小三角形上顶点）、中间三角形下边二顶点的数字之和都是 $15 - 2 = 13$，两数之和等于13的数有6、7，5、8，4、9三组符合要求。若把5、8填上，是无法完成这题的。只有6、7和4、9才行。

题目（392）解法同第390题。

题目（393）2的上下二数（大、小三角形上顶点）、中间三角形下边二顶点的数字之和都是 $15 - 4 = 11$，两数之和等于13的数有2、9，3、8，5、6三组符合要求。若把5、6填上，是无法完成这道题的，只有2、9和3、8才行。

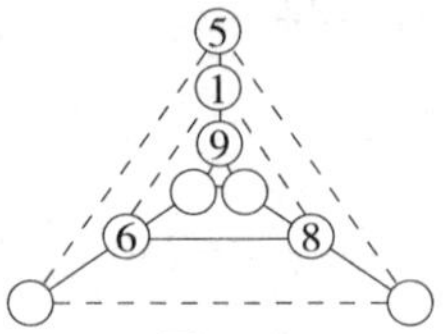

题目（394）5的上下二数（大、小三角形上顶点）、中间三角形下边二顶点二数之和是 $15 - 5 = 10$。两数之和等于10

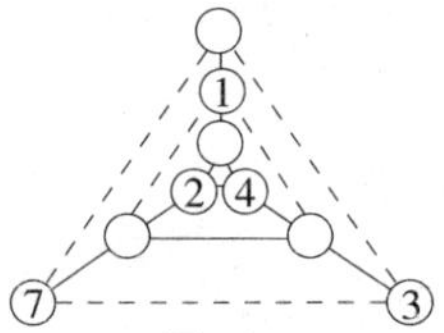

图58-1

图58-2

的数有1、9，2、8，3、7，4、6。若把2、8或4、6填上，则都无法得出正确结果，只有1和9、3、7填入才能完成此题。

题目（395）6的上下二数（大、小三角形上顶点）、中间三角形下边二顶点的数字之和都是15－6＝9，两数之和等于9的数有1、8，2、7，4、5。若把4、5填上，是无法完成该题的，只有7、2，1、8填入才行。还剩下3、5、4、9四个数，为保证大三角形三顶点的数字之和等于15，下两顶点填3、5（15－7＝8），小三角形下两顶点填4、9（15－2＝13）。4、9，3、5的左右，应按左右两条直线上三数之和都等于15来调整。

题目（396）解法同第390题。

题目（397）解法同第390题。

题目（398）解法同第390题。

题目（399）左右两个梯形四角的数字总和是21＋21＝42，1～9九数之和是45，所以图形中心数为45－42＝3。上边小三角形三顶点的数字之和等于6，三数为1、2、3，把1、2填上。图形下方的二数之和等于14，把8、6填上。最后再把7、9填在图形最上方。检查两个梯形四角数字之和是否都等于21。

题目（400）解法同第399题。

题目（401）周围每个三角形三顶点的数字之和都等于18，三个三角形顶点的数字总和是18×3＝54，1～10十数之和是55，所以图形中心数为55－54＝1。中间三角形三顶角的数字之和等于27，这三个数是8、9、10。顶角是9的小三角形另两角应填2、7（或4、5）。顶角是8的小三角形另外两角填6、4（或7、3）。顶角是10的小三角形另外两角填3、5（或2、6）。所以这题还有另一答案。（将括弧中的数字填入即可）。

题目（402）解法同第401题。

题目（403）解法同第401题。

题目（404）解法同第401题。

题目（405）解法同第401题。

题目（406）解法同第401题。

题目（407）左右两菱形四角的数字总和是22＋22＝44，1～10十数字之和是55，所以中间菱形上下的两数之和是55－44＝11。两数之和等于11的数有1、10，2、9，3、8，5、6。若中间菱形上下填3、8，左右可填与其他之和等于11的二数。左边菱形可填5、9、7三数，右边菱形可填4、2、6三数。这是其中一解，参见答案407－1。本题解法较多，只列举了六例答案。

题目（408）左右两菱形四角的数字总和是 26 + 26 = 52，1~10 十数之和是 55，所以中间菱形上下的两数之和是 55 - 52 = 3，两数之和等于 3 的数有 1、2，填在中间菱形上下。中间菱形左右填 9、10（22 - 1 - 52 = 19）。

① 左边菱形需要再填三数，这三数之和是 26 - 9 = 17，填 6、7、4。右边菱形要填三数，这三数之和是 26 - 10 = 16，填 5、8、3。参见答案 408 - 1。

② 中间菱形四角填好之后，左边菱形还可以填 8、5、4，这三数之和也等于 17。右边菱形还可以填 3、6、7，这三数之和边等于 16。参见答案 408 - 2。

③ 左边菱形除了已填的 9，其他可以填 4、8、5，这三数之和也等于 17。右边菱形除了已填的 10，其他可填 9、3、6，这三数之和同样等于 16。参见答案 408 - 3。

题目（409）解法同第 408 题。

题目（410）上、左、右三个正方形四角的数字总和是 20 × 3 = 60，上正方形下边两角的数是与左右正方形公用的，多加了一次，1~10 十数之和是 55，所以其公用的两数之和是 60 - 55 = 5，两数之和等于 5 的数有 1、4，2、3 两组。因为中间横排四数是连续数。

① 若中间填 2、3，那么 1、4 就填在横排左右两端。为使左、中、右三个正方形四角的数字之和都等于 20，在 1、2、3、4 的下边对应填上 9、8、7、6，最后在上边正方形上边两角填 5、10。参见答案 410 - 1。

② 若中间二数填 1、4，则横排两端填 3、2。上边正方形上端二角的数字之和是 20 - 1 - 4 = 15，中间正方形下端二角的数字之和也等于 15，若上边填 5、10，下边填 9、6。最后把 7 填在左正方形左下角，把 8 填在右正方形右下角。

③ 此题其他解法见答案 410 - 3、410 - 4、410 - 5、410 - 6。

题目（411）上、左、右三个正方形四角的数字总和是 24 × 3 = 72，上正方形的下边两角的数是与左右正方形公用的，多加了一次，1~10 十数之和是 55，所以其公用的两数之和是 72 - 55 = 17，这两数可能是 8、9 或 7、10。中间横排四数是连续数，如果中间填 8、9，两端填 7、10。上正方形上边两角的数字之和是 24 - 8 - 9 = 7，中间正方形下边两角数之和也是 7，两数之和等于 7 的数有 1、6，2、5，3、4。若上边填 4（24 - 8 - 7 -

5=4），则右正方形右下角填3（24-9-10-2=3）。

此题的其他解法相同，见答案411-2、411-3、411-4、411-5、411-6。

题目（412）上、左、右三个正方形四角的数字总和是21×3=63，上正方形的下边两角的数是与左右正方形公用的，多加了一次，1~10十数之和是55，所以这两数之和是63-55=8，可填1、7或2、6。上正方形上边两角的数字之和是21-8=13，中正方形下边两角的数字之和也是13。中间横排两端填10、3（21-8=13），下横排两端填6、2（21-13=8）。中间横排中间二数填1、7，下边横排中间二数填4、9，上正方形上两角填8、5。

此题其他解法相同，见答案412-2、412-3、412-4、412-5、412-6。

题目（413）解法同第412题。

题目（414）解法同第412题。此题的填法除了答案给出的三例以外，还有很多答案。

题目（415）正方形四角的数字和两五边形五角的数字总和是26+27+27=80，其中正方形的左右两角的数是与两五边形公用的，多加了一次。图形中心数是三个图形公用的，多加了两次。若从80中减去正方形左右两角的数，即80-19=61，在61中含有中心数的三倍，其余九个数都是一次。1~10十数之和是55，所以图形中心数为（80-19-55）÷2=3。正方形左右两角填9、10（9+10=19）。正方形上边顶角填4（26-3-9-10=4）。图形下边横排四数是之和等于26的连续数，所以填5、6、7、8。1和2只能填在上横排的两端。9的左边填2，10的右边填1（2+9=10+1）。两个五边形下边的两数之和都是27-11-3=13。8、5填在一个五边形中，7、6填在另一五边形中。

题目（416）解法同第415题。

题目（417）正方形四角的数字和两五边形五角的数字总和是14+30+30=74。图形中心是三个图形公用的，多加了两次，正方形左右两角都是两个图形公用数，多加了一次，1~10个数之和等于55，则中心数是（73-3-55）÷2=8。正方形左右角填2、1，顶角填3（14-8-2-1=3）。图形下横排四数是之和等于22的连续数，最小的数是（22-1-2-3）÷4=4，这四数是4、5、6、7。把4、7填在下横排左边（或右边），6、5填在下横排右边（或左边）。左五边形左上角填9，右五边形右上角填10。

题目（418）解法同第417题。

题目（419）解法同第417题。

题目（420）解法同第417题。

题目（421）正方形四角的数字和两五边形五角的数字和是34 + 27 + 27 = 88。图形中心数是三个图形公用的，多加了两次，正方形左右角是两个图形公用的，多加了一次，1~10十数之和等于55，则图形中心数是（88 - 19 - 55）÷ 2 = 7。正方形左右角填9、10，顶上角填8（34 - 19 - 7 = 8）。下横排四数是之和等于18的连续数，最小的数是（18 - 1 - 2 - 3）÷ 4 = 3，这四个数是3、4、5、6。把6、3填在左边，4、5填在右边。最后在左五边形左上角填2（27 - 7 - 9 - 6 - 3 = 2），右五边形右上角填1（27 - 7 - 10 - 4 - 5 = 1）。

题目（422）解法同第421题。

题目（423）解法同第421题。

题目（424）解法同第421题。

题目（425）解法同第421题。

题目（426）解法同第421题。

题目（427）正方形四角的数字和两五边形五角的数字总和是25 + 30 + 30 = 85，正方形左右两角的数都是两图形公用的，多加了两次，1~10十数之和等于55，所以图形中心数为（83 - 18 - 55）÷ 2 = 6。正方形左右角填8、10，顶上角填1（25 - 6 - 18 = 1）。图形下横排四数之和等于14，又是连续数，最小的是（14 - 1 - 2 - 3）÷ 4 = 2，这四个数是2、3、4、5。把2、5填在一边，3、4填在另一边。最后把9填在左五边形左上角，把7填在右五边形右上角。

题目（428）解法同第427题。

题目（429）解法同第427题。

题目（430）解法同第427题。

题目（431）解法同第427题。

题目（432）正方形四角的数字和两五边形五角的数字总和是15 + 28 + 28 = 71，正方形左右角都是两图形公用数，多加了一次。图形中心数是三个图形公用的，多加了两次，1~10十数之和等于55，则图形中心数是（71 - 4 - 55）÷ 2 = 6。正方形左右角填1、3，上顶角填5（15 - 6 - 1 - 3 = 5）。下横排四数之和等于34，又是连续数，这四数为7、8、9、10。把10、7填在左边，把8、9填在右边。左五边形左上角填4，右五边形右上角填2。

题目（433）解法同第432题。

题目（434）解法同第432题。

题目（435）解法同第432题。

题目（436）解法同第432题。

题目（437）解法同第432题。

题目（438）解法同第432题。

题目（439）1～10十数之和等于55，三个菱形四角的数字总和是18+19+20=57，因为图形中心数是三个菱形公用，多加了两次，所以中心数是（57-55）÷2=1。三个菱形顶端角各填8（9-1）、9（10-1）、10（11-1）。再把其余分为三组，每组两数之和都等于9，即2、7，3、6，4、5。分别填入各菱形其余两角处。

题目（440）解法同第439题。

题目（441）解法同第439题。

题目（442）解法同第439题。

（四）11～16个数

题目（443）小三角形底边及延线的四数之和等于26，所以小三角形底边的二数之和是26-12-6=8。则小三角形顶上角的数是13-8=5。上边菱形左右二角的数字之和是26-8-5=13，两数之和等于13的数有4、8，12、1，6、7，10、3，11、2五组，填哪个暂不能定。小三角形底边的二数之和等于8，填1和7，1在左，7在右。小三角形左边延线的二数之和是26-5-1=20，填9和11，9在上。右边延线的二数之和是26-5-7=14，填4和10，4在上。上边菱形四角的数字之和正好等于26。最后再把2和3填在大三角形下边两角处，2在左。左边菱形四角的数字之和是12+1+11+2=26，右边菱形四角数字之和是7+6+10+3=26。大三角形底边数字之和是2+11+10+3=26。

题目（444）小三角形底边二角填2、3（26-11-10=5），顶点填8（13-2-3）。上边菱形左右角填9、4（26-5-8）。大三角形底边中间填12、6。两端填1、7。1在左，7在右。

题目（445）解法同第443题。

题目（446）解法同第443题。

题目（447）解法同第439题。

题目（448）解法同第439题。

题目（449）解法同第439题。

题目（450）解法同第439题。

题目（451）解法同第439题。

题目（452）小三角形下边两数之和是 26 - 5 - 6 = 15。两数之和等于 15 的数有 11、4 或 8、7，先不能肯定，但是，小三角形上边角则必须是 27 - 15 = 12。上边菱形左右两角数应填 3 和 1（26 - 10 - 12 = 4）。3 和 1 的左右位置的选择，则要看大三角形的两边的二数。大三角形底边应填 8 和 9（27 - 10 = 17）。所以，小三角形底边应填 11 和 4。这样，小三角形有 11 和 12 的一边不能填 3。若填 3 的话，这边向下延线的位置没办法填数了。3 填在小三角形 12 和 4 一边的延线上。小三角形右侧边下端延线填 7（26 - 3 - 12 - 4 = 7）。左边菱形下角处应填 8（26 - 5 - 11 - 2 = 8）。右边菱形下角处应填 9（26 - 4 - 6 - 7 = 9）。最后再通过大三角形三边上的四数之和来检验是否正确。即左边四数之和是 10 + 3 + 5 + 8 = 26。右边四数之和是 10 + 1 + 5 + 9 = 26。下边四数之和是 8 + 2 + 7 + 9 = 26。完全符合题目要求。

题目（453）解法同第452题。

题目（454）解法同第452题。

题目（455）解法同第452题。

题目（456）解法同第452题。

题目（457）解法同第452题。

题目（458）解法同第452题。

题目（459）解法同第452题。

题目（460）解法同第452题。

题目（461）小三角形底边二数之和是 26 - 7 - 10 = 9，可填 1、8、3、6、4、5 都行，但是目前不能肯定，因为其他位置需要什么数还未定。但是，小三角形的上角处应填 11 是肯定的，因为小三角形三顶点的数字之和是 20，20 - 9 = 11。所以上边菱形左右两角应填 2、4 或 1、5（26 - 9 - 11 = 6）。经试验，只能填 4、2，填 1、5 不行，而且 4 在左、2 在右。小三角形底边填 1 和 8，1 在左、8 在右。小三角形左边下端延线填 12（26 - 2 - 11 - 1 = 12），小三角形右边下端延线填 3（26 - 4 - 11 - 8 = 3）。左边菱形左角应填 6（26 - 7 - 1 - 12 = 6），右边菱形右角应填 5（26 - 10 - 8 - 3 = 5）。最后检验，大三角形左边四数之和是 9 + 4 + 7 + 6 = 26。大三角形右边四数之和是 9 + 2 + 10 + 5 = 26。大三角形下边四数之和是 6 + 12 + 3 + 5 = 26。完全符合题目要求。

题目（462）解法同第 461 题。

题目（463）解法同第 461 题。

题目（464）解法同第 461 题。

题目（465）解法同第 461 题。

题目（466）解法同第 461 题。

题目（467）解法同第 461 题。

题目（468）解法同第 461 题。

题目（469）解法同第 461 题。

题目（470）小三角形底边两数可填 6、12 或 8、10（26 - 1 - 7 = 18）。开始还不能肯定，因为其余处需要什么数还未知，但是，小三角形上角处肯定要填 2（20 - 18 = 2）。上边菱形左右两角可填 5、10 或 4、11（26 - 9 - 2 = 15）。经试验填 5 和 10 不行，只能填 4 和 11。11 在左、4 在右。小三角形底下两角填 8 和 10，8 在左、10 在右。小三角形左边下延长线处填 12（26 - 4 - 2 - 8 = 12），小三角形右边下延线处填 3（26 - 11 - 2 - 10 = 3）。左边菱形左角填 5（26 - 1 - 8 - 12 = 5），右边菱形右角填 6（26 - 7 - 10 - 3 = 6）。大三角形三边上四数之和为 26，左边，9 + 11 + 1 + 5 = 26。右边，9 + 4 + 7 + 6 = 26。下边，5 + 12 + 3 + 6 = 26。完全符合题目要求。

题目（471）解法同第 470 题。

题目（472）解法同第 466 题。

题目（473）解法同第 470 题。

题目（474）解法同第 470 题。

题目（475）解法同第 470 题。

题目（476）解法同第 470 题。

题目（477）小三角形下边两角填 5 和 11（26 - 9 - 1 = 16），大三角形底边两角填 8 和 12（26 - 6 = 20）。小三角形上角填 10（26 - 5 - 6 = 10）。上边菱形左右两角填 3 和 7（26 - 6 - 10 = 10）。小三角形左边延线下端填 4（26 - 7 - 10 - 5 = 4）。小三角形右边延线下端填 2（26 - 3 - 10 - 11 = 2）。最后验证，大三角形三边的四数之和都等于 26。完全符合题目要求。

题目（478）解法同第 477 题。

题目（479）解法同第 477 题。

题目（480）解法同第 477 题。

题目（481）解法同第 477 题。

题目（482）解法同第 477 题。

题目（483）解法同第 477 题。

题目（484）小三角形下边两端填 10 和 11（26 − 3 − 2 = 21），小三角形上角填 1（22 − 10 − 11 = 1）。上边菱形左右两角的数字之和是 26 − 12 − 1 = 13。两数之和等于 13 的数有 4、9，5、8，6、7 三组。填哪组呢？这时不能定，还要看其余位置填什么数。大三角形三顶点的数字之和要求等于 22，所以下两角应填 6 和 4（22 − 12 = 10）。这样，上边的菱形左右两角只能填 5 和 8。5 和 8 哪个在左，哪个在右，这要看剩下的 7 和 9 二数，若 8 填左角处，小三角形右侧边延线下端只能填 6（26 − 8 − 1 − 11 = 6），7 和 9 都不行。5 填在右角处，小三角形左侧边下端延线应填 10（26 − 5 − 1 − 10 = 10），也不可能。所以在上菱形中，左角填 5，右角填 8。小三角形左侧边下端延线处填 7，小三角形右侧边下端延线处填 9。左菱形左角填 6（26 − 3 − 10 − 7 = 6）。右菱形右角填 4（26 − 2 − 9 − 11 = 4）。最后再看大三角形三边的四数之和是否都等于 26，左边，12 + 5 + 3 + 6 = 26，右边的四数之和是 12 + 8 + 2 + 4 = 26，下边的四数之和是 6 + 7 + 9 + 4 = 26，完全符合题目要求。

题目（485）解法同第 484 题。

题目（486）解法同第 484 题。

题目（487）解法同第 484 题。

题目（488）解法同第 484 题。

题目（489）解法同第 484 题。

题目（490）解法同第 484 题。

题目（491）两数之和等于 3 的数是 1 和 2。在 1 的右边填 12，2 的左边填 11。5 + 8 = 13，6 + 7 = 13，3 + 9 = 12，4 + 10 = 14。在每个正方形中，若两角数字之和等于 13，另两角之和也等于 13。若在一个正方形中两角数之和等于 14，另外两角数字之和等于 12。

题目（492）两数之和等于 4 的数是 1 和 3。在 1 的右边填 12，3 的左边填 10。上边的正方形，下边已填 1 和 12，上边只要填上之和等于 13 的两数，如 4、9，8、5 就行，下边的正方形也如此。左边的正方形，右边已填 1 和 10，左边只要填上之和等于 15 的两数，如 8 和 7。右边的正方形，左边已填 12 和 3，右边只要填上之和等于 11 的两数，如 5 和 6。上横排 8 在右端，5 填在左端，使四数之和等于 26。下横排 7 在左端，6 填在右端，使四数之和也等于26。两竖行也如此，左行四数之和是 4 + 1 + 11 + 10 = 26，右行四数之和是 9 + 12 + 2 + 3 = 26。另一解法相同，参见答案 492 - 2。

题目（493）中间小正方形四角的数字之和等于26，而且是连续数，这四数只能是 5、6、7、8。把 5 和 8 填在上端两角处，下端两角填 7 和 6。图形上端填 2 和 11，下端填 12 和 1。左端填 4 和 10，右端填 9 和 3。为使两竖行的四数之和都等于26，只要注意上下端二数的左右位置就行。为使两横排的四位数之和都等于26，只要注意左右端二数上下位置就行。另一解法相同，参见答案 493 - 2。

题目（494）1 ~12 十二数字之和等于78，周围四个正方形四角的数字总和是 22 × 4 = 88，因为中间正方形四角数字都是两个正方形公用的，都多加了一次，所以中间正方形四角的数字之和是 88 - 78 = 10，这四数是 1、2、3、4。上两角填 1、4，下两角填 3、2。上边正方形上边两角填 12 和 5，下边两角填 6 和 11。上正方形四角的数之和是 12 + 5 + 1 + 4 = 22。下正方形四角的数之和是 3 + 2 + 6 + 11 = 22。左边正方形左边两角填 10 和 8，右正方形右边两角填 7 和 9。左边正方形四角的数之和是 10 + 1 + 8 + 3 = 22，右边正方形四角的数之和是 4 + 7 + 2 + 9 = 22。下横排四角的数之和是 8 + 3 + 2 + 9 = 22。完全符合题目要求。另一解法参见答案 494 - 2。

题目（495）解法同第494题。

题目（496）中间横排四数之和等于26，且为连续数，其中最小的数是（26 - 1 - 2 - 3）÷ 4 = 5，这四个数为 5、6、7、8。在中间横排由左向右依次填 8、6、7、5。8、6 上边填 11、1。下边填 9、3。上边正方形四角的数字之和是 11 + 1 + 8 + 6 = 26，下边正方形四角的数字之和是 8 + 6 + 9 + 3 = 26。中间上边正方右上角填 12，下边正方形右下角填 10。中上正方形四角的数字之和是 1 + 12 + 6 + 7 = 26，中下正方形四角的数字之和是 6 + 7 + 3 + 10 = 26。右上正方形右上角填 2，右下正方形右下角填 4。右上正方形四角的数字之和是 12 + 2 + 7 + 5 = 26，右下正方形四角的数字之和是 7 + 5 + 10 + 4 = 26。上横排四数之和是 11 + 1 + 12 + 2 = 26，中横排四数之和是 8 + 6 + 7 + 5 = 26，下横排四数之和是 9 + 3 + 10 + 4 = 26。

题目（497）解法同第496题。

题目（498）小三角形三顶点的数字之和等于6，这三数是 1、2、3。大三角形三顶点的数字之和是33，这三数是 10、11、12。把 2 和 11、1 和 12、3 和 10 填在同向角处，这样每组的二数之和都等于13。在大三角形每条边中再填进之和等于13 的二数，将 4、9，5、8，6、7 三组数字分别填入大三角形各边上。

题目（499）小三角形三顶点的数字之和等于6，这三点是1、2、3。大三角形三顶点的数字之和是15，而且是连续数，这三个数是4、5、6。把1、2、3对应6、5、4填在同两角处，每组二数之和都是7。再把三组等于19的二数7、12，8、11，9、10分别填在大三角形各边上。

题目（500）解法同第499题。

题目（501）小三角形三顶点的数字之和等于33，这三个数是10、11、12。大三角形三顶点的数字和是24，而且是连续数，这三个数是7、8、9。把7和12、8和11、9和10分别填在同向角处。再把三组等于7的二数1、6，2、5，3、4分别填在大三角形各边上。

题目（502）解法同第501题。

题目（503）解法同第501题。

题目（504）解法同第501题。

题目（505）解法同第501题。

题目（506）解法同第501题。

题目（507）解法同第501题。

题目（508）解法同第501题。

题目（509）解法同第501题。

题目（510）先来分析一下。中间正方形是1~8八个数，外围就填9~16八个数，这八个数在横竖轴上可分为四组，每边二数之和都等于25，即9、16，10、15，11、14，12、13。把它分别填在正方形各边延长线两端。题目要求两横排和两竖行的五数之和都等于40，所以中间正方形各边的三数之和都是40+25=15。上下对边中点二数之和、左右对边中点二数之和都等于6，所以上下填2、4，左右填1、5。2在上，1在左。正方形左边的三数之和等于15，所以1的上下填6和8，6在上8在下才能完成题目要求。在右边5的上边填7，下边填3，正好使正方形四边的三数之和都等于15。再把9~16八个数中分四组，每组两数之和都等于25，填入两横排和竖行的左右上下即完成。

题目（511）中间正方形填1~8八个数，外围就填9~16八个数，这八个数在横竖轴上分为四组，每组二数之和都等于25，即9、16，10、15，11、14，12、13。题目要求两横排和两竖行的五数之和都等于39，所以中间正方形各边的三数之和都是39-25=14。上下对边中点二数之和、左右对边中点二数之和都等于8。两数之和等于8的数有1、7，2、6，3、5，这三组数字。1、7、2、6 和 3、5、2、6 在一个正方形中能完成题目要求，1、7、3、5 在一个正方形中就不能完成。把 2、6 填在上下中点（2 在上），1、7 填在左右中点（1 在左）。为使正方形各边的三数之和都等于 14，在 1 的上下填 8 和 5，再把 4、3 填在正方形右上角和右下角处。最后把 9～16 中分为四组，每组二数之和都等于 25，分别填在两横排左右端和两竖行的上下端。另一解法相同，参见答案 511-2。

题目（512）解法同第 511 题。

题目（513）解法同第 511 题。

题目（514）中间正方形各边填 9～16 八个数，外围就填 1～8 八个数，这八个数两个一组分为四组，每组两数之和都等于 9，即 1、8，2、7，3、6，4、5。题目要求两横排和两竖行的五数之和都等于 48，所以中间正方形各边的三数之和都应是 48-9=39。中间正方形上下两边的中点二数之和、左右两边中点的二数之和都等于 22，只有 9、13 和 10、12 适合。上下两边中点填 10 和 12（10 在上）。左右中点填 9 和 3（9 在左）。正方形左边 9 的上下填 14、16（14 在上）。正方形右上角填 15，右下角填 11。这样正方形各边三数之和都等于 39。最后把 1～8 八个数分为四组，每组二数之和都等于 9，分别填在两横排左右和两竖行上下。

题目（515）中间正方形填 9～16 八个数，外围就填 1～8 八个数，这八个数分为四组，每组两数之和都等于 9，即 1、8，2、7，3、6，4、5。题目要求两横排和两竖行的五数之和都等于 47，所以中间正方形每边的三数之和应为 47-9=38。题目要求上下两边中点的二数之和、左右两边的中点二数之和都等于 24。两数之和等于 24 的数有 9、15，10、14，11、13。这三组中 9、15 和 11、13 填在同一正方形四边中点处，不能完成，只有 9、15，10、14 和 11、13，10、14 两种情况。把 10、14 填在上下两边中点处（10 在上），把 9、15 填在左右两边中点处（9 在左）。9 的上下填 16、13（16 在上）。12 填在正方形右上角，11 填在右下角。这样正方形各边三数之和都等于 38。最后把 1～8 八个数分为四组，每组二数之和都等于 9，分别填在两横排左右端和两竖行上下端。另一解法相同，参见答案 515-2。

题目（516）解法同第 514 题。

题目（517）解法同第 515 题。

题目（518）中间正方形四边填 5～12 八个数，周围就填 1～4 和 13～16 八个数，这八个数分为四组，每组两数之和都等于 17，即 4、

13、3、14、2、15、1、16。两横排和两竖行的五数之和都等于4，所以中间正方形每边三数之和都是44－17＝27。正方形上下两边中点的二数之和、左右两边中点的二数之和都等于14，两数之和等14的数有5、9、6、8，6、8填在上下两边中点（6在上）。5、9填在左右两边中点（5在左）。在5的上下填10、12（10在上）。把11填在正方形右上角，7填在正方形右下角处，正方形各边的三数之和都等于27。最后把1～4、13～16八个数分为四组，每组二数之和都等于17，分别填在两横排左右角、两竖行上下端。

题目（519）中间正方形各边填5～12八个数，外围就填1～4和13～16八个数，这八个数分为四组，每组二数之和都等于17，即1、16，2、15，3、14，4、13。两横排和两竖行的五数之和都等于43，所以正方形各边三数之和都应是43－17＝26。上下边中点二数之和、左右边中点二数之和都等于16，两数之和等于16的数有5、11，6、10，7、9，5、11和6、10、7、9和6、10在一个正方形中可完成题目要求。把6和10填在上下两边中点（6在上），5和11填在左右两边中点（5在左）。在5的上下填12和9（12在上）。把8填在正方形右上角，7填在正方形右下角处，正方形各边的三数之和都等于26。最后把1～4和13～16八个数分为四组，每组二数之和都等于17，分别填在两横排左右端和两竖行上下端。另一解法相同，参见答案519－2。

题目（520）解法同第518题。

题目（521）解法同第519题。

题目（522）中间正方形各边上八个数都是奇数，周围八个数是偶数，这八个数分为四组，每组二数之和都等于18，即2、16，4、14，6、12，8、10。两横排和两竖行的五数之和都等于45，所以中间正方形每边的三数之和都应是45－18＝27。正方形上下两边中点的二数之和、左右两边中点二数之和都等于10。两数之和等于10的数有1、9，3、7。把3、7填入上下两边中点（3在上）。1、9填在左右两边中点（1在左）。在1的上下填11、15（11在上）。在正方形右上角填13，右下角填5。正方形各边的三数之和都等于27。最后把1～16中的偶数分为四组，每组两数之和都等于18，分别填入两横排左右端和两竖行上下端。

题目（523）中间正方形各边上八个数都是奇数，周围的八个数都是偶数，这八个数分四组，每组两数之和都等于18，即2、16，4、14，6、12，8、10。两横排和两竖行的五数之和都等于43，所以正方形各边的三数之和都应是 43 - 18 = 25。正方形上下两边中点的二数之和、左右两边中点的二数之和都等于 14，两数之和等于 14 的数有 1、13，3、11，5、9。1、13，5、9 填入一个正方形对边中点处，不能完成题目要求。所以，1、13 和 3、11 可以，3、11 和 5、9 也可以。把 3 和 11，填入上下两边中点（3 在上）。把 1 和 13 填入左右两边中点（1 在左）。在 1 的上下填 15、9（15 在上）。在正方形右上角填 7，右下角填 5。正方形各边的三数之和都等于 25。最后把八个偶数分成四组，每组两数之和都等于 18，分别填入两横排左右端和两竖行上下端。另一解法相同，参见答案 523 - 2。

题目（524）解法同第 522 题。
题目（525）解法同第 523 题。
题目（526）解法同第 523 题。
题目（527）解法同第 522 题。
题目（528）解法同第 523 题。
题目（529）解法同第 522 题。

题目（530）1~11 十一数字之和是 6×11 = 66。左右两个五边形和中间竖轴的数字总和是 34 + 34 + 8 = 76，因为图形中心数多加了两次，所以图形中心数是（76 - 66）÷ 2 = 5。中心轴上下填 1、2（8 - 5 = 3），1 填在上。上边正方形左右两角填 6、9（21 - 5 - 1 = 15），6 填在左角。下边正方形左右两角填 4、10（21 - 5 - 2 = 14），4 填在左角。最后把 8、11 填在左边（34 - 5 - 6 - 4 = 19）。把 3、7 填在右边（34 - 5 - 9 - 10 = 10）。另一解法相同，参见答案 530 - 2。

题目（531）解法同第 530 题。
题目（532）解法同第 530 题。
题目（533）解法同第 530 题。

题目（534）1~11 十一数字之和是 6×11 = 66。左右两个五边形和中间竖轴的数字总和是 24 + 24 + 24 = 72，因为图形中心数多加了两次，所以图形中心数是（72 - 66）÷ 2 = 3。中心轴上下填 10、11（24 - 3 = 21），10 填在上。上边正方形左右两角填 5、6（24 - 3 - 12 = 11）。下边正方形左右两角填 8、2（24 - 3 - 11 = 10）。最后把 7、1 填在左边（24 - 3 - 5 - 8 = 8）。把 4，9 填在右端（24 - 6 - 3 - 2 = 13）。若在上边正方形左右两角填 7、4、则是答案 534 - 2。

题目（535）解法同第 534 题。
题目（536）解法同第 534 题。

题目（537）解法同第534题。

题目（538）1~12十二数字之和等于78，正方形四边的数字总和是 $22 \times 4 = 88$。因为四角的数字都是两相邻边公用的，多加了一次，所以正方形四角的数字之和是 $88 - 78 = 10$，这四个数为1、2、3、4。把1填在左下角，2填在右上角，4填在左上角，3填在右下角。左边上下两角的数字之和等于5，右边也如此。另外把两数之和等于17的数填在中间。两数之和等于17的数有12、5，11、6，10、7，9、8。但不能任选两组填上，必须考虑上下两边的需要才行。下边两角已填1、3，中间需要再填之和等于18的两数。上边两角已填4、2，还需要再填之和等于16的两数。

① 若上边填5、11，下边填6、12，左边填10、7，右边填9、8，就是答案538-1。

② 若上边填10、6，下边填11、7，左边填5、12，右边填8、9，就是答案538-2。

③ 若上边填7、9，下边填10、8，左边填12、5，右边填11、6，这就是答案538-3。

题目（539）解法同第538题。

题目（540）解法同第538题。

题目（541）1~12十二数的和是78，正方形四边的数字之和是 $30 \times 4 = 120$，因为四角的数都是加了两次，所以四角的数字之和是 $120 - 78 = 42$，这四个数是9、10、11、12。正方形左上角填12，右上角填10，左下角填9，右下角填11。为了使正方形各边的四数之和都等于30，上边需填1和7、5和3、2和6（$30-12-10=8$），下边需填8和2、4和6、3和7（$30-9-11=10$）。左边和右边都需填3和6、4和5、8和1。虽然 $2+7=9$，但是若把它填入左或右边就无法再填上下边。三种解法见答案542-1、542-2、542-3。

题目（542）解法同第541题。

题目（543）解法同第541题。

题目（544）1~12十二数字之和等于78，正方形四边的数字总和是 $26 \times 4 = 104$，因为正方形四角的数都是两边公用的，多加了一次，所以四角的数字之和是 $104 - 78 = 26$。且四角的数又是连续数，最小的数是 $(26-1-2-3) \div 4 = 5$，这四个数是5、6、7、8。在正方形左上角填5，右上角填7，左下角填8，右下角填6。为使正方形各边的四数之和都等于26，左边和右边都需填之和等于13的两数，即1、12，4、9，2、11，3、

10。上边需填之和等于 14 的两数,即 3、11,10、4,2、12。下边需填之和等于 12 的两数,即 10、2,9、3,11、1。这三种解法见答案 544 - 1、544 - 2、544 - 3。

题目(545) 解法同第 544 题。

题目(546) 解法同第 544 题。

题目(547) 1～12 十二数的和等于 78,正方形四边的数字总和是 25×4=100。因为四角的数都是两边公用的,多加了一次,所以四角的数字之和是 100+78=22,四角中的三个数比最小的大 3、6、9,最小的数是 (22-3-6-9)÷4=1,这四个数是 1、4、7、10。正方形左下角填 1,右上角填 4,左上角填 10,右下角填 7。正方形上边中间可填 5、6,9、2,3、8 (25-10-4=11)。下边中间可填 8、9,5、12,6、11 (25-1-7=17)。左边和右边中间两数都可填 3、11,2、12,6、8,5、9。这三种解法见答案 547 - 1、547 - 2、547 - 3。

题目(548) 解法同第 547 题。

题目(549) 解法同第 547 题。

题目(550) 1～12 十二数之和等于 78,正方形各边的数字总和是 26×4=104。因为四角的数字之和是 104-78=26,四角中的三个数比最小的数大 3、6、9。所以最小的数是 (26-3-6-9)÷4=2,这四个数是 2、5、8、11。正方形左下角填 2,右上角填 5,左上角填 11,右下角填 8。上边中间可填 9、1,6、4,7、3 (26-11-5=10)。下边中间可填 12、4,7、9,10、6 (26-2-8=16)。左边和右边中间可填 7、6,10、3,12、1,4、9 (26-11-2=13、26-5-8=13)。这三种解法见答案 550 - 1、550 - 2、550 - 3。

题目(551) 解法同第 550 题。

题目(552) 1～12 十二数之和等于 78,正方形四边的数字总和是 27×4=108。因为四角数字都是两边公用的,多加了一次,所以四角的数字之和是 108-78=30。四角中三个数比最小的数大 3、6、9,最小的数是 (30-3-6-9)÷4=3,这四个数是 3、6、9、12。正方形左下角填 3,右上角填 6,左上角填 12,右下角填 9。正方形上边中间填 5 和 4、8 和 1、7 和 2 (27-12-6=9)。下边中间可填 7 和 8、4 和 11、10 和 5 (27-3-9=15)。左边和右边可填 2 和 10、11 和 1、7 和 5、8 和 4 (27-12-3=12) 或 (27-6-9=12)。这三种解法见答案 552 - 1、552 - 2、552 - 3。

题目(553) 解法同第 552 题。

题目（554）解法同第552题。

题目（555）1～12十二数的和等于78，正方形四边的数字总和是 $26×4=104$。因为正方形四角的数都是两边公用的，多加了一次，所以正方形四角的数字之和是 $104-78=26$。四角中的三个数比最小的数大1、6、7，这四个数为3、4、9、10。正方形左下角填3，右下角填4、左上角填10，右上角填9。在正方形上边中间可填11和8、12和7（$26-10-9=7$）。下边中间可填11和8、12和7（$26-3-4=19$）。左边和右边可填1和12、7和6、2和11、5和8。这二种解法见答案555-1、555-2。

题目（556）解法同第555题。

题目（557）解法同第555题。

题目（558）1～12十二数的和等于78，正方形四边的数字总和是 $26×4=104$。因为正方形四角的数都是两边公用的，多加了一次，所以四角的数字之和是 $104-78=26$。四数中的三个数比最小的数大1、4、5，最小的数是 $(26-1-4-5)÷4=4$，这四个数是4、5、8、9。正方形左上角填4，右上角填5，左下角填9，右下角填8。正方形上边中间填11、6（$26-4-5=17$），下边中间填2、7（$26-9-8=9$）。左边中间10、3（$26-4-9=13$），右边中间填12、1（$26-5-8=13$）。把10和3、12和1两组对调也可以。

题目（559）1～12十二数的和等于78，正方形四边的数字总和是 $26×4=104$。因为正方形四角的数都是两边公用的，多加了一次，所以四角的数字之和是 $104-78=26$。四角中的三个数比最小的数大3、8、11，最小的数是 $(26-3-8-11)÷4=1$，这四数为1、4、9、12。在正方形左上角填1，左下角填4，右上角填12，右下角填9，正方形上边中间填7、6、8、5（$26-1-12=13$）或（$26-4-9=13$）。左边中间填10、11（$26-1-4=21$）。右边中间填3、2（$26-12-9=5$）。下边中间可填8、5、7、6。

题目（560）正方形四角的数字最小是1和2，1填在左下角，2填在右上角。十二个数中最大的数是11、12。11填在左上角，12填在右下角。上边和下边中间都可填10、3、5、8、6、1、9、4。左边中间可填8、6、10、4（$26-11-1=14$）。右边中间可填7、5、9、3（$26-2-12=12$）。这三种解法见答案560-1、560-2、560-3。

题目（561）1～12数之和等于78，正方形四边的数字总和是 $26×4=104$，因为四方形四角的数都是两边公用的，多加了一次，所以四角的数字之和是 104 - 78 = 26。四角中三数比最小的数大 2、9、11，最小的数为 (26 - 2 - 9 - 11) ÷ 4 = 1，这四个数是 1、3、10、12。正方形右上角填 1，左下角填 3，左上角填 10，右下角填 12。上边中间可填 4、11，6、9，7、8 (26 - 10 - 1 = 15)，下边中间可填 9、2，7、4，6、5 (26 - 3 - 12 = 11)，左边和右边中间都可填 6、7，8、5，2、11，9、4 (26 - 10 - 3 = 13) 或 (26 - 1 - 12 = 13)。这三种解法见答案 561 - 1、561 - 2、561 - 3。

题目（562）解法同第 561 题。

题目（563）解法同第 561 题。

题目（564）1～12 十二数之和等于 78，正方形四边的数字总和是 26×4 = 104，因为四角的数都是两边公用的，多加了一次，所以四角的数字之和是 104 - 78 = 26。四角中的三数比最小的数大 5、6、11，最小的数是 (26 - 5 - 6 - 11) ÷ 4 = 1，这四个数是 1、6、7、12。在正方形左上角填 1，右下角填 6，右上角填 12，左下角填 7。在上边和下边中间填 9、4，2、11 (26 - 1 - 12 = 13) 或 (26 - 7 - 6 = 13)。左边中间填 10、8 (26 - 1 - 7 = 18)。右边中间填 3 和 5 (26 - 12 - 6 = 8)。

题目（565）解法同第 564 题。

题目（566）解法同第 564 题。

题目（567）解法同第 564 题。

题目（568）解法同第 564 题。

题目（569）解法同第 564 题。

题目（570）解法同第 564 题。

题目（571）解法同第 564 题。

题目（572）解法同第 564 题。

题目（573）1～12 十二数之和等于 78，正方形四边的数字总和是 26×4 = 104，因为四角数字都是两边公用的，多加了一次，所以四角的数字之和是 104 - 78 = 26。四角数字中的三个数比最小的数大 2、3、5，最小的数是 (26 - 2 - 3 - 5) ÷ 4 = 4，这四个数是 4、6、7、9。在正方形左上角填 4，右下角填 9，左下角填 7，右上角填 6。在上边中间填 11、5 (26 - 4 - 6 = 16)。下边中间填 8、2 (26 - 7 - 9 = 10)。左边中间填 12、3 (26 - 4 - 7 = 15)。右边中间填 10、1 (26 - 6 - 9 = 11)。

题目（574）1～12 十二数之和等于 78，正方形四边的数字总和是 24×4 = 96，因为四角数都是两边公用的，多加了一次，所以四角的数字之和是 96 - 78 = 18。四角数字中三数比最小的数大 1、6、7，最小的数是

$(18-1-6-7)÷4=1$，这四个数是1、2、7、8。正方形左上角填1、右上角填2、左下角填8、右下角填7。正方形上边中间可填12、9，11、10 $(24-1-2=21)$，下边中间可填3、6，4、5 $(24-8-7=9)$。左边和右边都可填4、11，10、5 $(24-1-8=15,24-2-7=15)$。这二种解法见答案574-1、547-2。

  题目（575）解法同第574题。
  题目（576）解法同第574题。
  题目（577）解法同第574题。
  题目（578）解法同第574题。
  题目（579）解法同第574题。
  题目（580）1~12十二数之和等于78。横轴四数之和、竖轴四数之和都等于18，所以这八个数之和是$18+8=36$。中间正方形四角的数字之和是$78-36=42$。且这四数是连续数，所以最小的数是$(42-1-2-3)÷4=9$。中间正方形四角的数是9、10、11、12。

  大正方形各角上的三数都是两个大正方形角上的数和一个中间正方形角上的数构成的。大正方形各边的数字总和是$22+23+24+25=94$，所以大正方形四角的数字之和是$(94-42)÷2=26$。这四数又是连续数，所以最小的数是$(26-1-2-3)÷4=5$，因此大正方形四角的数是5、6、7、8，小正方形四角的数是1、2、3、4。

  大正方形上下左右四个角上6、5、7、8。小正方形上下左右四个角填上3、4、2、1。最后再把中间正方形四角的数填在适当的位置，使大正方形各边的三数之和分别等于22、23、24、25。这三种解法见答案581-1、581-2、581-3。

  题目（581）解法同第581题。
  题目（582）解法同第581题。
  题目（583）解法同第581题。
  题目（584）解法同第581题。
  题目（585）解法同第581题。
  题目（586）先把1~12数分为六组，每组二数之和都等于13，即1、12，2、11，3、10，4、9，5、8，6、7。把任意三组填入里边正六边形各正方形边上，六数之和等于39，外边六数之和也等于39，合在一起十二数之和是78。外边六个数也要分三组填到各正方形边上。三个正方形四数之和都等于26。为了使各梯形四数之和也都等于26，需要在填外边六个数时，注意调配。答案只给出六种解法。

题目（587）1~13十三数之和是 7×13＝91，图形左端和右端的四数之和是 19＋19＝38，除左右两端四数，中间九数之和是 91－38＝53。上下两个五边形的五数之和是 27＋27＝54。图形中心重复相加，则中心数是 54－53＝1，所以周围十二数之和为 91－1＝90。周围四个正方形各角的数字总和是（27－1）×4＝104。因为中间正方形（画虚线）的四角数都是周围两正方形公用的，都多加了一次，所以中间正方形四角的数字之和是 104－90＝14。这四数又是连续数，则最小的数是（14－1－2－3）÷4＝2，这四数是 2、3、4、5。5 填在左上角，2 填在左下角，3 填在右上角，4 填在右下角，竖边左右二数之和都等于7。左边正方形左端填7、12。右边正方形右端填13、6。上边正方形上端填10、8。下边正方形下端填11、9。另外两解与此相同，见答案 588－2、588－3。

题目（588）解法同第 588 题。
题目（589）解法同第 588 题。
题目（590）解法同第 588 题。
题目（591）解法同第 588 题。
题目（592）解法同第 588 题。

题目（593）中间五边形的五数之和等于15，这五数 1、2、3、4、5 填入。为使周围五个三角形顶点的数字之和等于24，顶点为 1 的三角形另两顶点填9、14，13、10，12、11，15、8。顶点为 2 的三角形另两顶点填 7、15，10、12，8、14，13、9。顶点为 3 的三角形另外两顶点填 6、15，10、11，9、12。顶点为 4 的三角形另外两顶点填 8、12，13、7，14、6，11、9。顶点为 5 的三角形另外两顶点填 13、6，11、8，12、7，9、10。

题目（594）中间五边形的五数之和等于65，这五数为 11、12、13、14、15。为使周围五个三角形三顶点的数字之和都等于24，顶点为 11 的三角形另外两顶点填 4、9，6、7，10、3。顶点为 12 的三角形另外两顶点填 5、7，3、9，8、4，10、2。顶点为 13 的三角形另两顶点填 1、10，6、5，3、8，2、9。顶点为 14 的三角形另两顶点填 2、8，1、9，3、7，4、6。顶点为 15 的三角形另两顶点填 3、6，4、5，2、7，1、8。

题目（595）中间五边形的五数之和是35，相近的二数差都是3，最小的数是（35－3－6－9－12）÷5＝1，这五数是 1、4、7、10、13。为使周围每个三角形三顶点的数字之和都等于24，余下的解法同第 594 题和第 595 题。

题目（596）中间五边形的五数之和是40，相近的二数差都是3，最小的数是（40－3－6－9－12）÷5＝2，这五数是2、5、8、11、14。余下的解法同第594题和595题。

题目（597）中间五边形五角的数都是3的倍数，这五数是3、6、9、12、15。余下的解法同第594题和596题。

题目（598）中间五边形五角的数字之和等于40，且为连续数，最小的数是（40－1－2－3－4）÷5＝6，这五个数是6、7、8、9、10。余下的解法同第594题和595题。

题目（599）上横排的四数之和等于10，这四数是1、2、3、4。下横排的四数之和等于38，这四数是8、9、10、11。中间横排三数是5、6、7，中间横排三数自左至右按7、6、5的顺序填入。上横排可按1、3、2、4填入，也可按3、1、4、2填入。下横排可按8、10、9、11填入，也可以按10、8、11、9填入。

题目（600）解法同第596题。

题目（601）解法同第596题。

题目（602）下横排的三数之和等于6，这三数是1、2、3。要使下边各三角形三顶点的数字都等于15，在下顶点为1的三角形另两顶点填5、9或6、8，下顶点为2的三角形另两顶点填6、7或4、9，下顶点为3的三角形另两顶点填4、8或5、7。最后将10、11、12填在上横排，使上边三个三角形三顶点的数字之和都等于24。

题目（603）下横排的三数之和等于24，且为连续数，其中最小的数是（24－1－2）÷3＝7，这三数是7、8、9。要使下边三个三角形三顶点的数字之和都等于15，在下顶点为7的三角形另两顶点填2、6或3、5，下顶点为8的三角形另两顶点填3、4或1、6，下顶点为9的三角形另两顶点填1、5或2、4。最后把10、11、12填在上横排，使上边三个三角形三顶点的数字之和都等于18。

题目（604）上横排的三数之和等于15，且为连续数，这三数最小的数是（15－1－2）÷3＝4，这三个数是4、5、6。下横排的三数之和等于6，这三数是1、2、3。在填写这两横排数字时，使4、1、5、2、6、3上下对应。要使下边三个三角形三顶点的数字之和都等于24，在中间横排上，上下为4和1之间填8、12或11、9，在5和2之间填9、10或12、7，在6和3之间填11、7或10、8。

答案图解

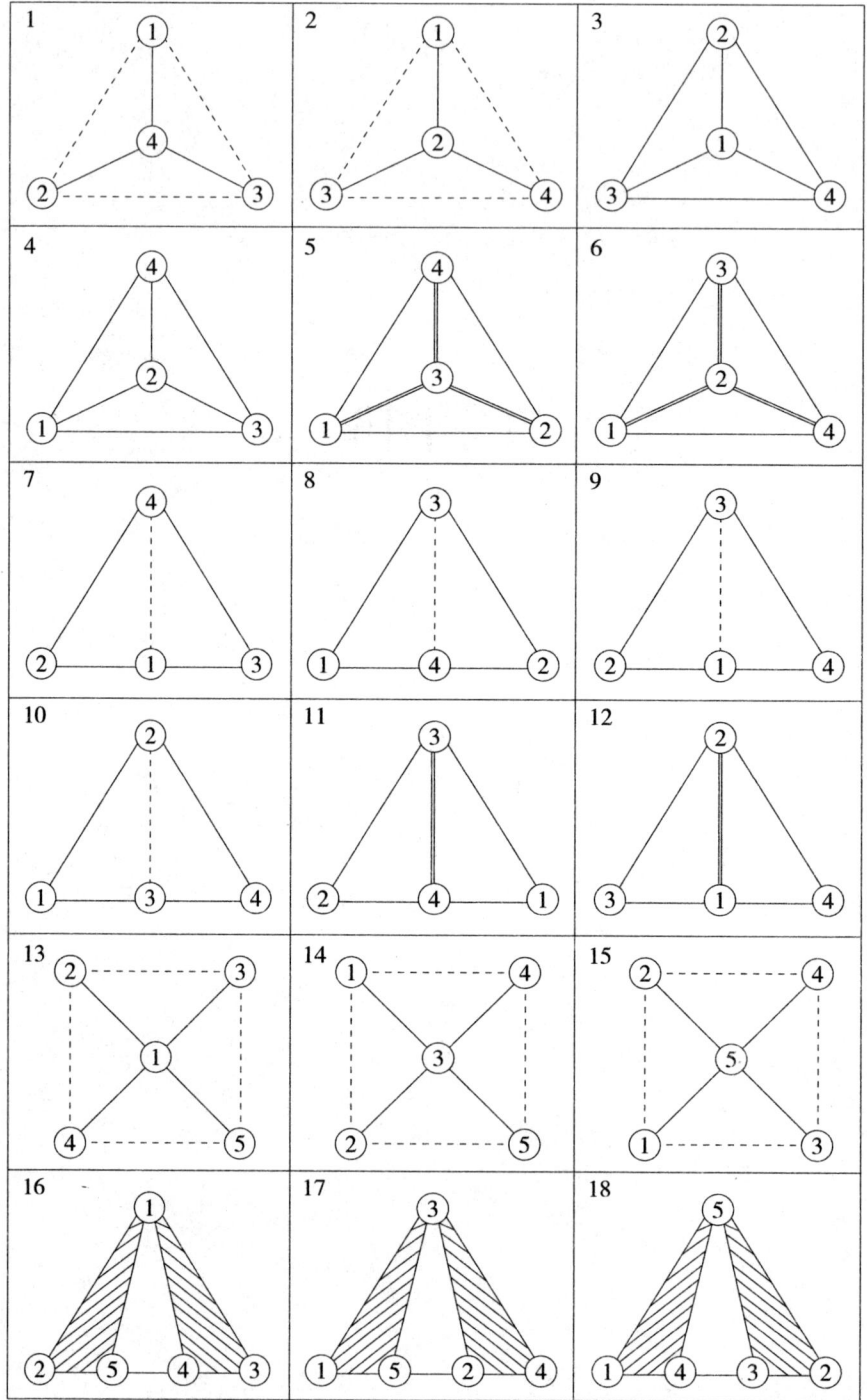

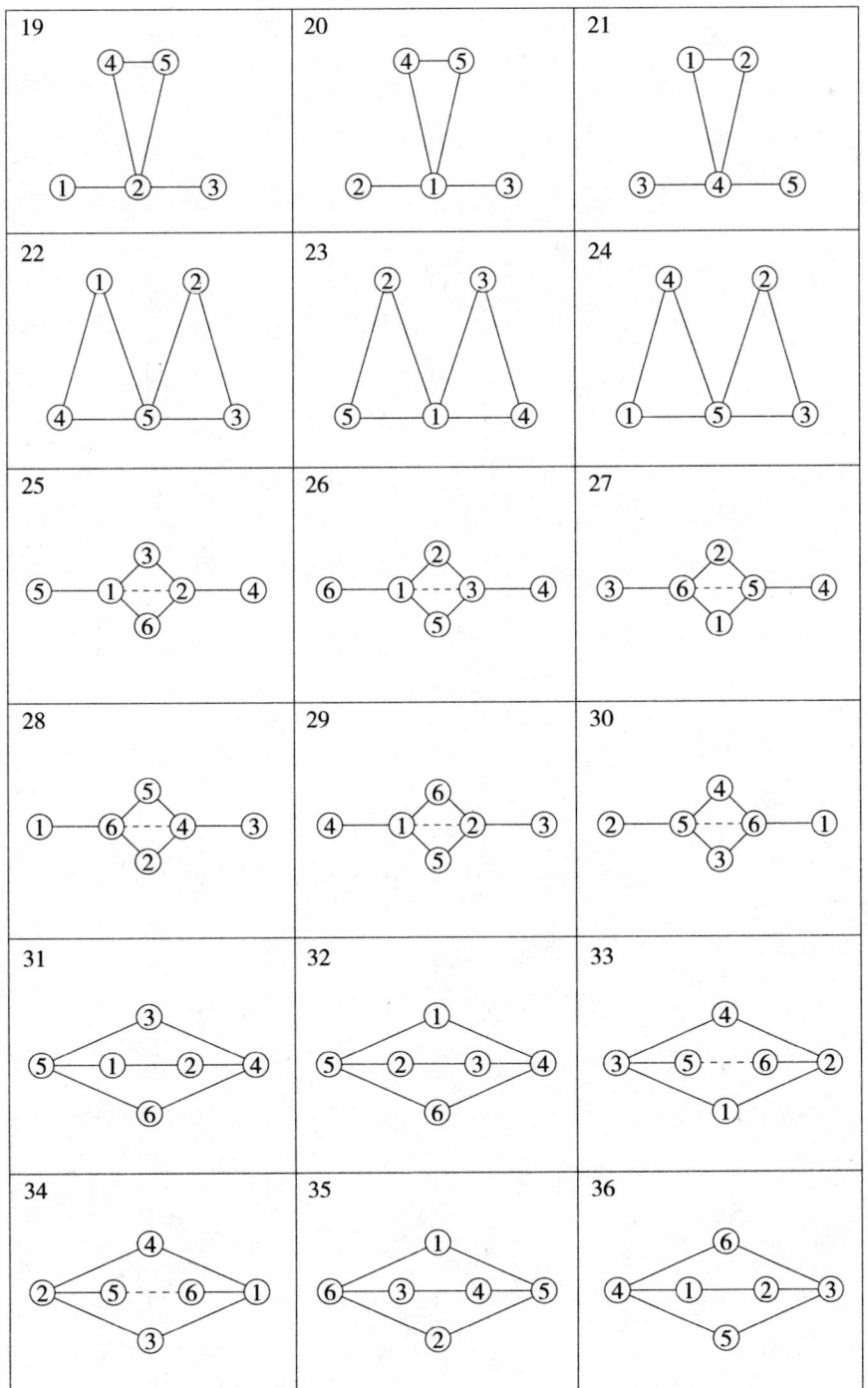

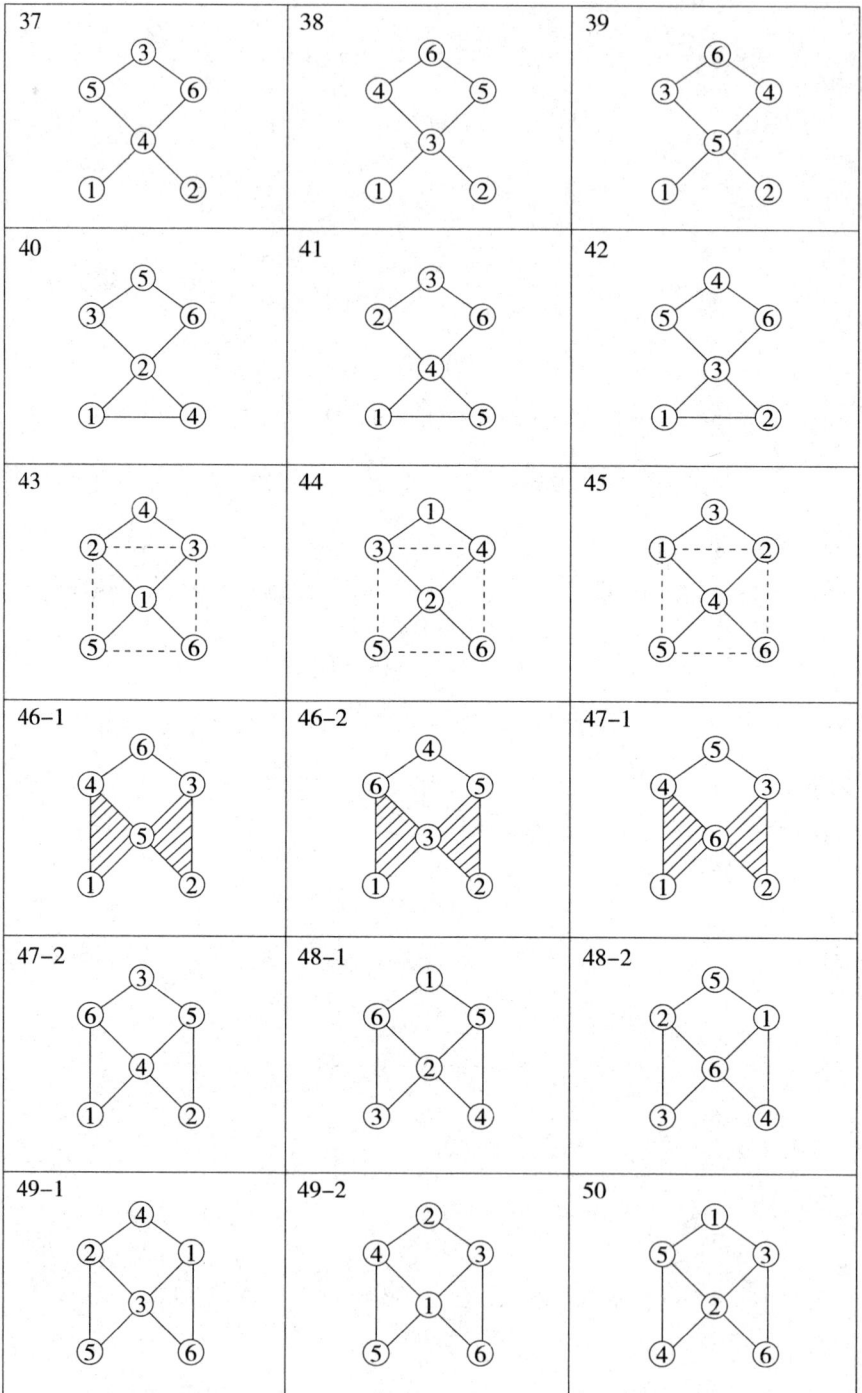

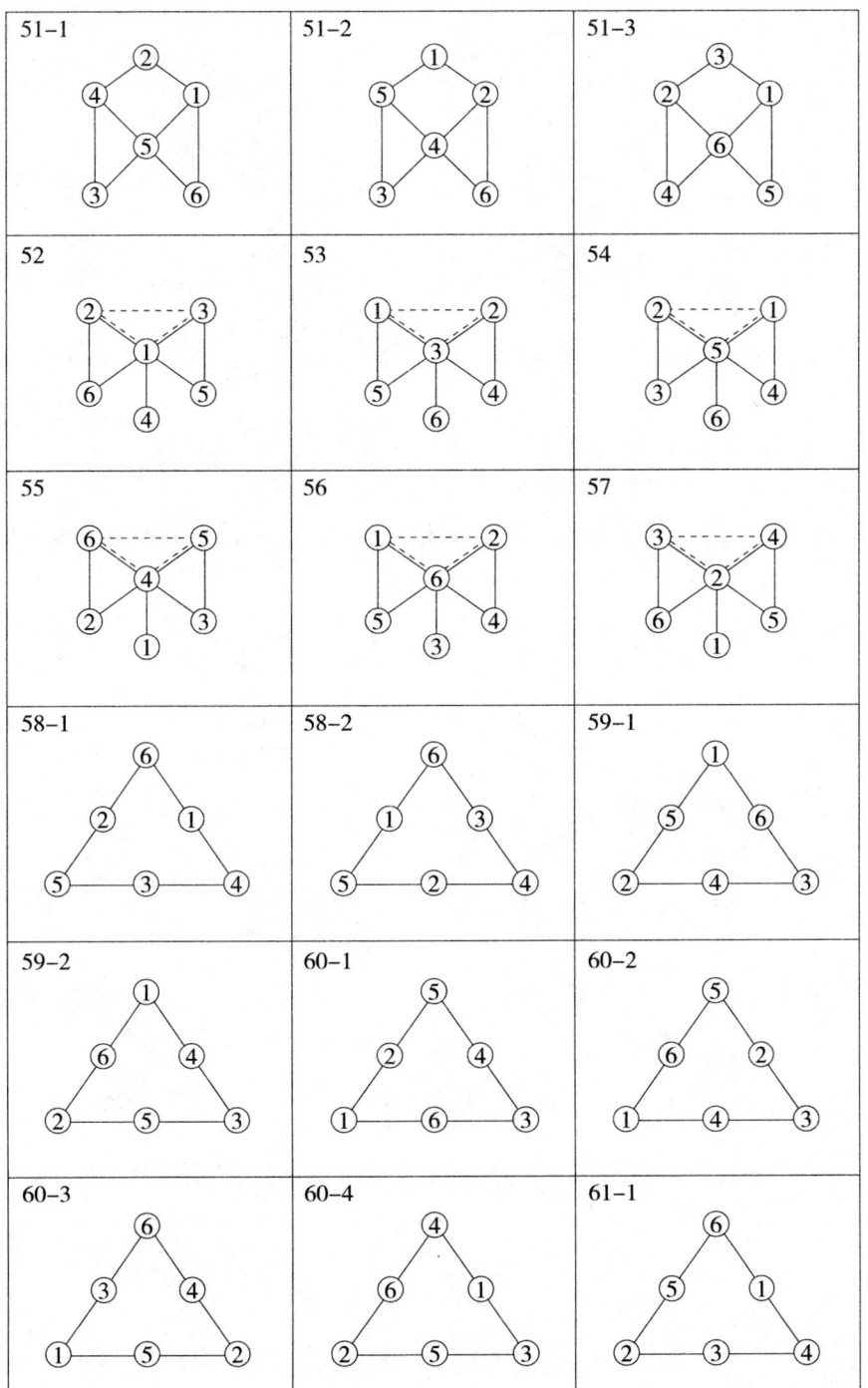

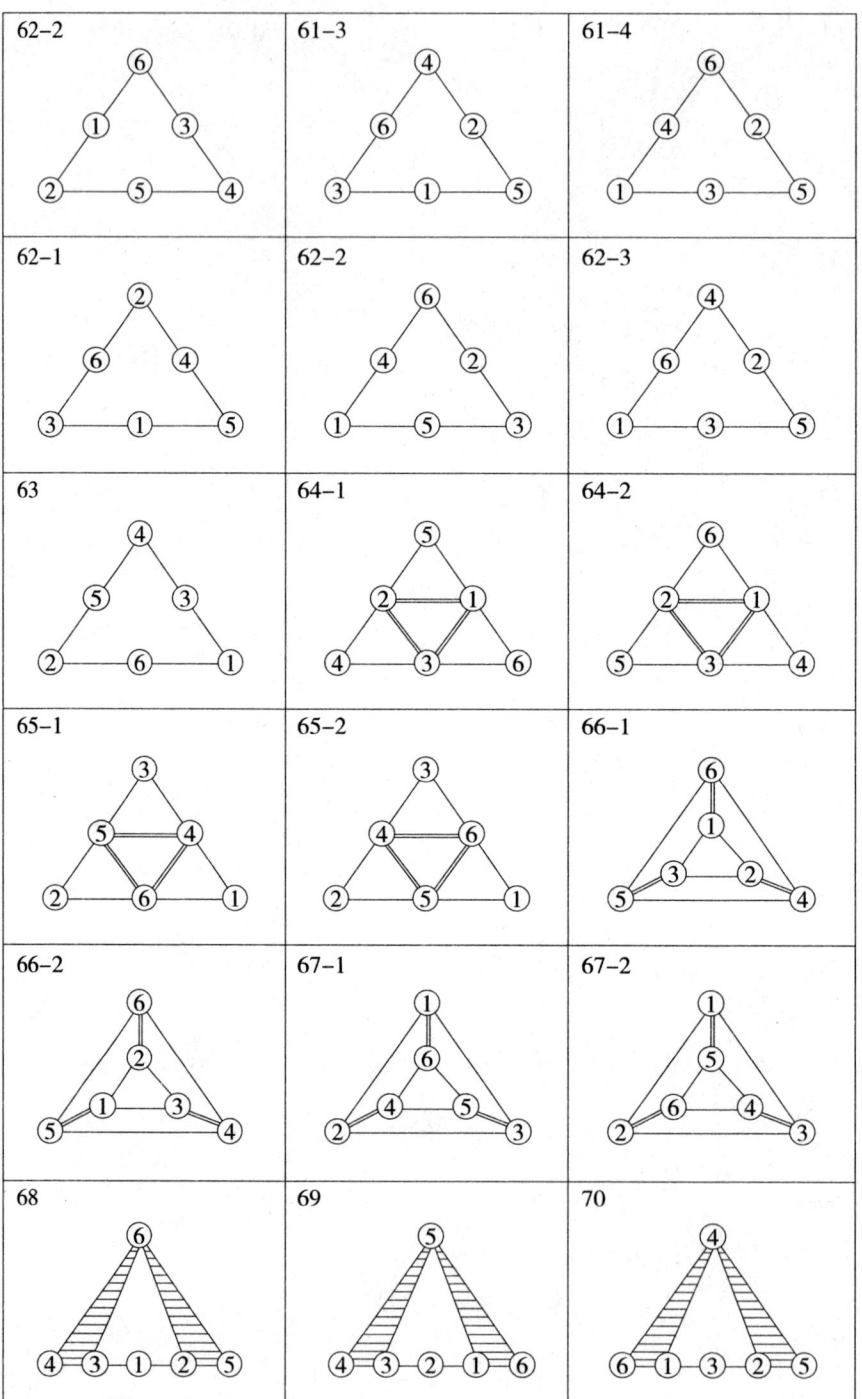

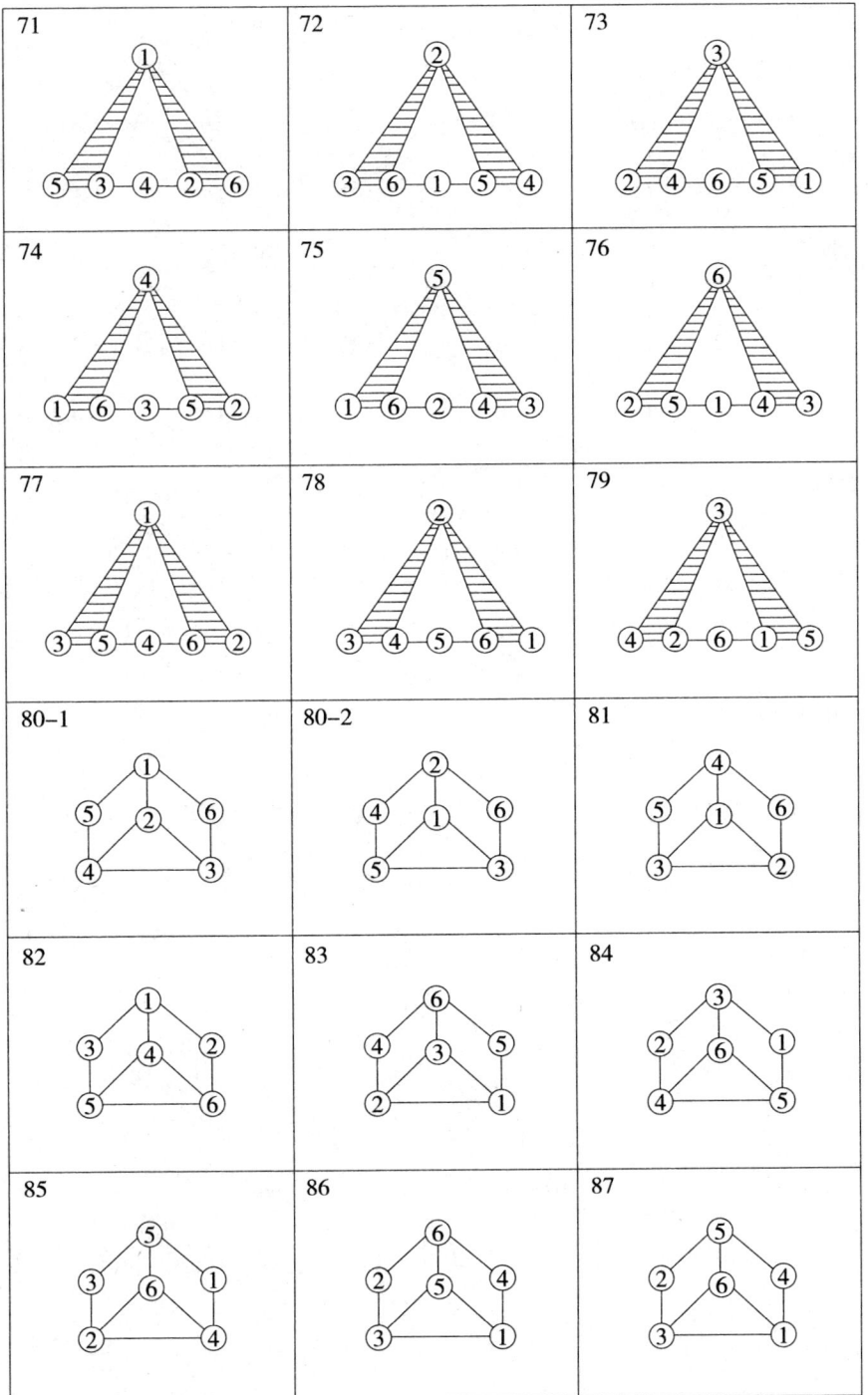

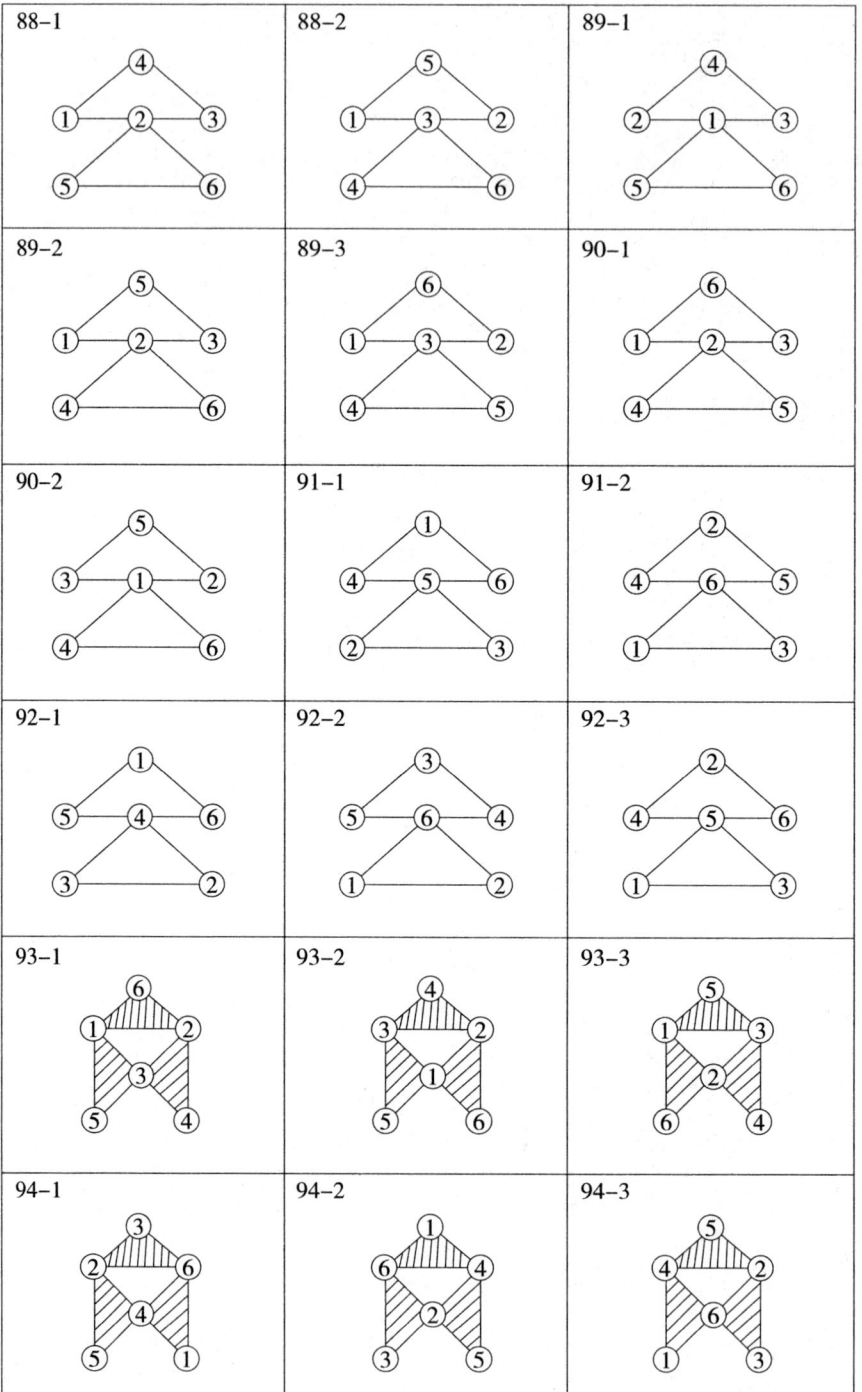

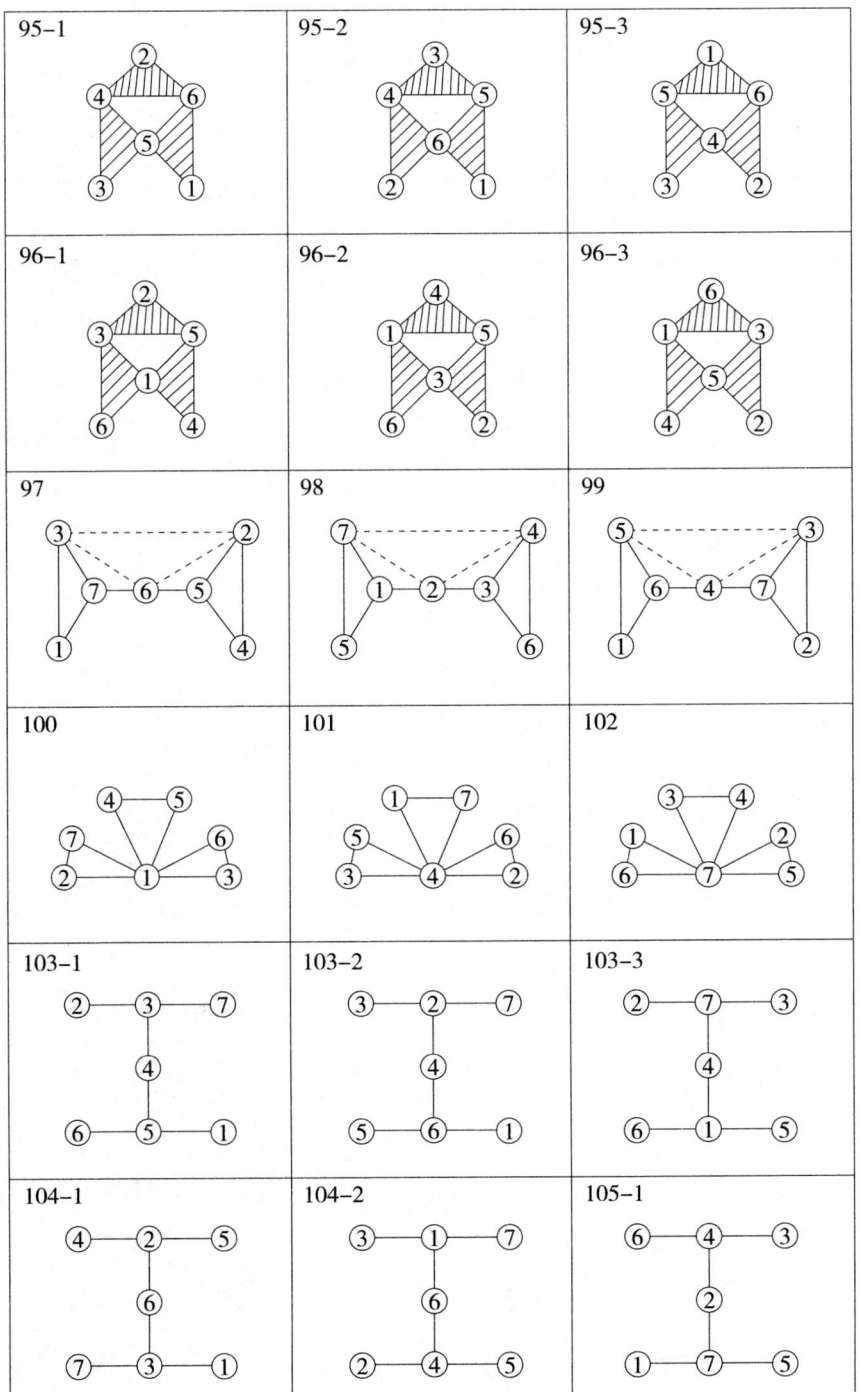

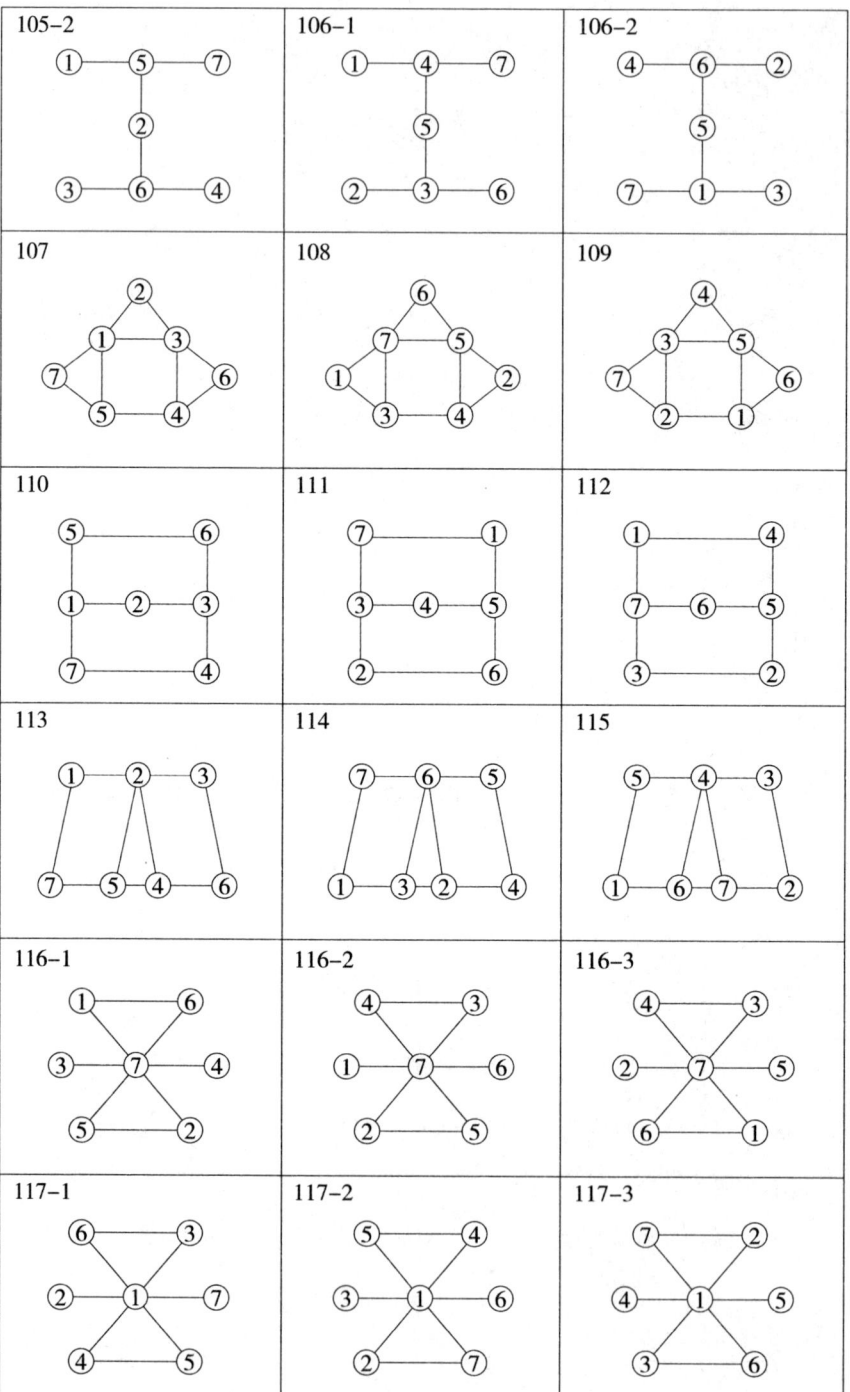

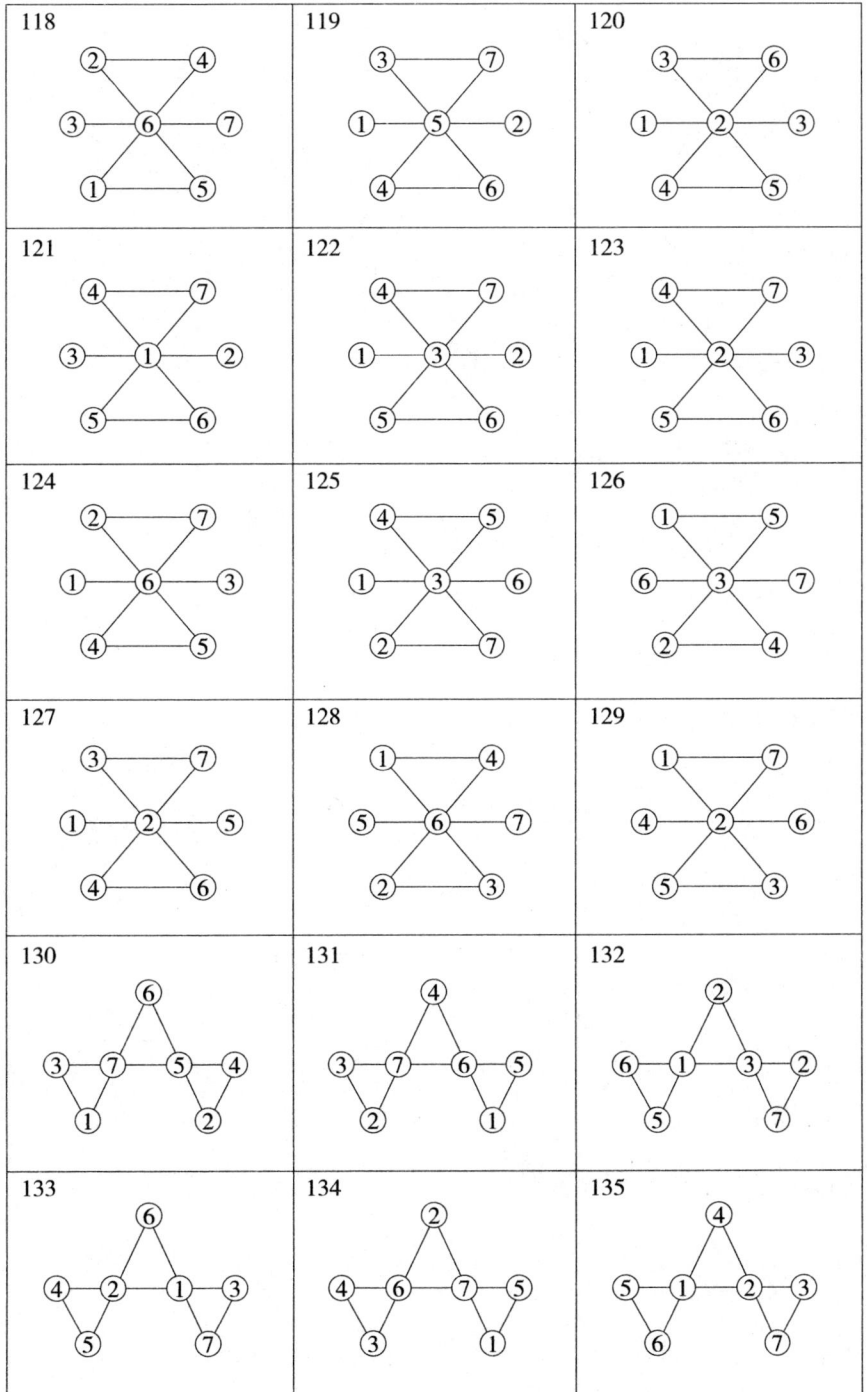

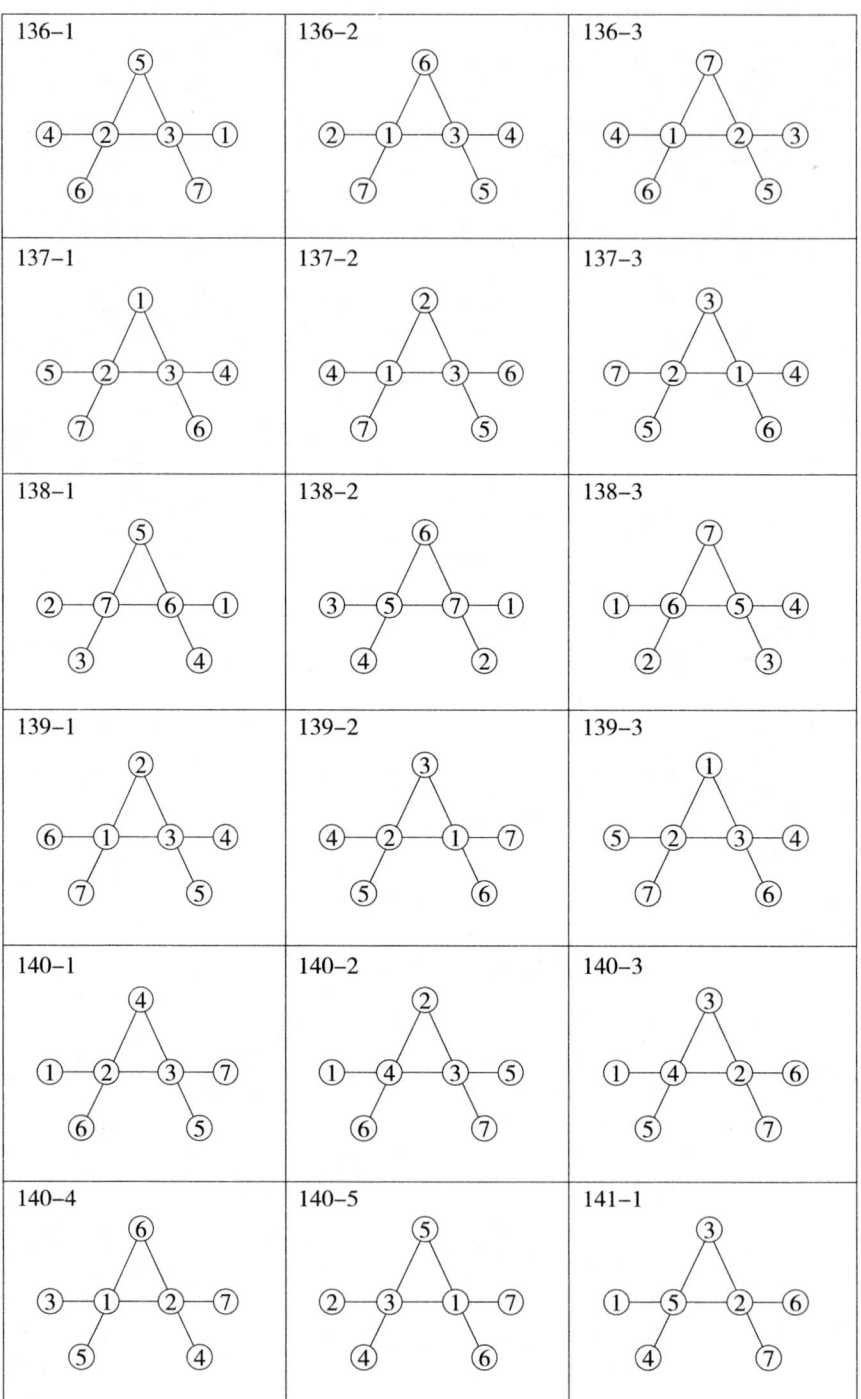

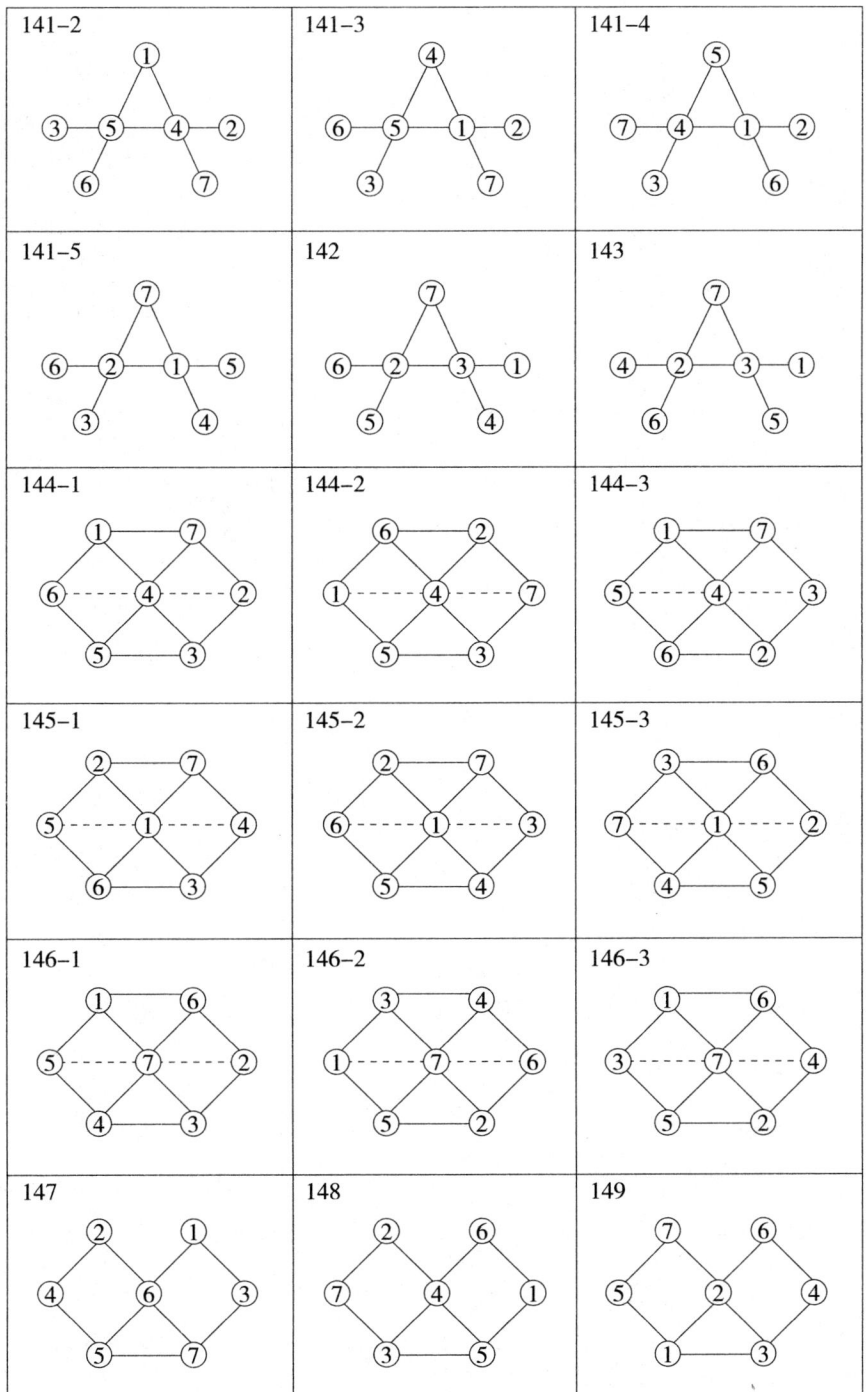

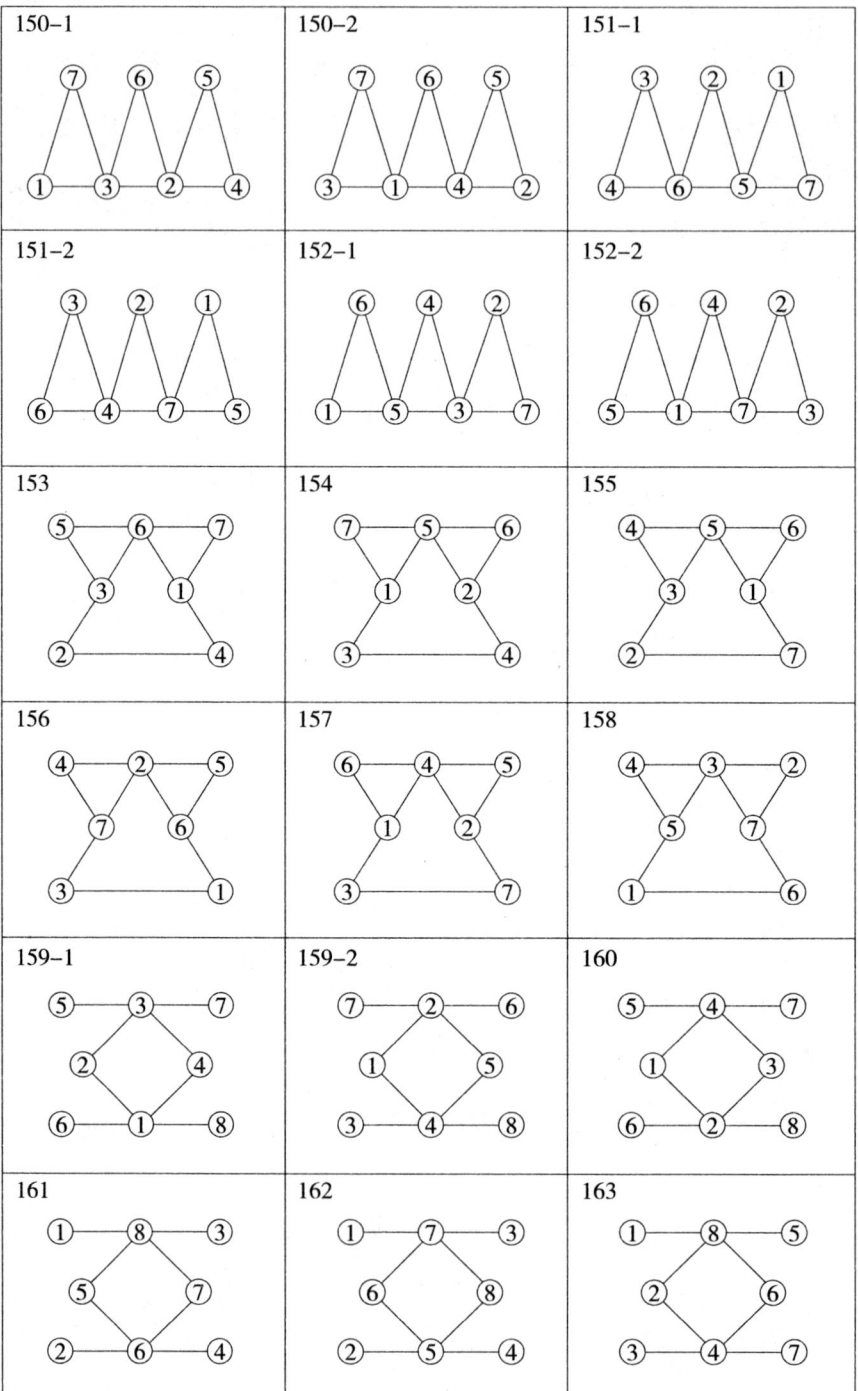

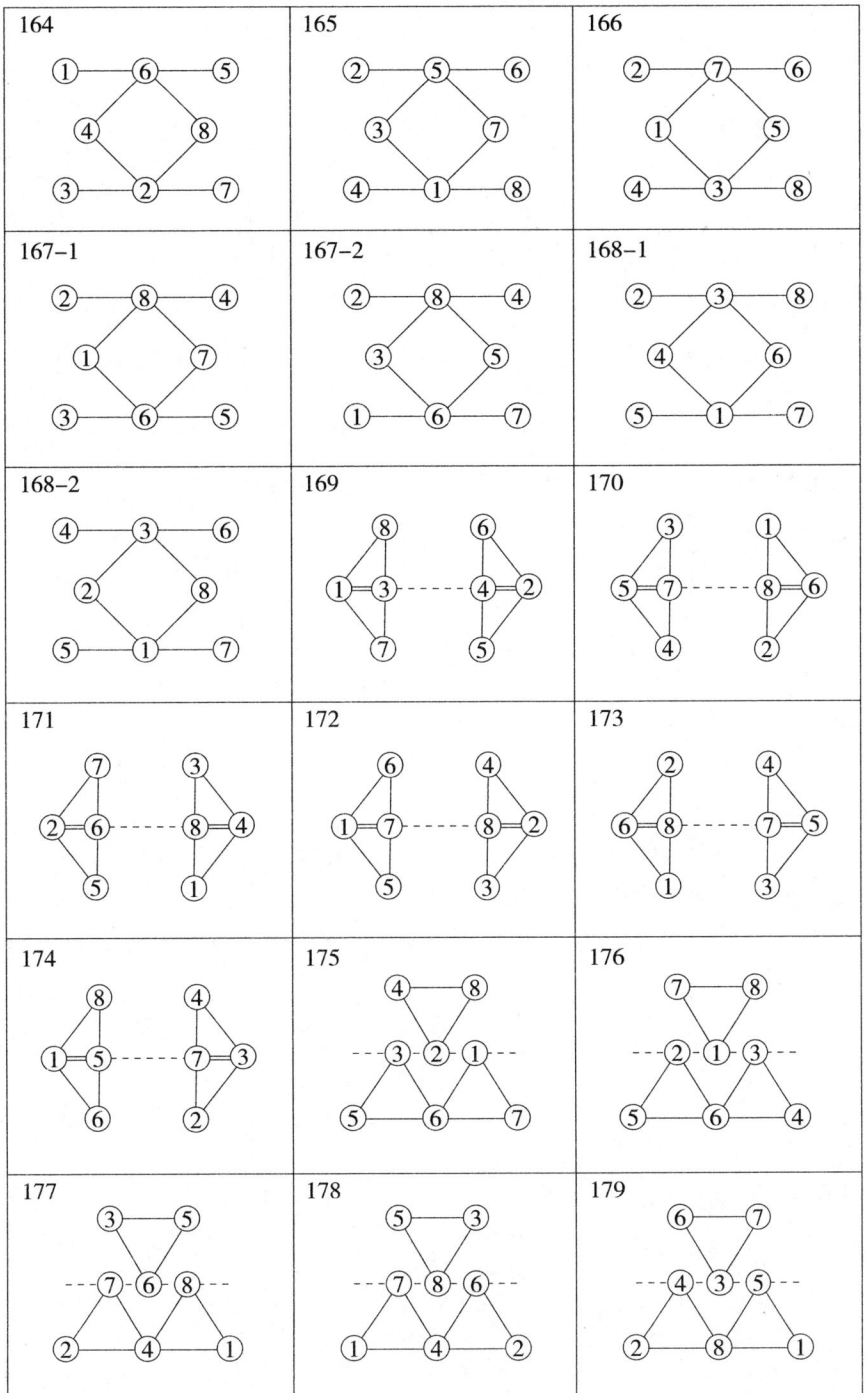

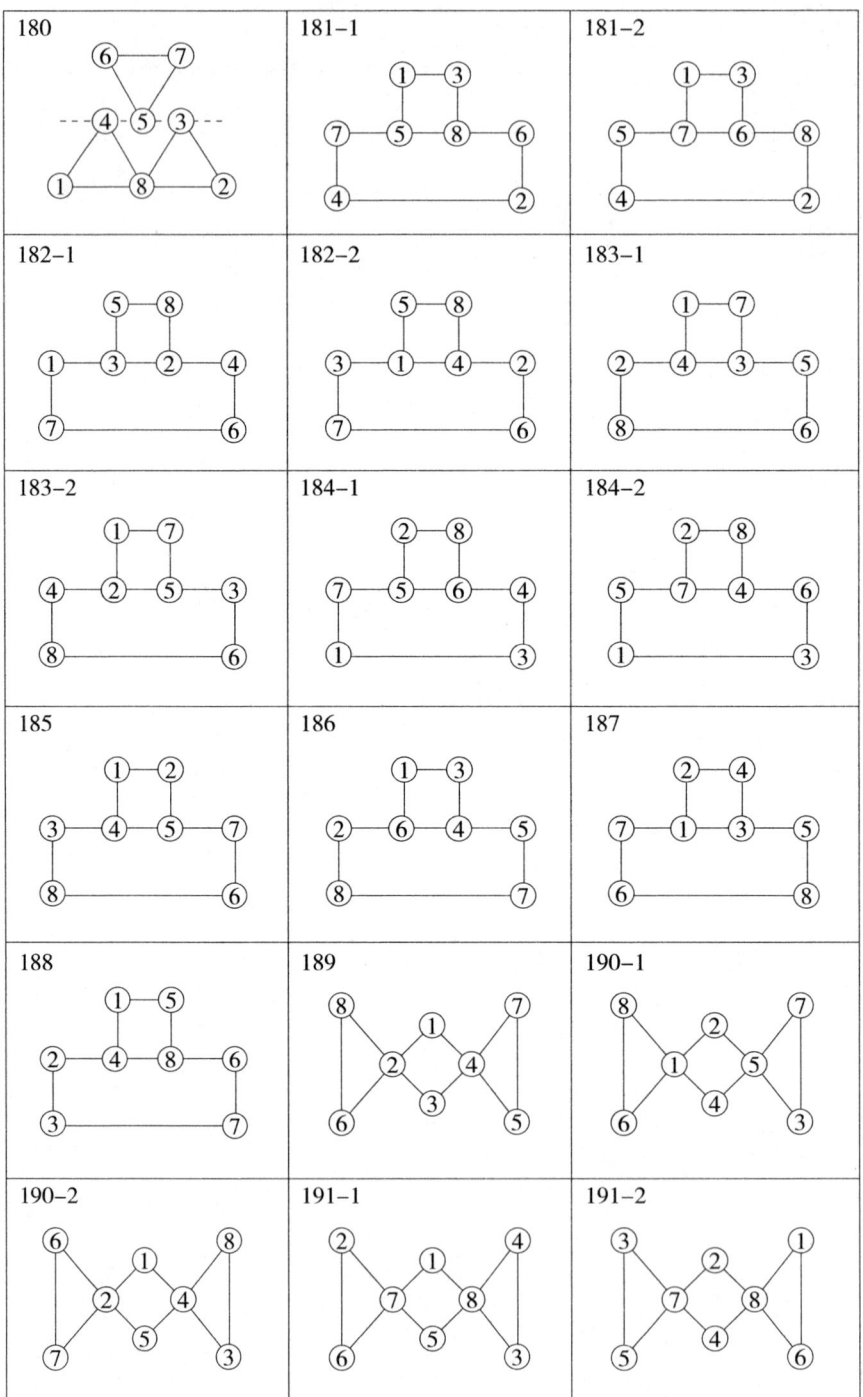

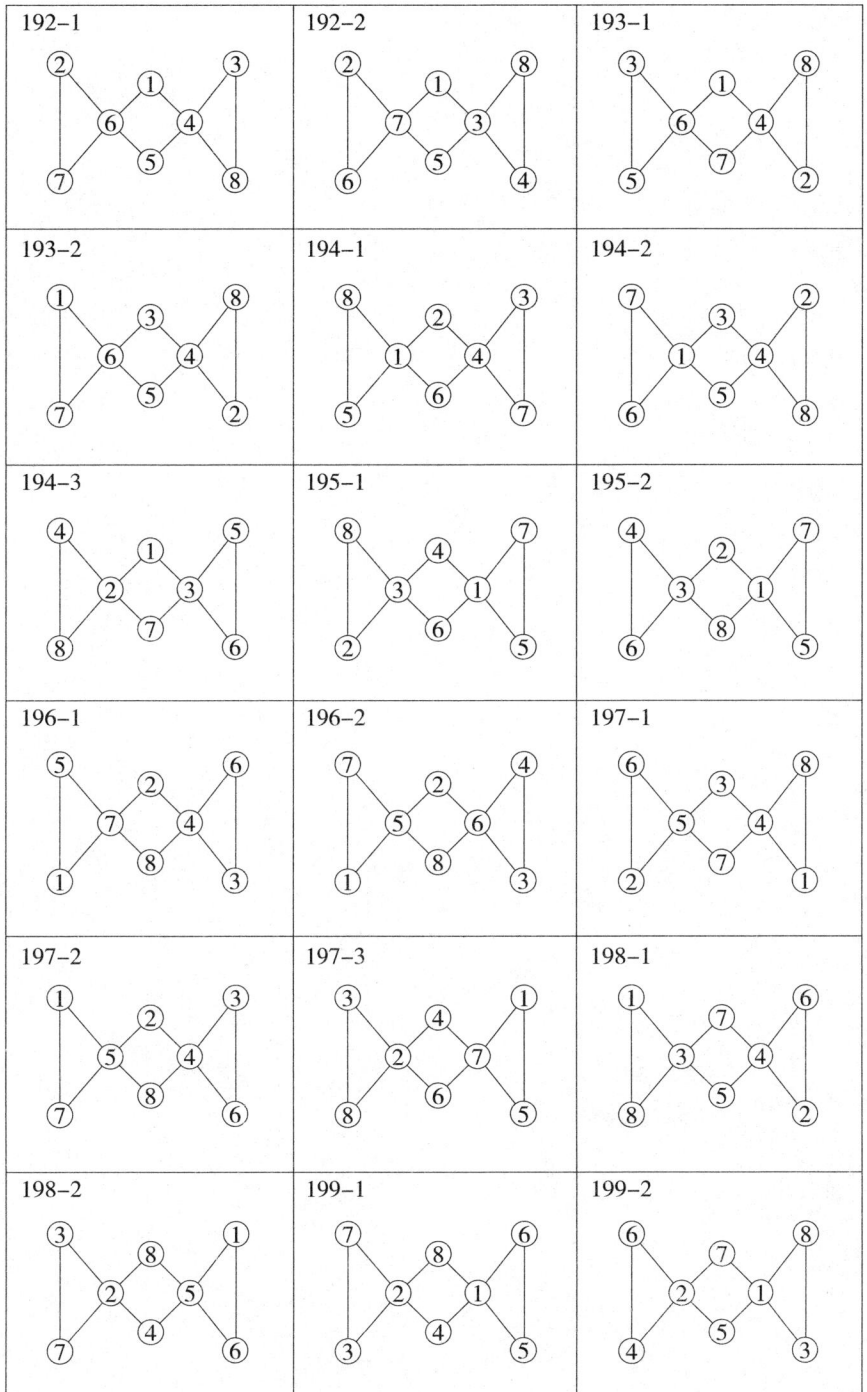

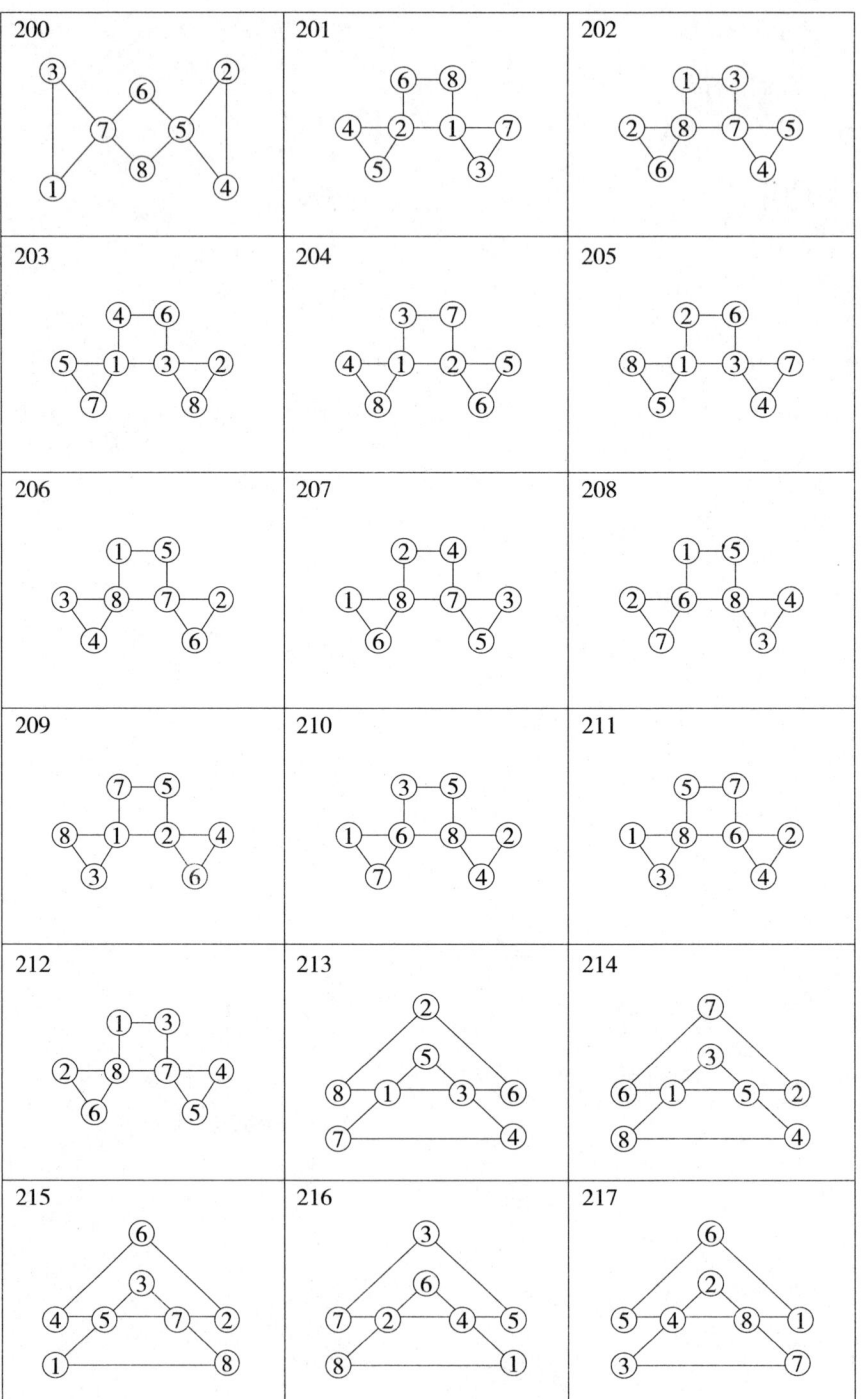

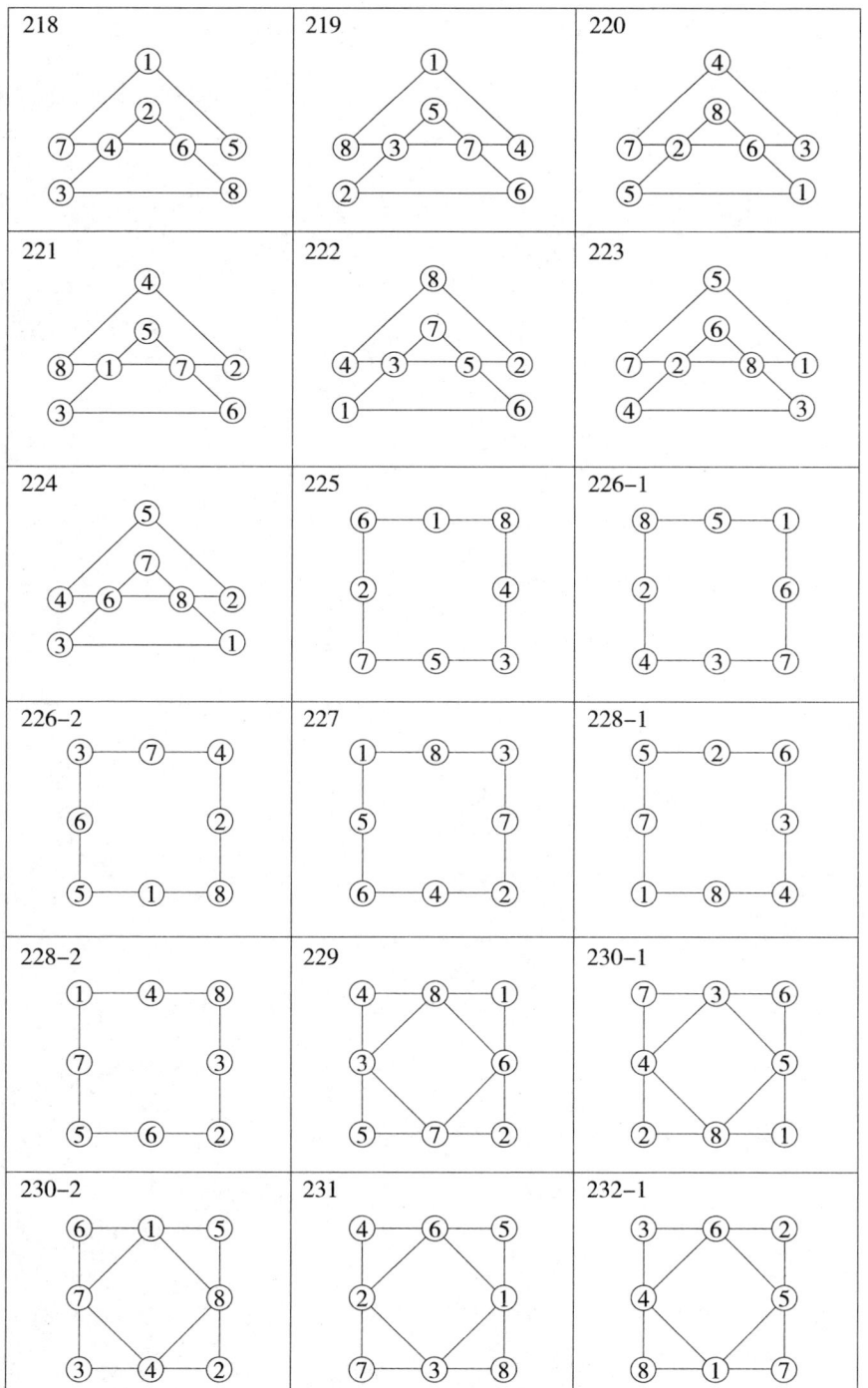

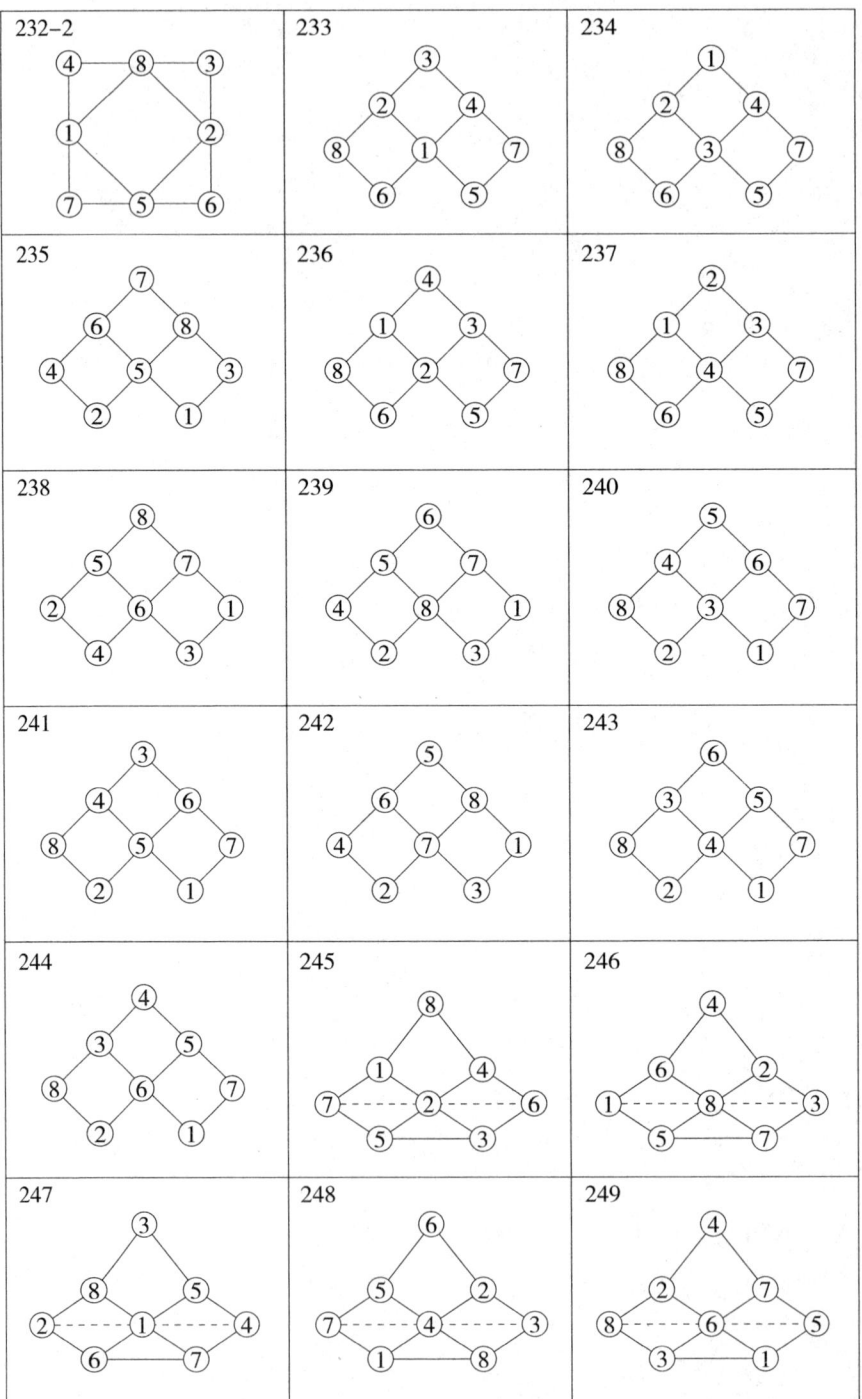

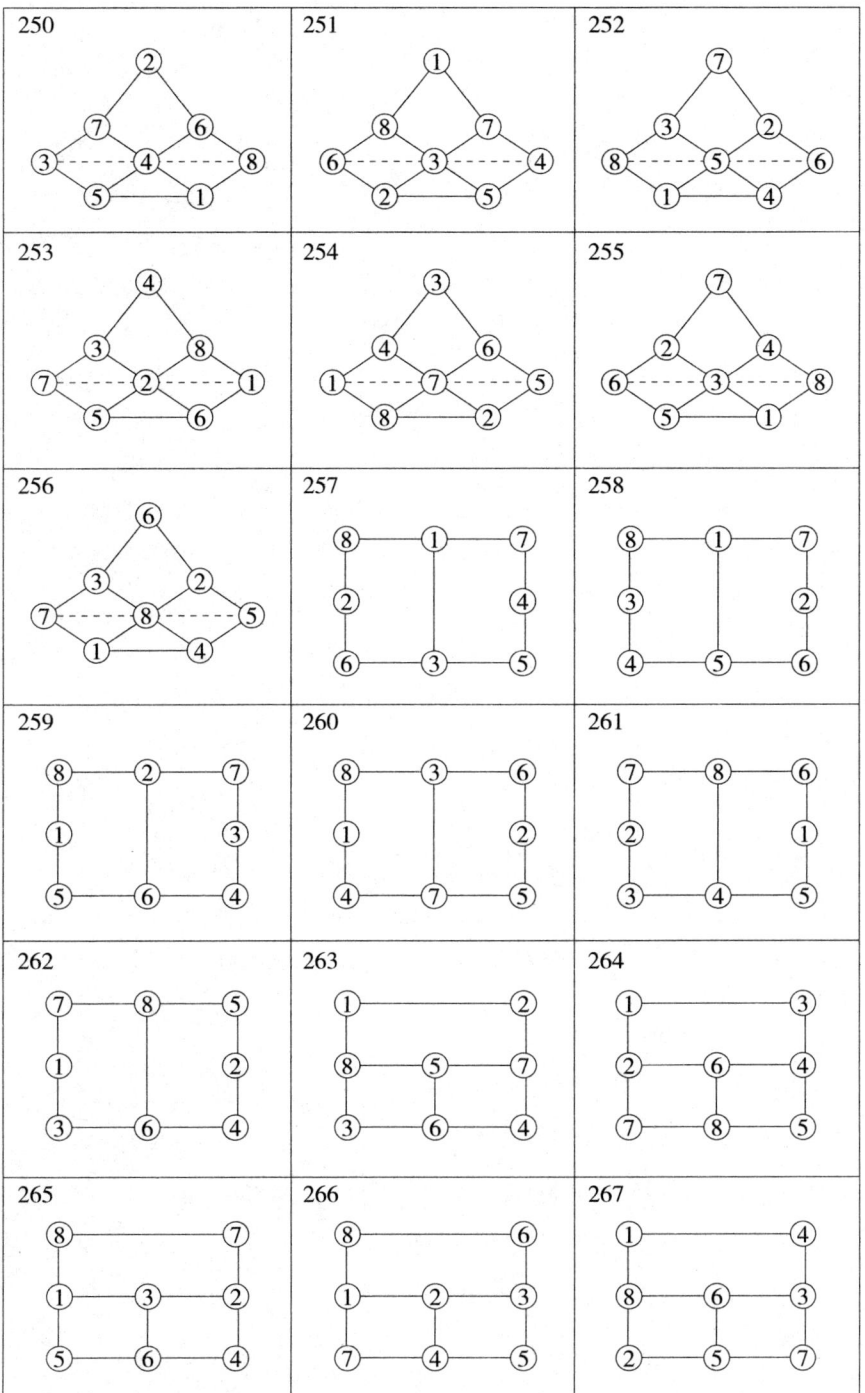

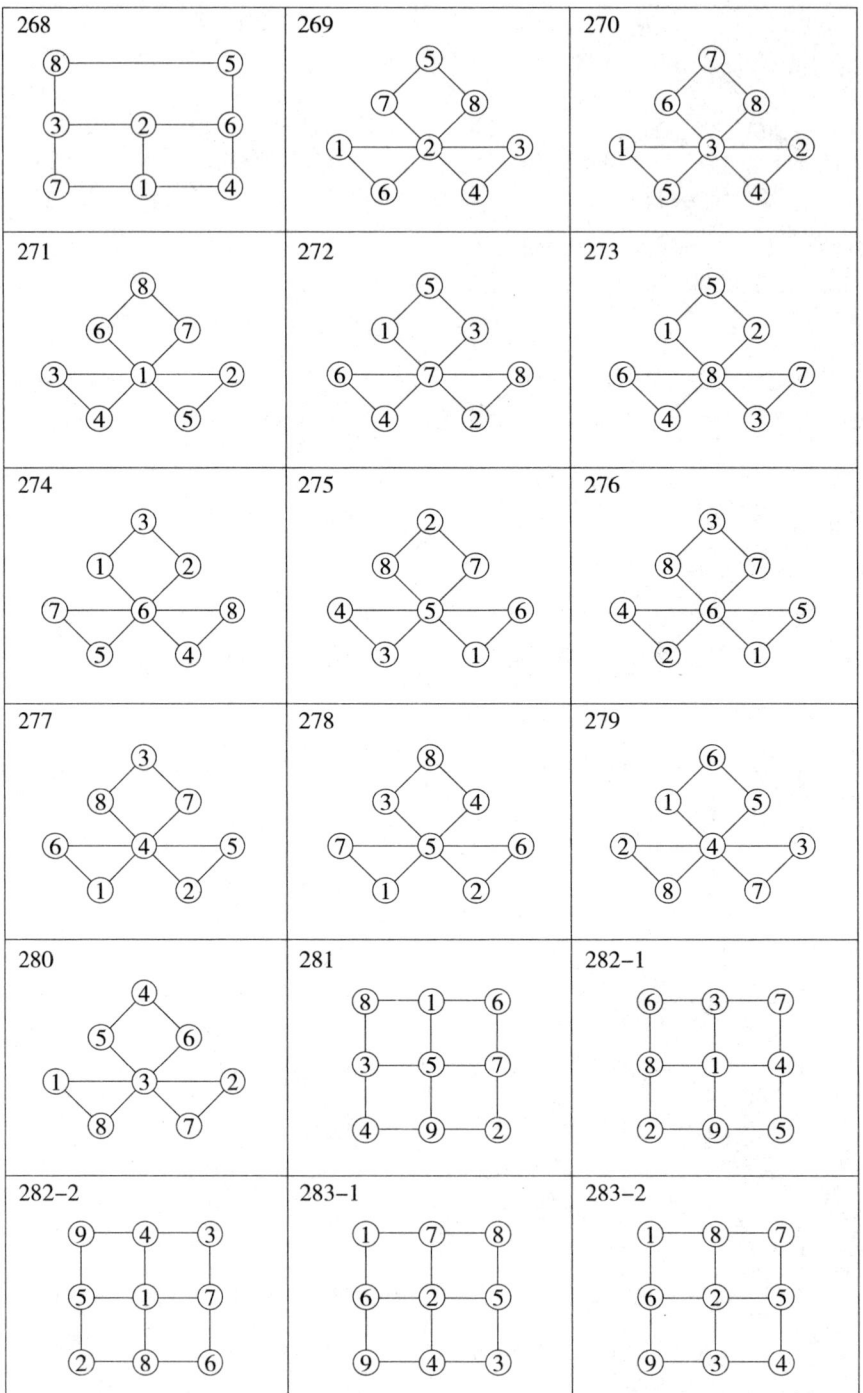

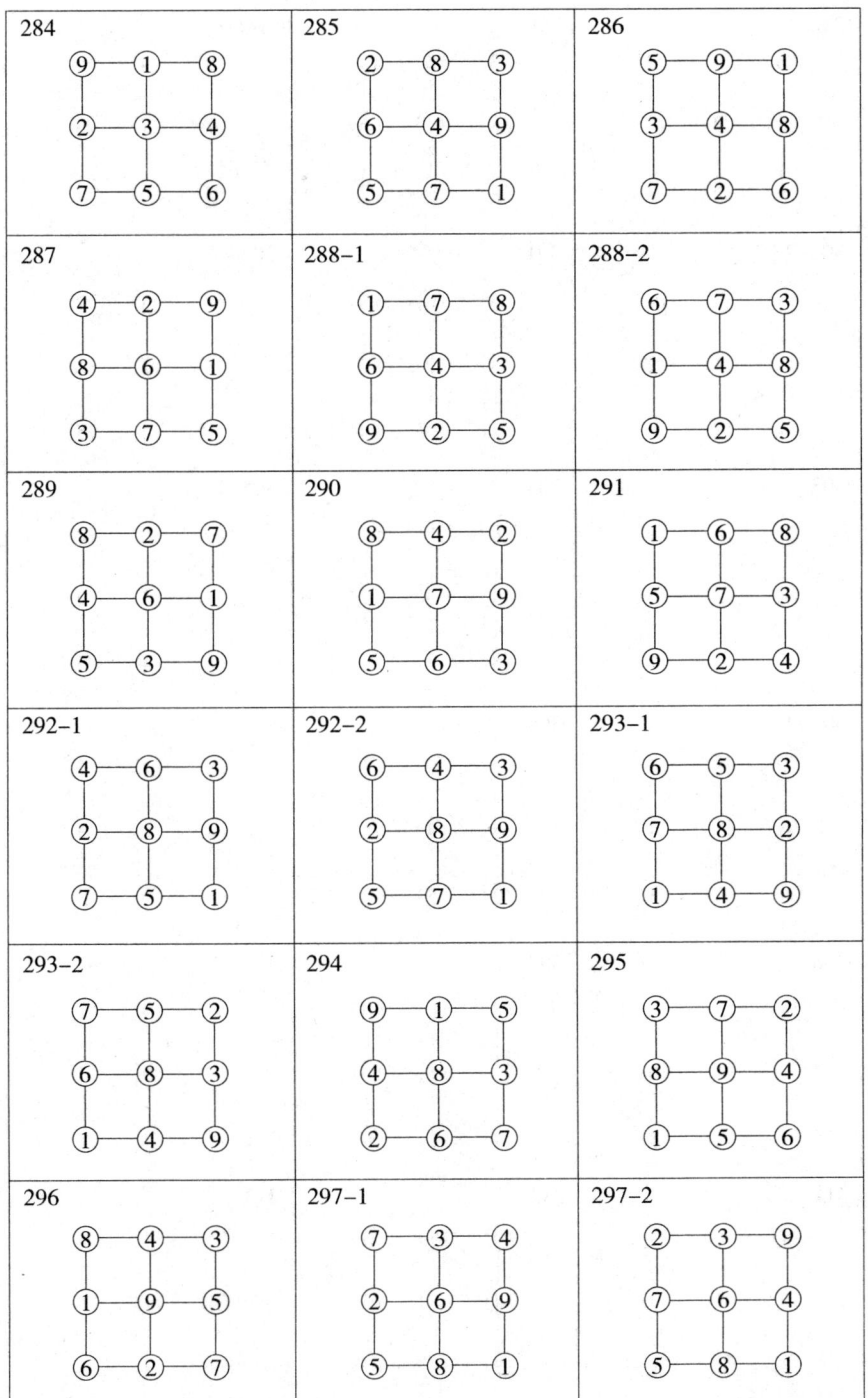

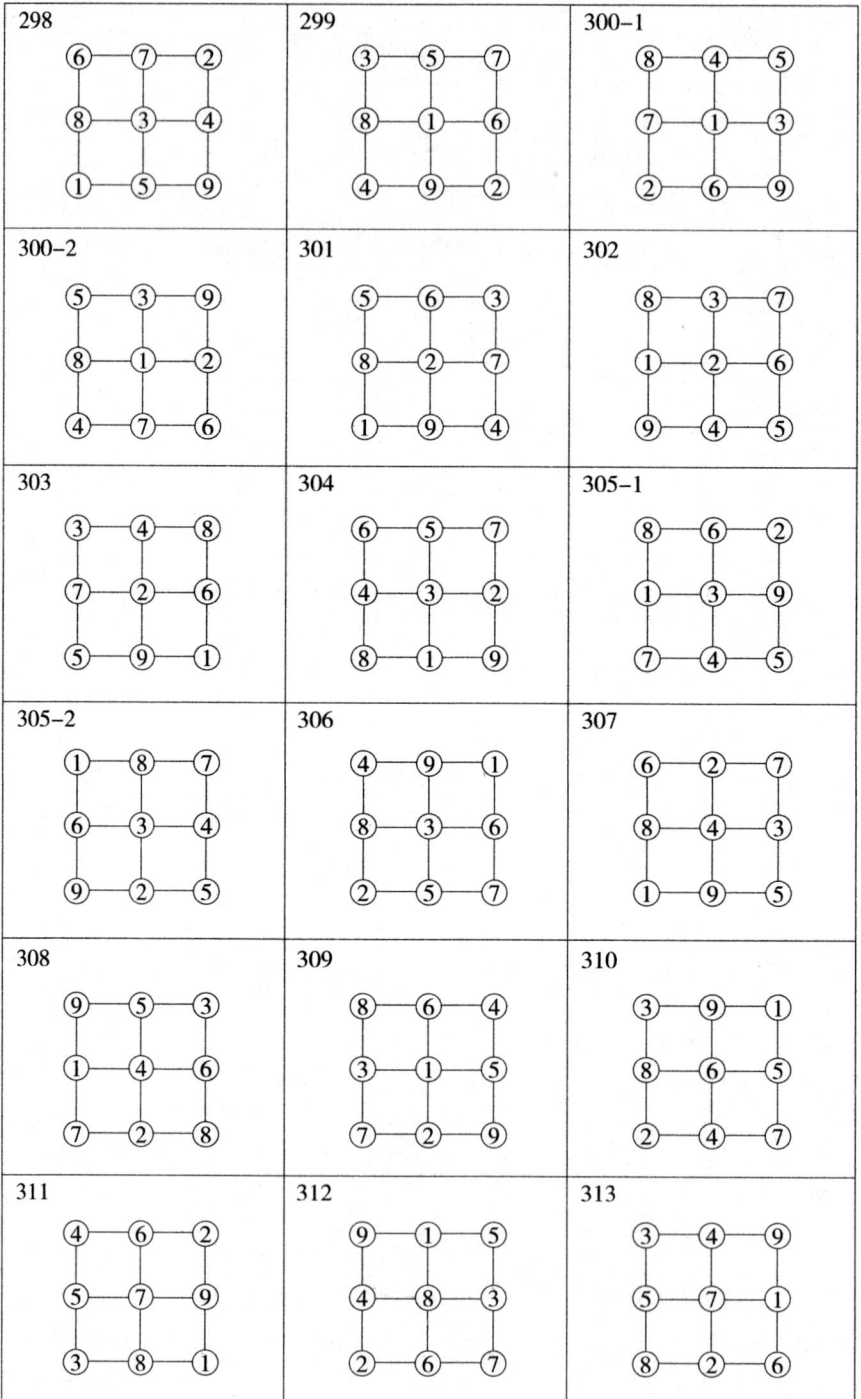

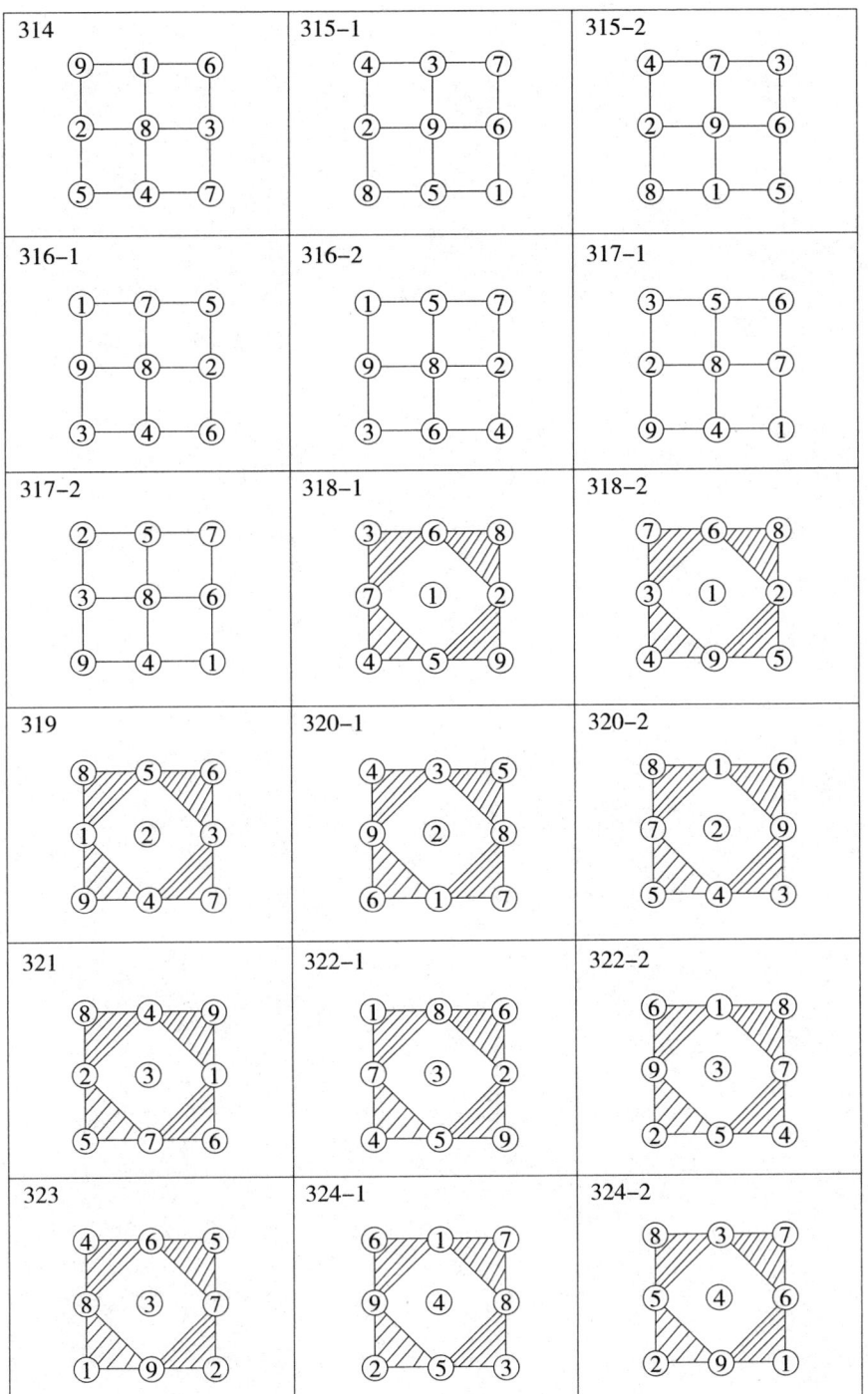

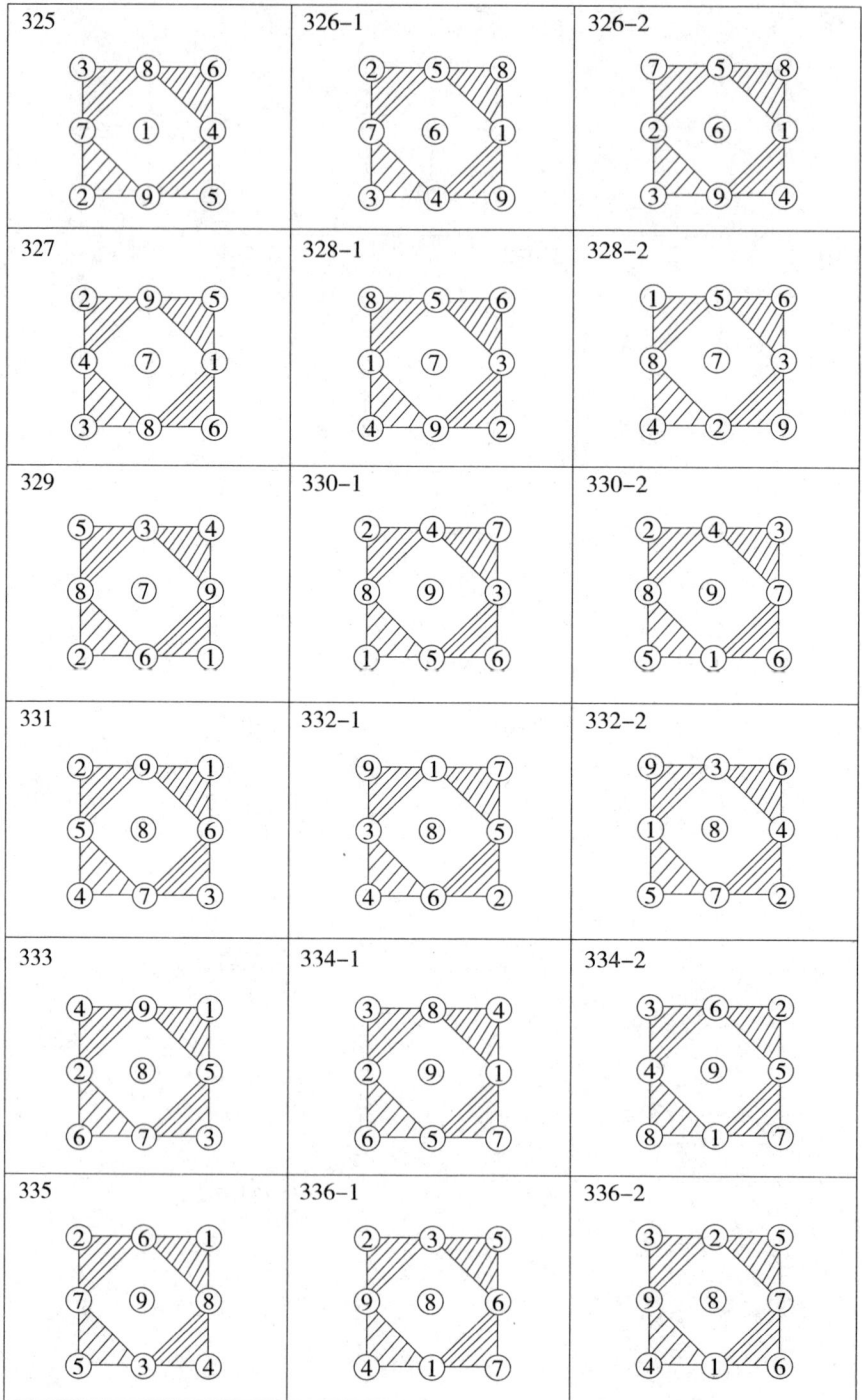

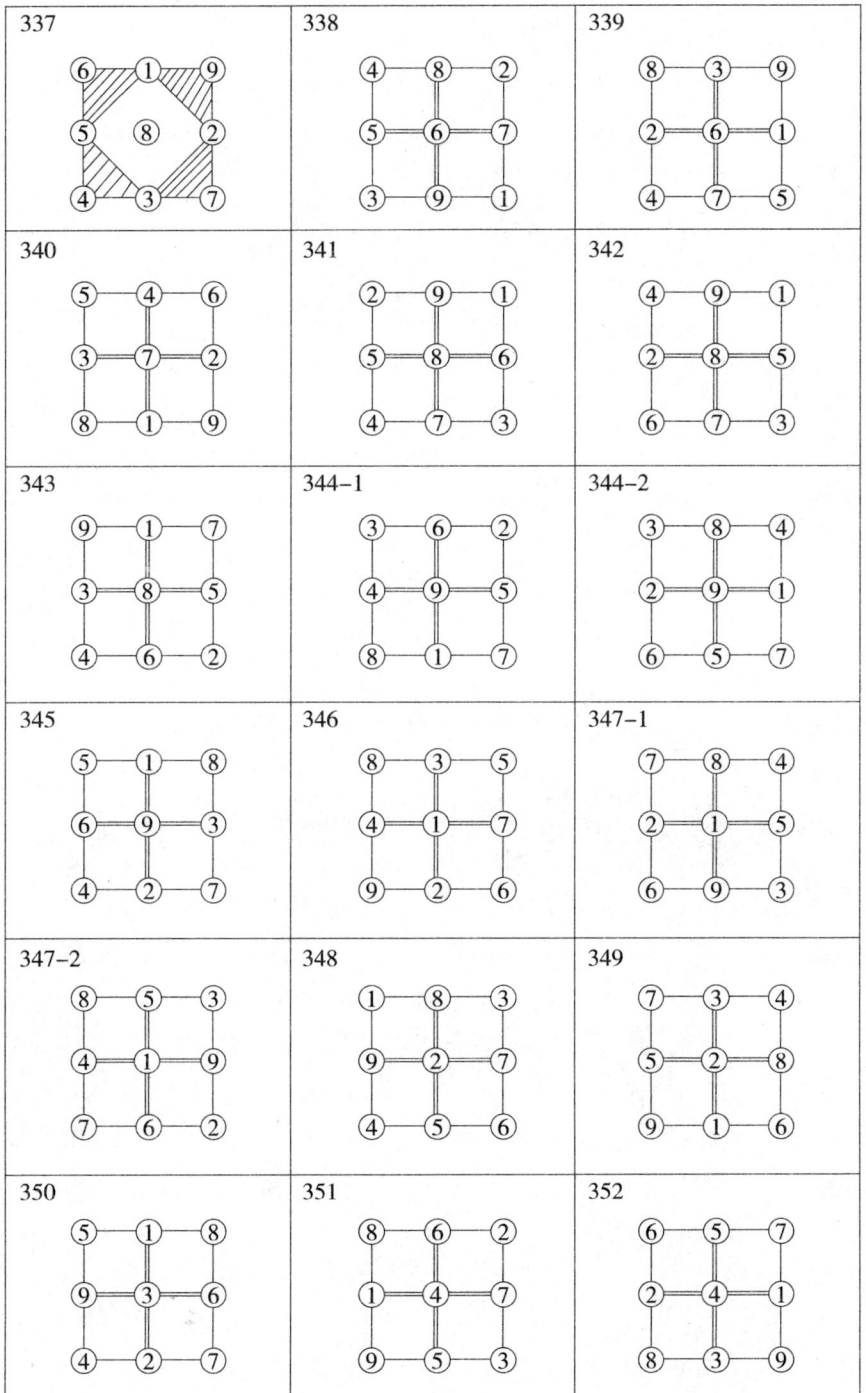

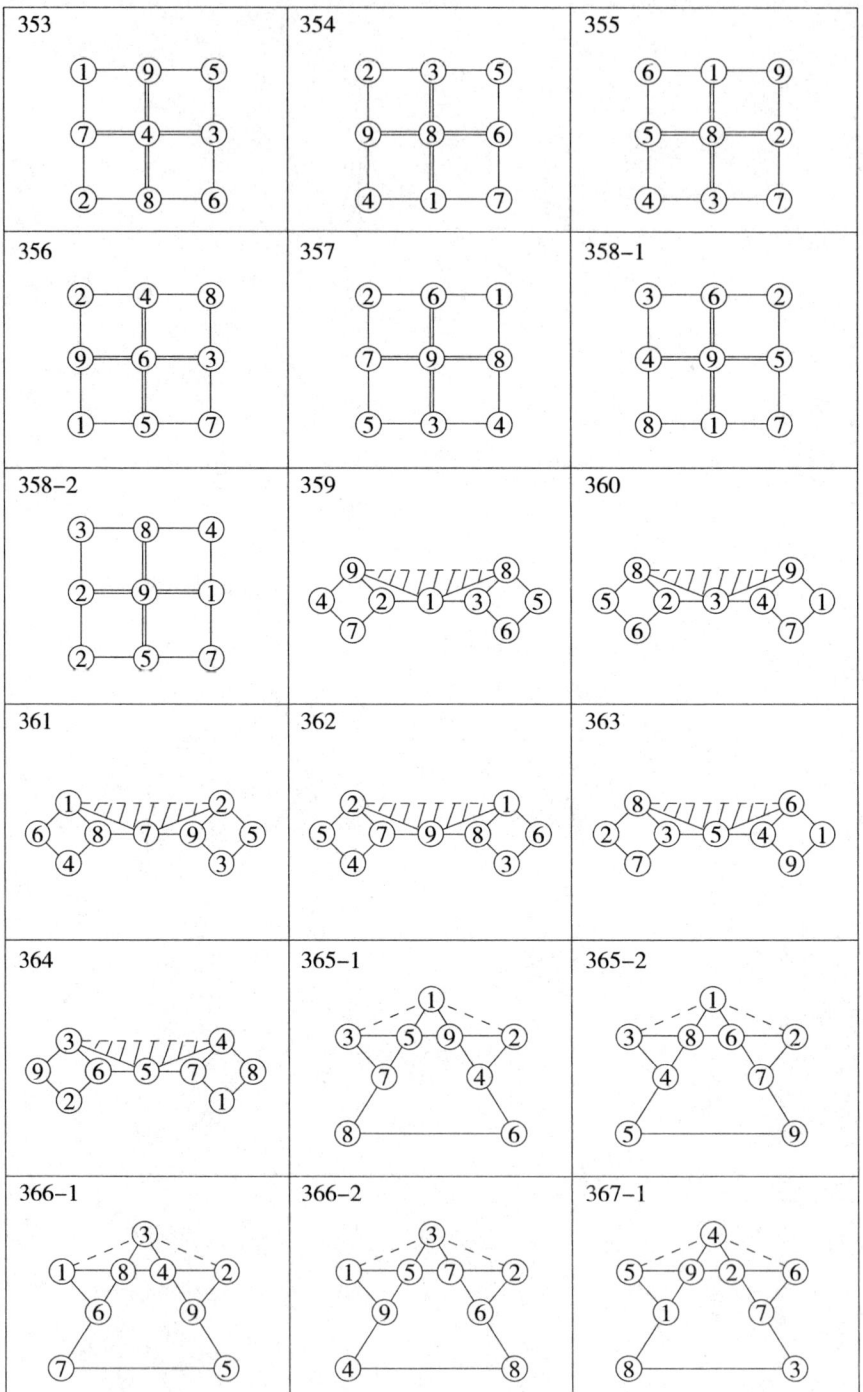

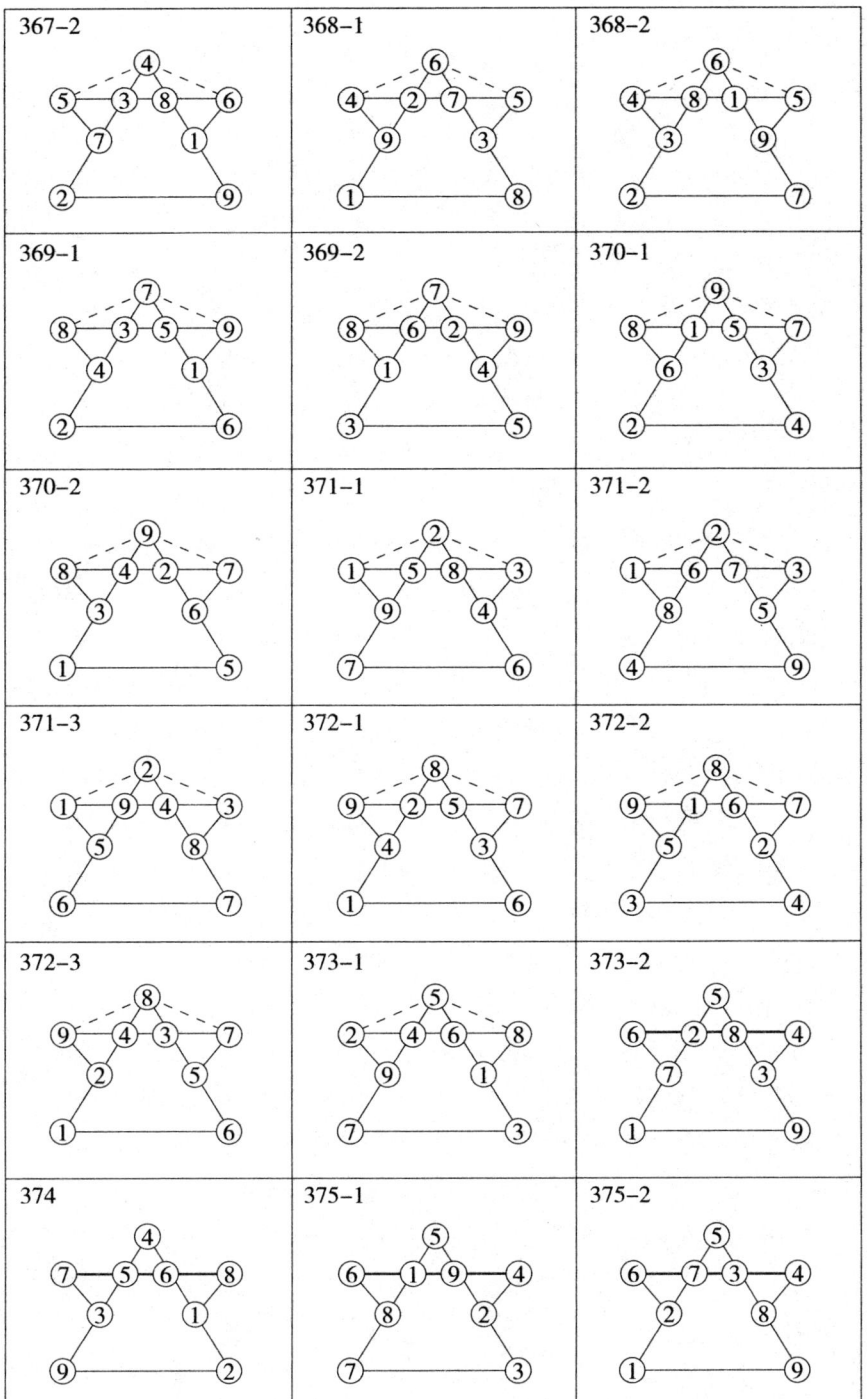

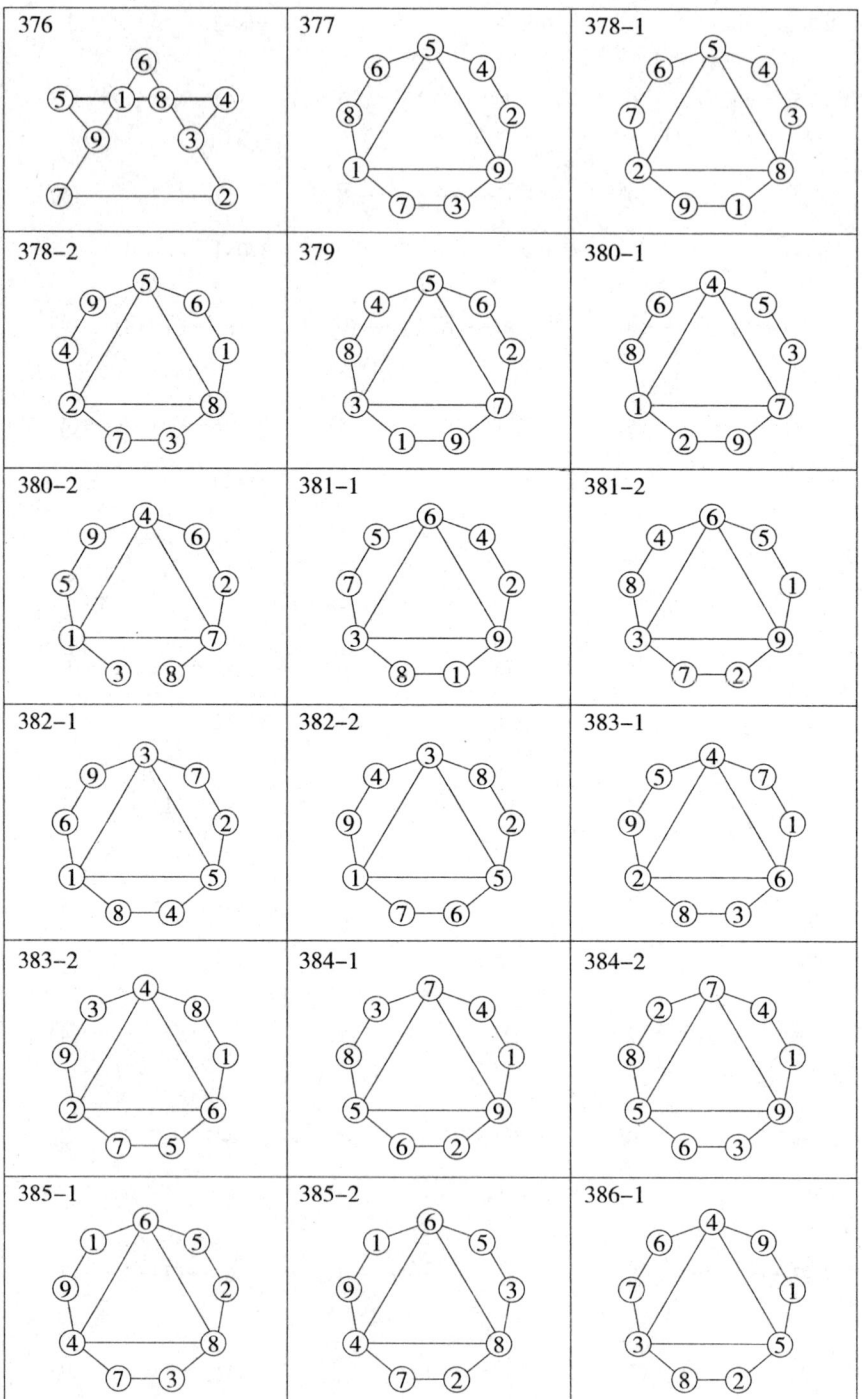

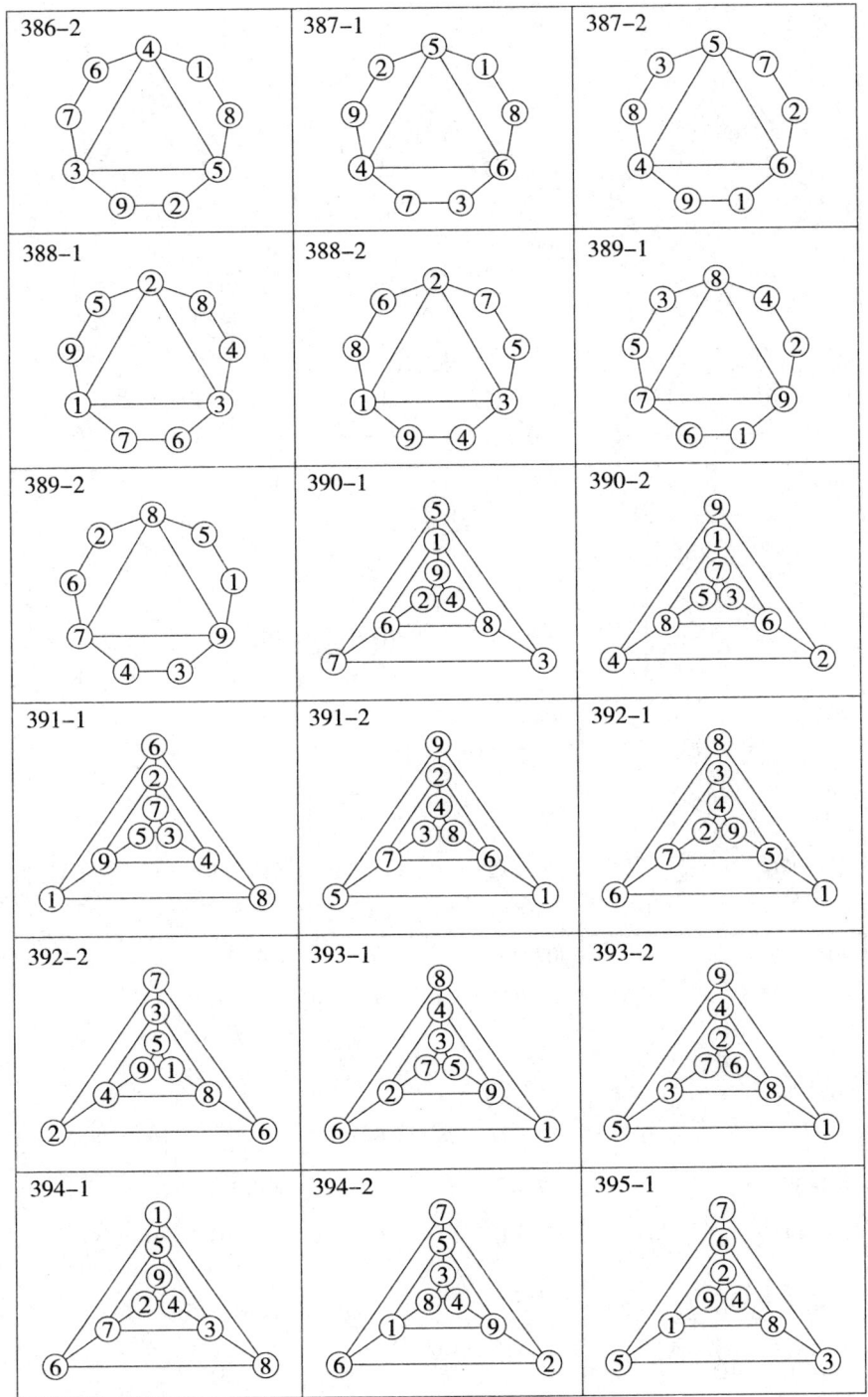

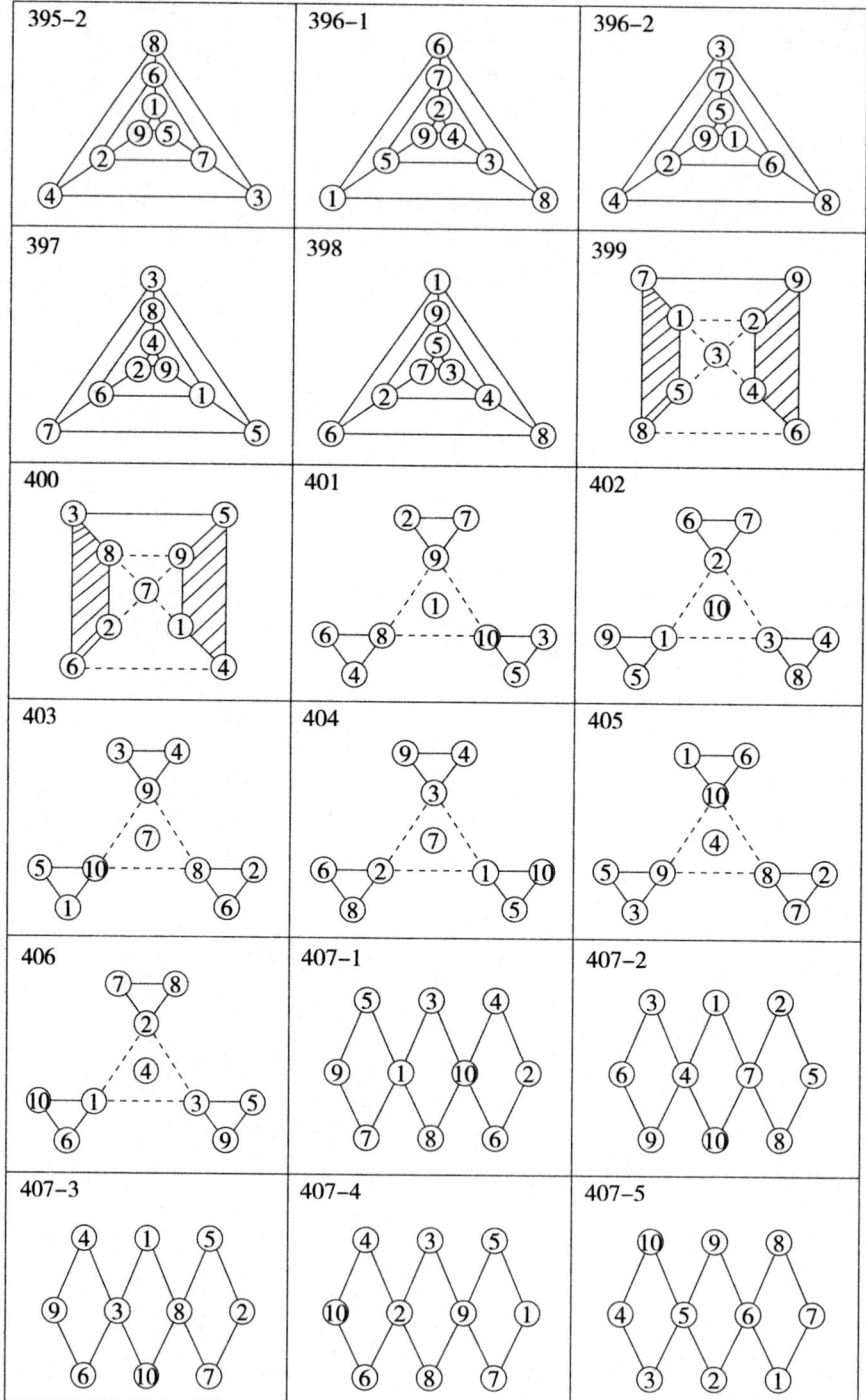

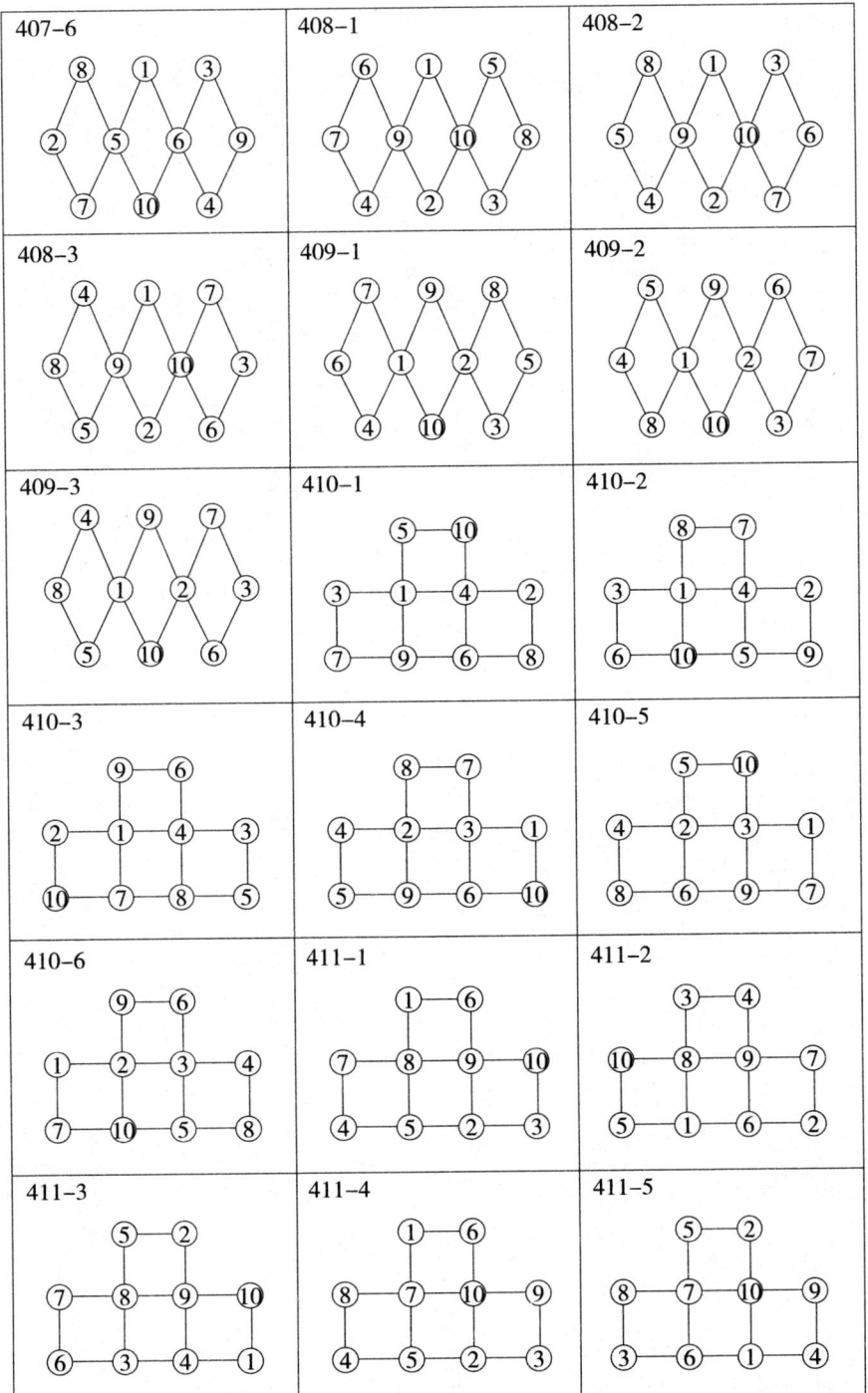

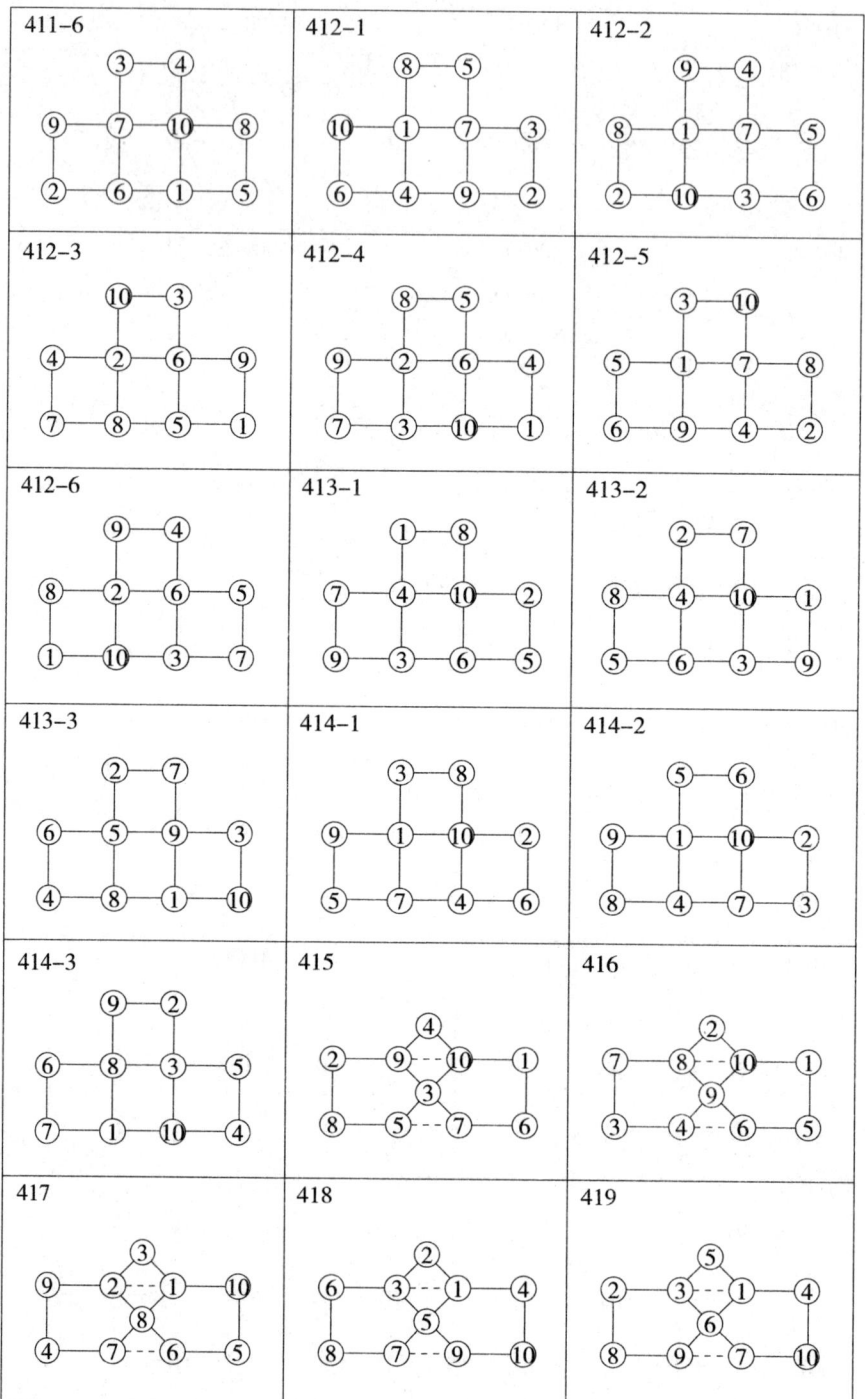

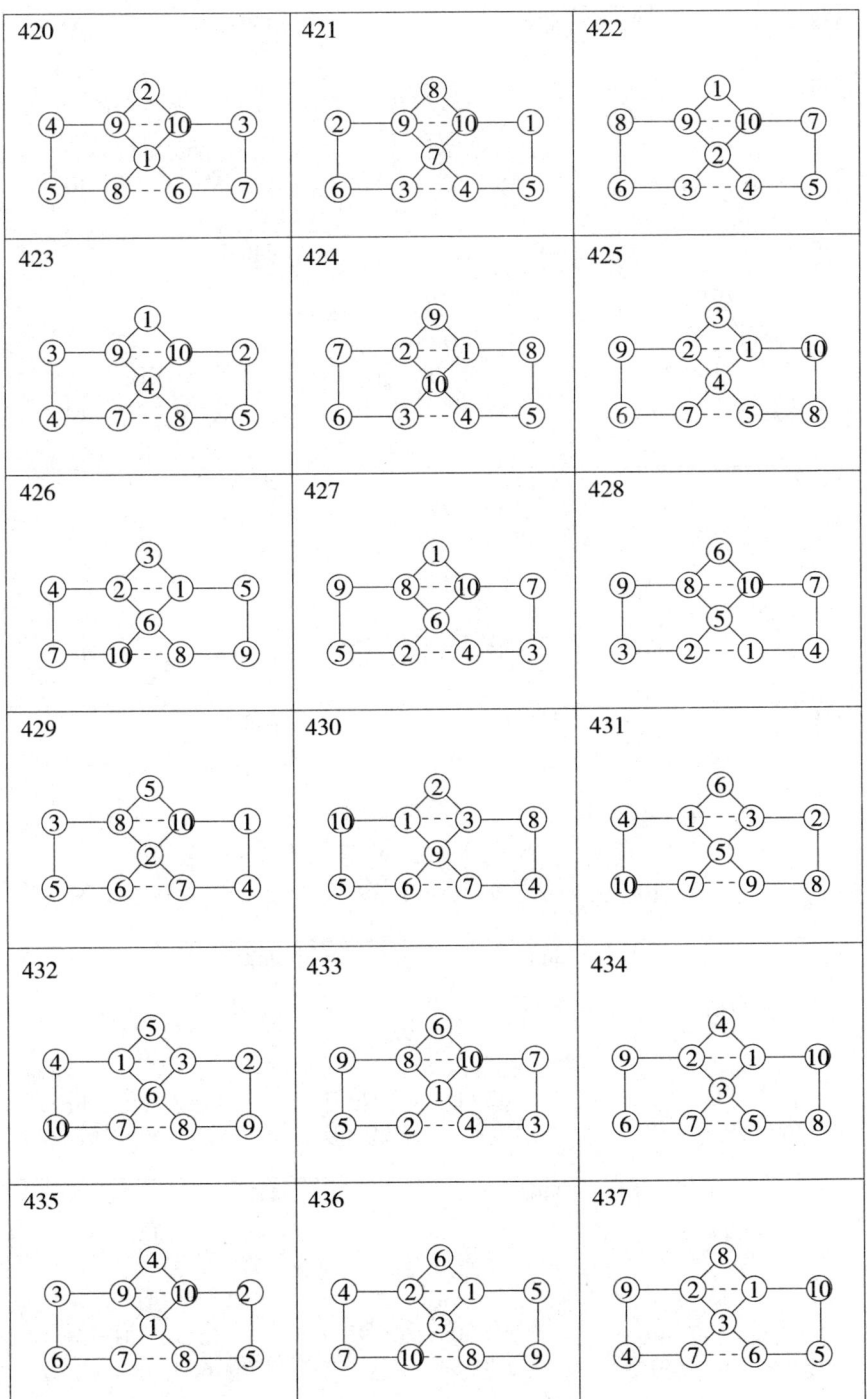

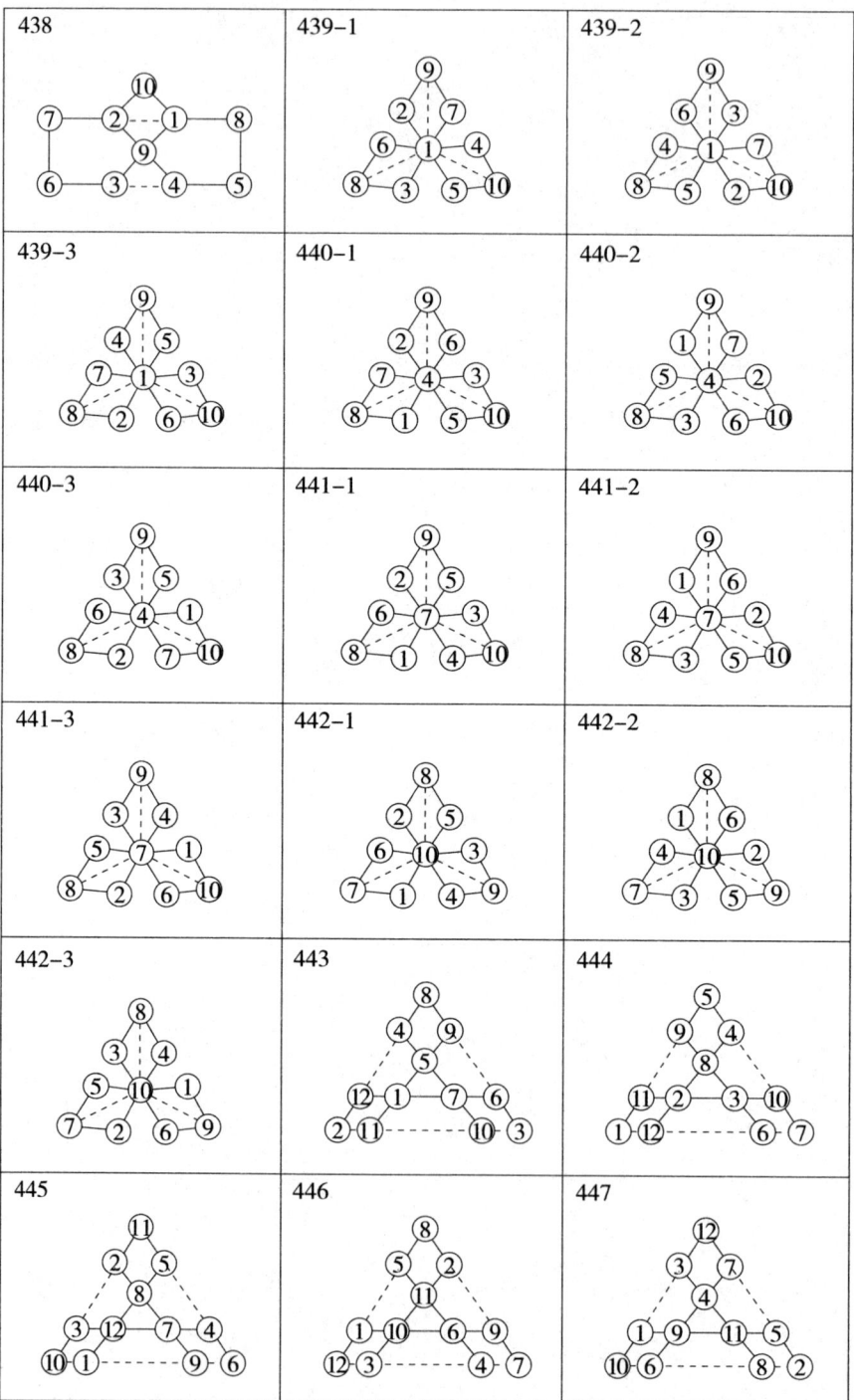

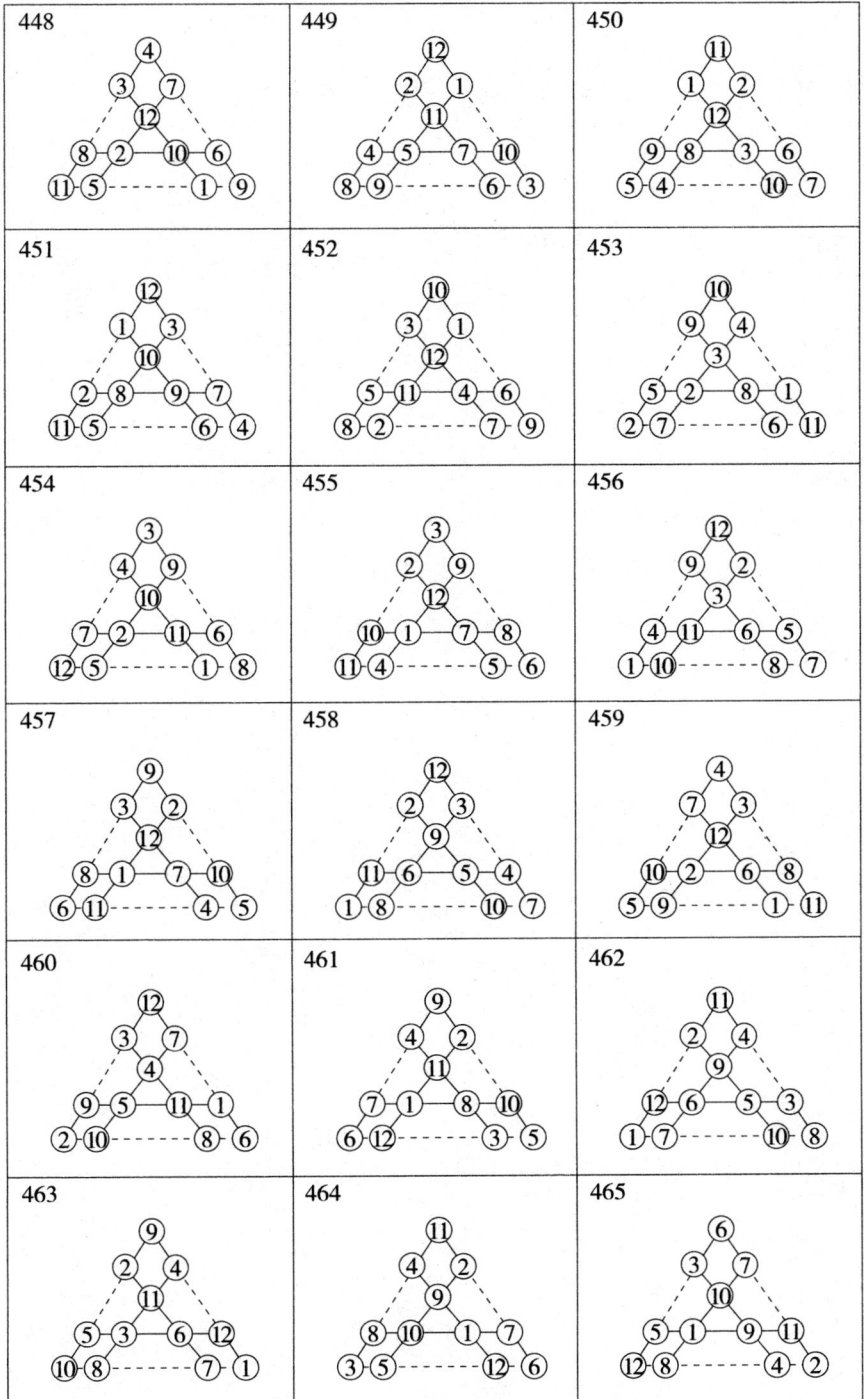

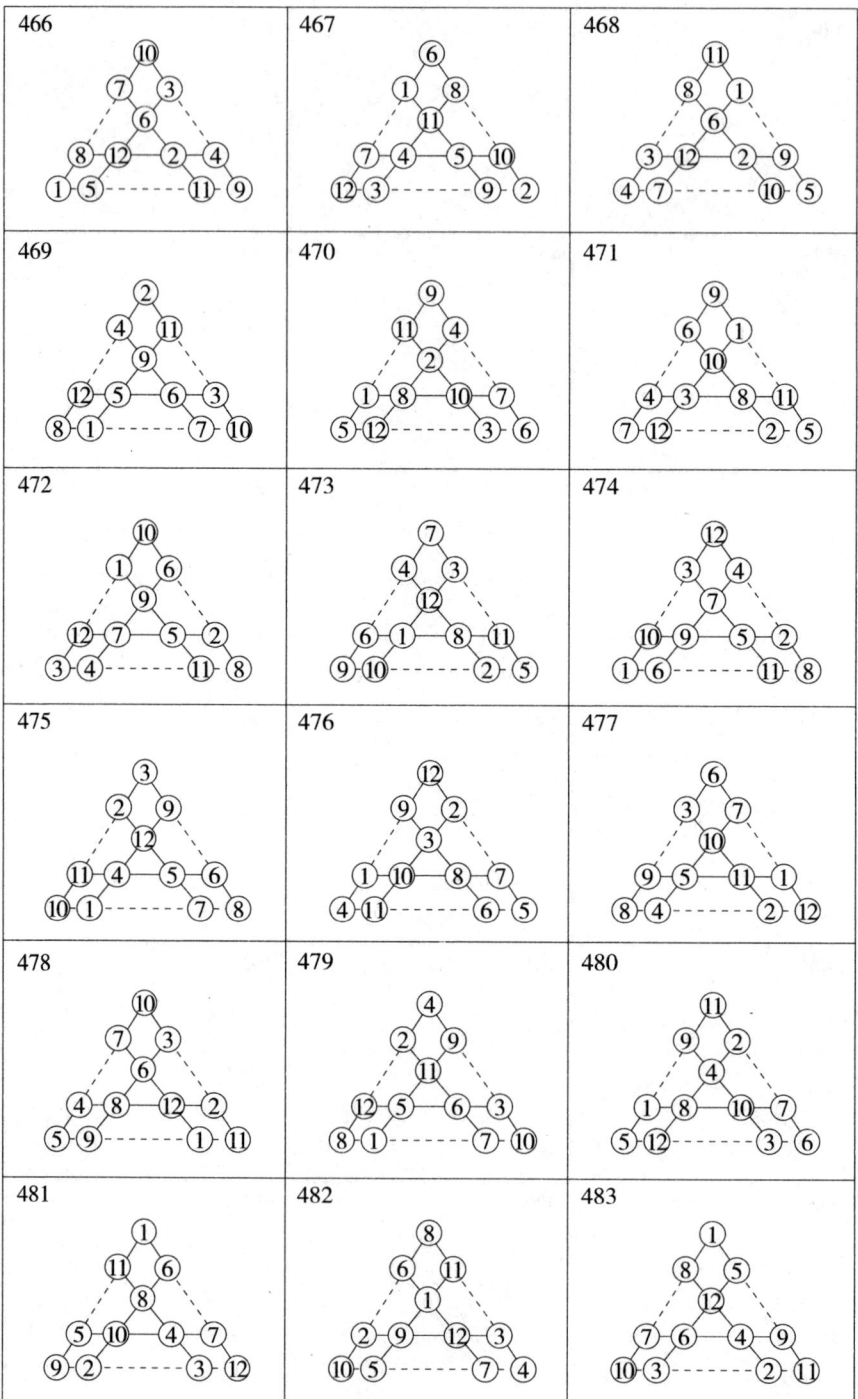

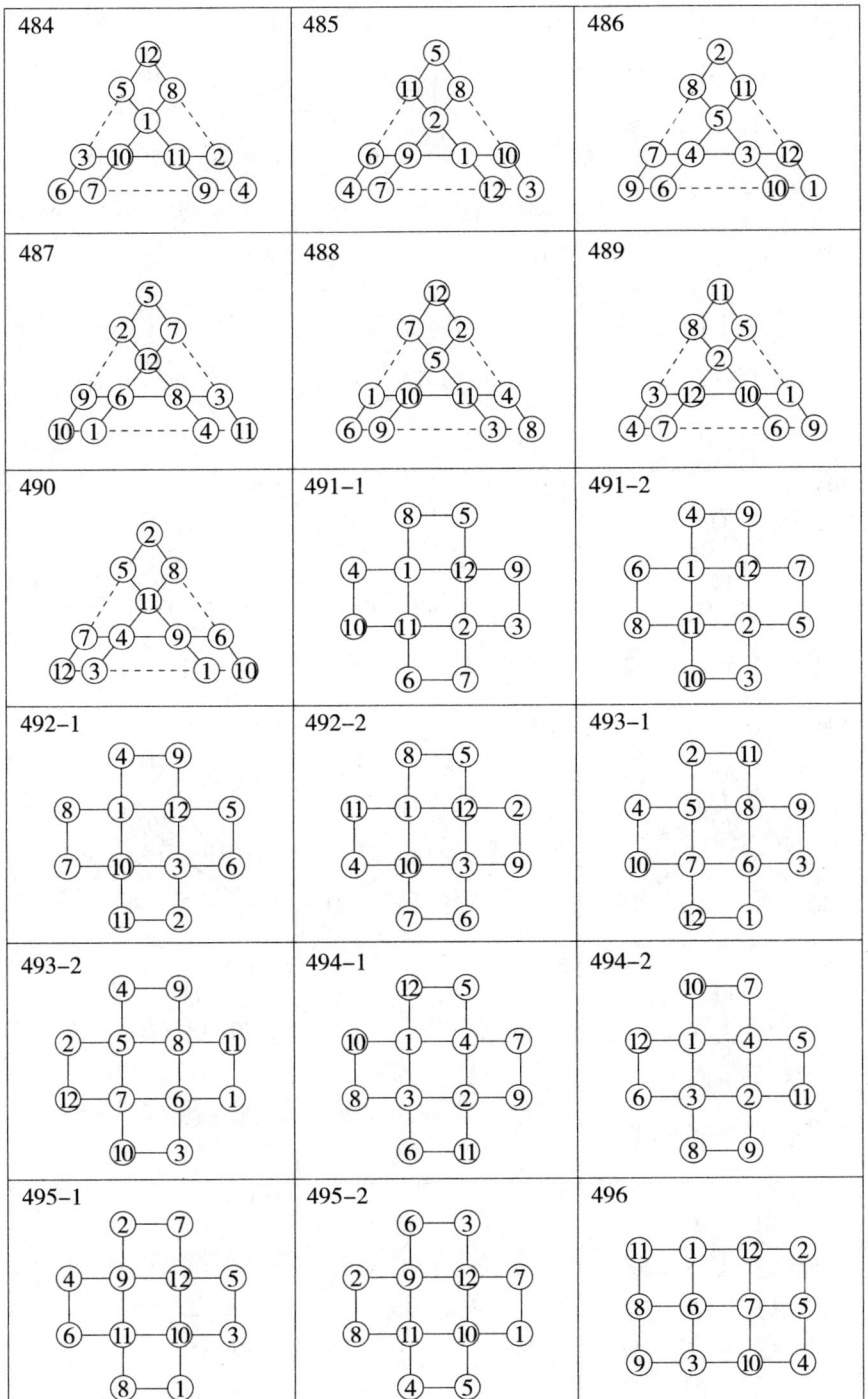

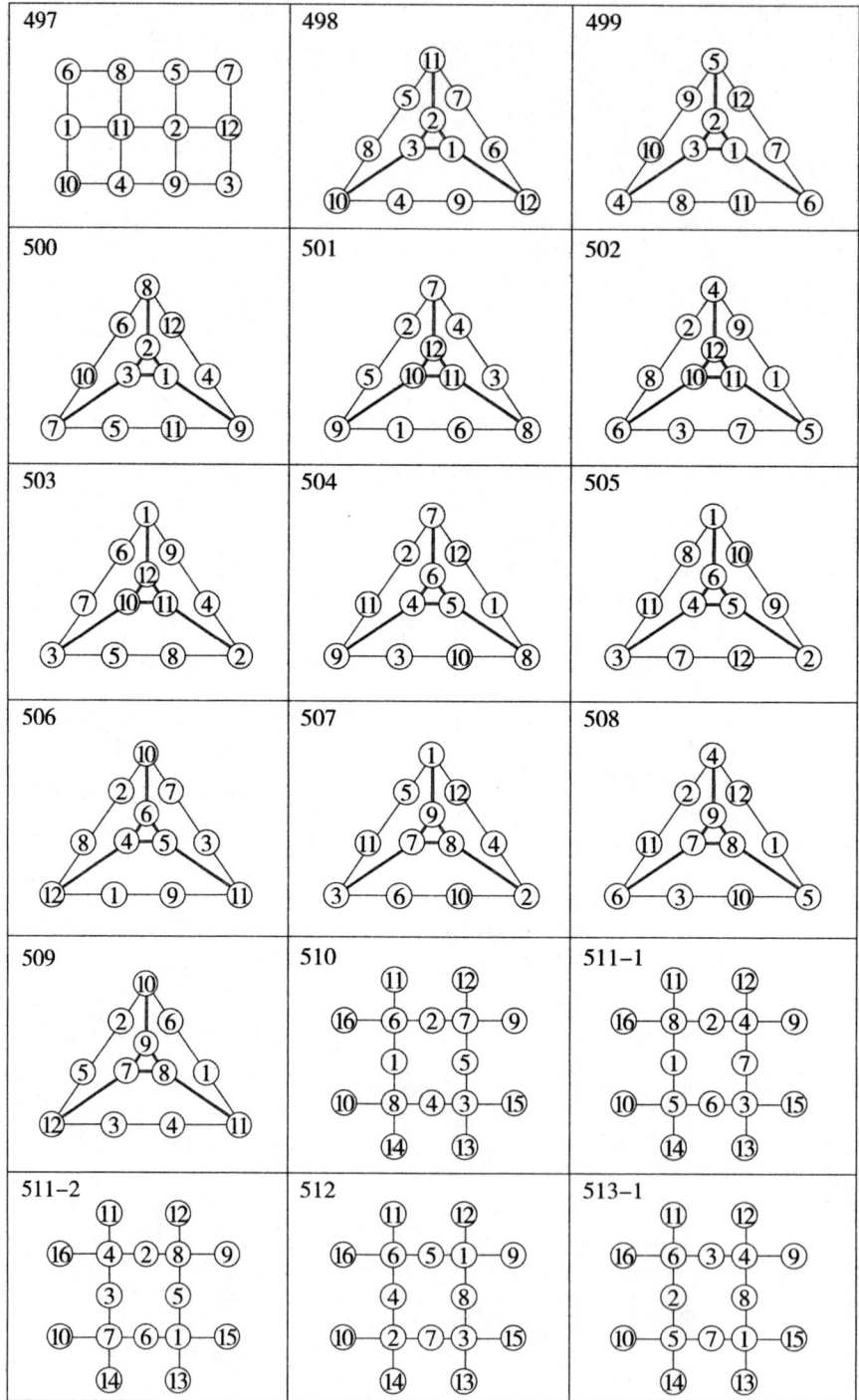

173

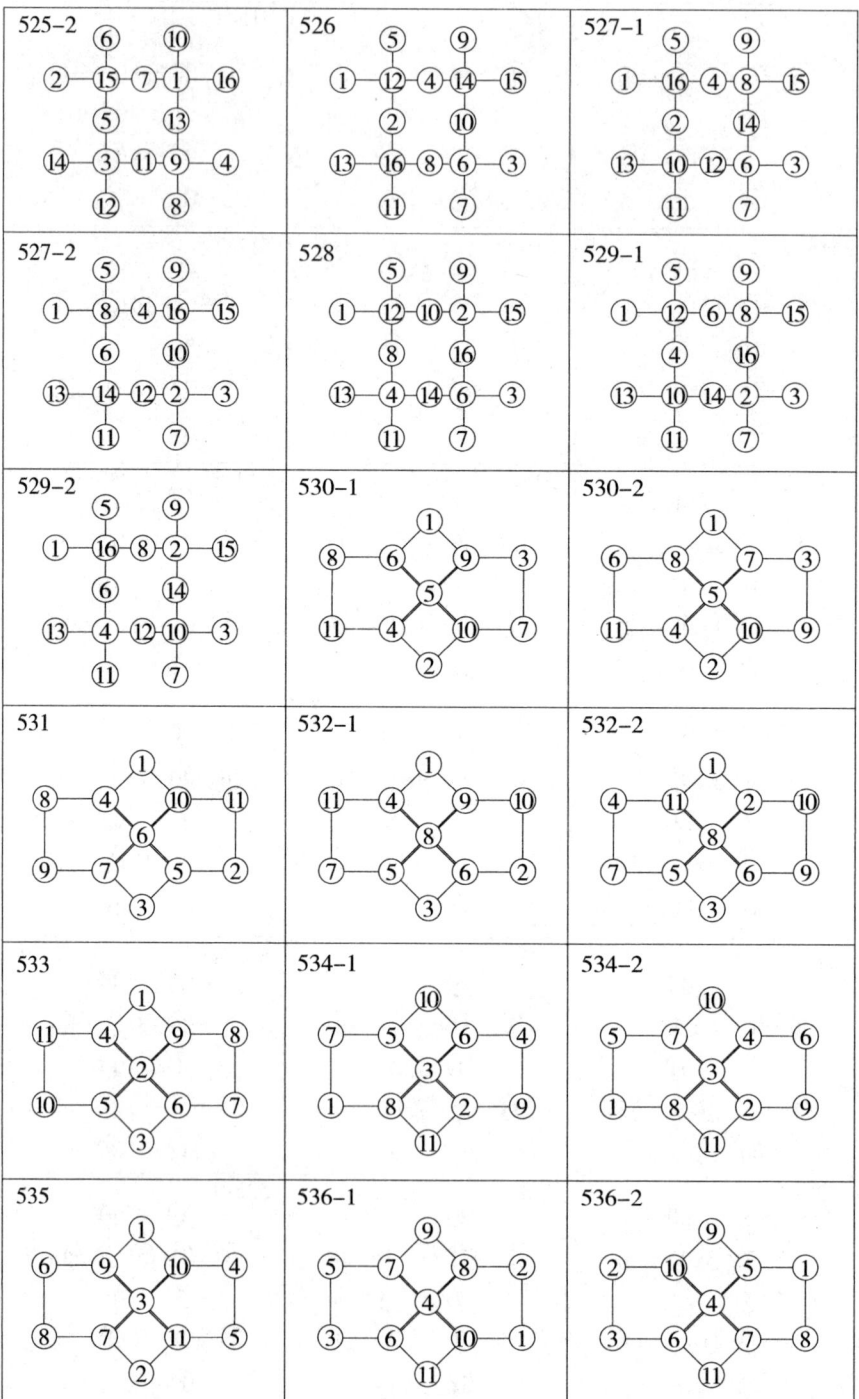

537	538-1	538-2
538-3	539-1	539-2
539-3	540-1	540-2
540-3	541-1	541-2
541-3	542-1	542-2
542-3	423-1	543-2

543-3	544-1	544-2
9—3—8—10 2　　　4 7　　　5 12—1—6—11	5—3—11—7 1　　　4 12　　　9 8—10—2—6	5—10—4—7 1　　　11 12　　　2 8—9—3—6
544-3	545-1	545-2
5—12—2—7 4　　　10 9　　　3 8—1—11—6	5—11—4—6 1　　　10 12　　　3 8—2—9—7	5—12—3—6 11　　　9 2　　　4 8—1—10—7
546-1	546-2	547-1
5—3—12—6 10　　　11 4　　　1 7—9—2—8	5—11—4—6 2　　　3 12　　　9 7—10—1—8	10—5—6—4 3　　　2 11　　　12 1—8—9—7
547-2	547-3	548-1
10—9—2—4 3　　　6 11　　　8 1—5—12—7	10—3—8—4 5　　　2 9　　　12 1—6—11—7	10—3—5—7 2　　　6 12　　　8 1—11—9—4
548-2	549-1	549-2
10—6—2—7 3　　　9 11　　　5 1—12—8—4	1—11—9—4 12　　　3 5　　　8 7—6—2—10	1—12—8—4 11　　　9 6　　　2 7—3—5—10
550-1	550-2	550-3
11—9—1—5 7　　　10 6　　　3 2—12—4—8	11—6—4—5 12　　　10 1　　　3 2—7—9—8	11—7—3—5 12　　　4 1　　　9 2—10—6—8

551-1
```
⑪—④—③—⑧
⑥           ①
⑦           ⑫
②—⑨—⑩—⑤
```

551-2
```
⑪—①—⑥—⑧
③           ④
⑩           ⑨
②—⑦—⑫—⑤
```

551-3
```
⑧—①—⑥—⑪
⑫           ③
④           ⑦
②—⑨—⑩—⑤
```

551-4
```
⑧—④—③—⑪
⑥           ①
⑩           ⑨
②—⑫—⑦—⑤
```

552-1
```
⑫—⑤—④—⑥
②           ⑪
⑩           ①
③—⑦—⑧—⑨
```

552-2
```
⑫—⑧—①—⑥
②           ⑦
⑩           ⑤
③—④—⑪—⑨
```

552-3
```
⑫—⑦—②—⑥
①           ⑧
⑪           ④
③—⑩—⑤—⑨
```

553-1
```
⑫—②—④—⑨
⑦           ⑪
⑤           ①
③—⑩—⑧—⑥
```

553-2
```
⑫—⑤—①—⑨
④           ②
⑧           ⑩
③—⑪—⑦—⑥
```

554-1
```
⑨—④—②—⑫
⑤           ①
⑩           ⑧
③—⑦—⑪—⑥
```

554-2
```
⑨—⑤—①—⑫
④           ②
⑪           ⑦
③—⑩—⑧—⑥
```

555-1
```
⑩—②—⑤—⑨
①           ⑦
⑫           ⑥
③—⑪—⑧—④
```

555-2
```
⑩—①—⑥—⑨
②           ⑤
⑪           ⑧
③—⑫—⑦—④
```

556-1
```
⑩—①—⑪—④
⑧           ⑦
⑤           ⑥
③—⑫—②—⑨
```

556-2
```
⑩—⑤—⑦—④
①           ⑪
⑫           ②
③—⑧—⑥—⑨
```

557-1
```
⑩—⑤—⑦—④
①           ⑧
⑥           ⑪
⑨—②—⑫—③
```

557-2
```
⑩—①—⑪—④
②           ⑦
⑤           ⑫
⑨—⑥—⑧—③
```

558
```
④—⑪—⑥—⑤
⑩           ⑫
③           ①
⑨—②—⑦—⑧
```

559
```
①─⑦─⑥─⑫
⑩       ③
⑪       ②
④─⑧─⑤─⑨
```

560-1
```
⑪─⑩─③─②
⑥       ⑦
⑧       ⑤
①─⑨─④─⑫
```

560-2
```
⑪─⑤─⑧─②
④       ⑨
⑩       ③
①─⑦─⑥─⑫
```

560-3
```
⑪─⑥─⑦─②
⑨       ⑧
⑤       ④
①─⑩─③─⑫
```

561-1
```
⑩─④─⑪─①
⑥       ⑧
⑦       ⑤
③─⑨─②─⑫
```

561-2
```
⑩─⑥─⑨─①
②       ⑨
⑪       ⑤
③─⑦─④─⑫
```

561-3
```
⑩─⑦─⑧─①
②       ⑨
⑪       ④
③─⑥─⑤─⑫
```

562-1
```
①─⑪─②─⑫
⑩       ④
⑨       ③
⑥─⑧─⑤─⑦
```

562-2
```
①─⑩─③─⑫
⑪       ⑤
⑧       ②
⑥─⑨─④─⑦
```

562-3
```
①─⑧─⑤─⑫
⑩       ①
⑨       ⑥
⑥─⑪─②─⑦
```

563-1
```
⑪─①─⑫─②
③       ⑩
⑦       ⑥
⑤─⑨─④─⑧
```

563-2
```
⑪─③─⑩─②
①       ⑫
⑨       ④
⑤─⑦─⑥─⑧
```

563-3
```
⑪─③─⑩─②
④       ⑨
⑥       ⑦
⑤─⑫─①─⑧
```

564
```
①─⑨─④─⑫
⑩       ③
⑧       ⑤
⑦─②─⑪─⑥
```

565-1
```
⑪─③─④─⑧
①       ⑥
⑫       ⑦
②─⑩─⑨─⑤
```

565-2
```
⑪─①─⑥─⑧
④       ③
⑨       ⑩
②─⑫─⑦─⑤
```

566-1
```
⑫─①─④─⑪
③       ②
⑧       ⑨
⑤─⑩─⑦─⑥
```

566-2
```
⑫─②─③─⑪
①       ④
⑩       ⑦
⑤─⑨─⑧─⑥
```

567
④—⑪—②—⑨
⑫　　　①
③　　　⑩
⑦—⑧—⑤—⑥

568-1
⑫—①—④—⑪
③　　　②
⑦　　　⑩
⑥—⑩—⑦—⑤

568-2
⑫—①—④—⑪
①　　　④
⑨　　　⑧
⑥—⑦—⑩—⑤

569
①—⑦—⑥—⑫
⑪　　　④
⑨　　　②
⑤—⑩—③—⑧

570-1
⑫—③—⑧—⑤
①　　　⑩
⑨　　　②
⑥—⑦—④—⑪

570-2
⑫—②—⑨—⑤
③　　　⑧
⑦　　　④
⑥—⑩—①—⑪

570-3
⑫—④—⑦—⑤
②　　　⑨
⑧　　　③
⑥—⑩—①—⑪

571-1
①—⑨—⑥—⑧
⑫　　　③
④　　　⑪
⑦—⑤—⑩—②

571-2
①—⑫—③—⑧
⑪　　　④
⑤　　　⑩
⑦—⑥—⑨—②

571-3
①—⑩—⑤—⑧
⑫　　　③
④　　　⑪
⑦—⑥—⑨—②

572-1
①—⑫—⑨—②
⑩　　　⑪
⑥　　　③
⑦—⑤—④—⑧

572-2
①—⑫—⑨—②
⑪　　　⑩
⑤　　　④
⑦—⑥—③—⑧

573
④—⑪—⑤—⑥
⑫　　　⑩
③　　　①
⑦—⑧—②—⑨

574-1
①—⑫—⑨—②
⑪　　　⑩
④　　　⑤
⑧—③—⑥—⑦

574-2
①—⑪—⑩—②
⑨　　　⑫
⑥　　　③
⑧—④—⑤—⑦

575-1
②—⑫—①—⑪
⑧　　　⑤
⑥　　　⑦
⑩—④—⑨—③

575-2
②—⑫—①—⑪
⑨　　　④
⑤　　　⑧
⑩—④—⑨—③

576-1
⑪—①—⑥—⑧
③　　　④
⑦　　　⑫
⑤—⑨—⑩—②

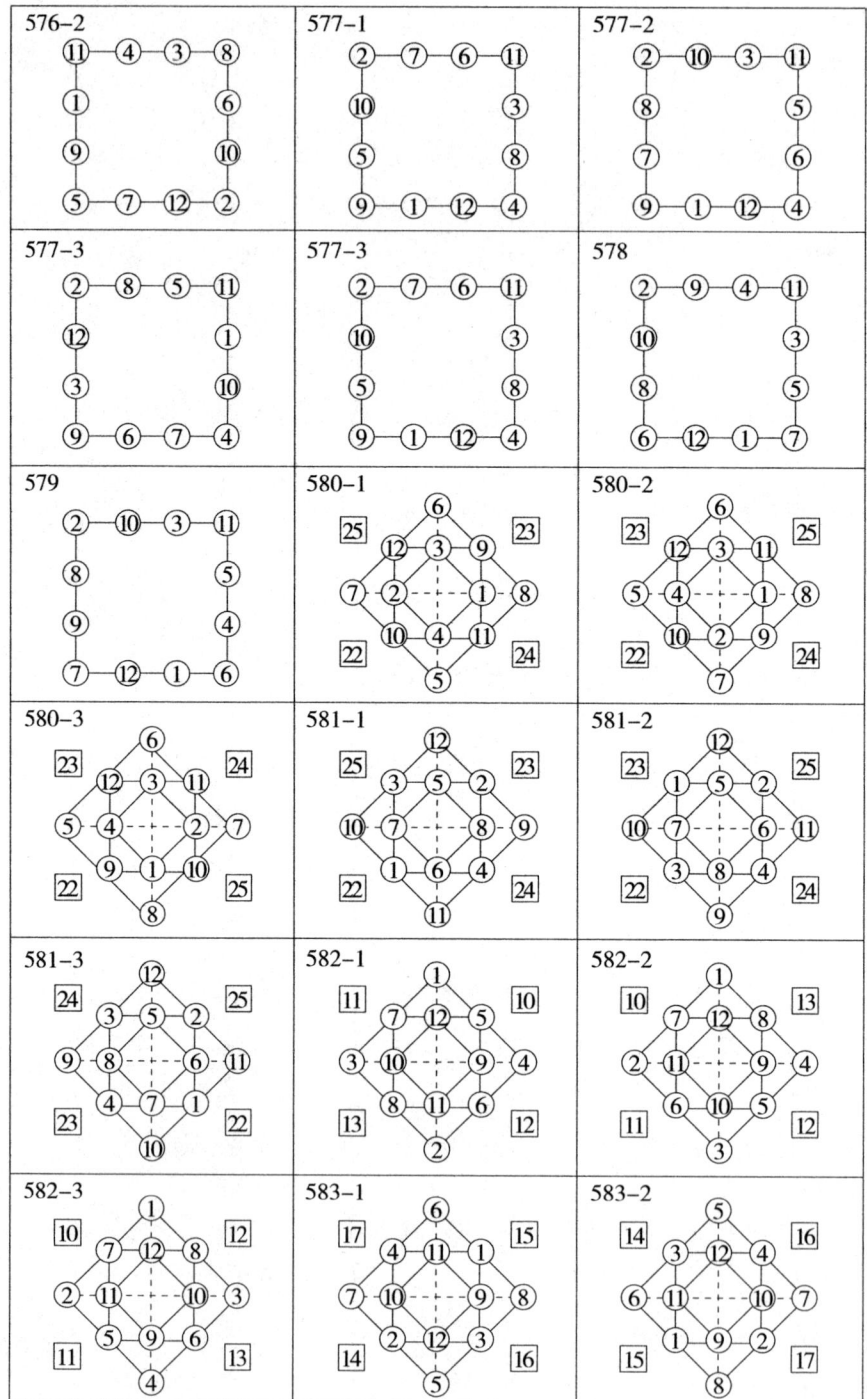

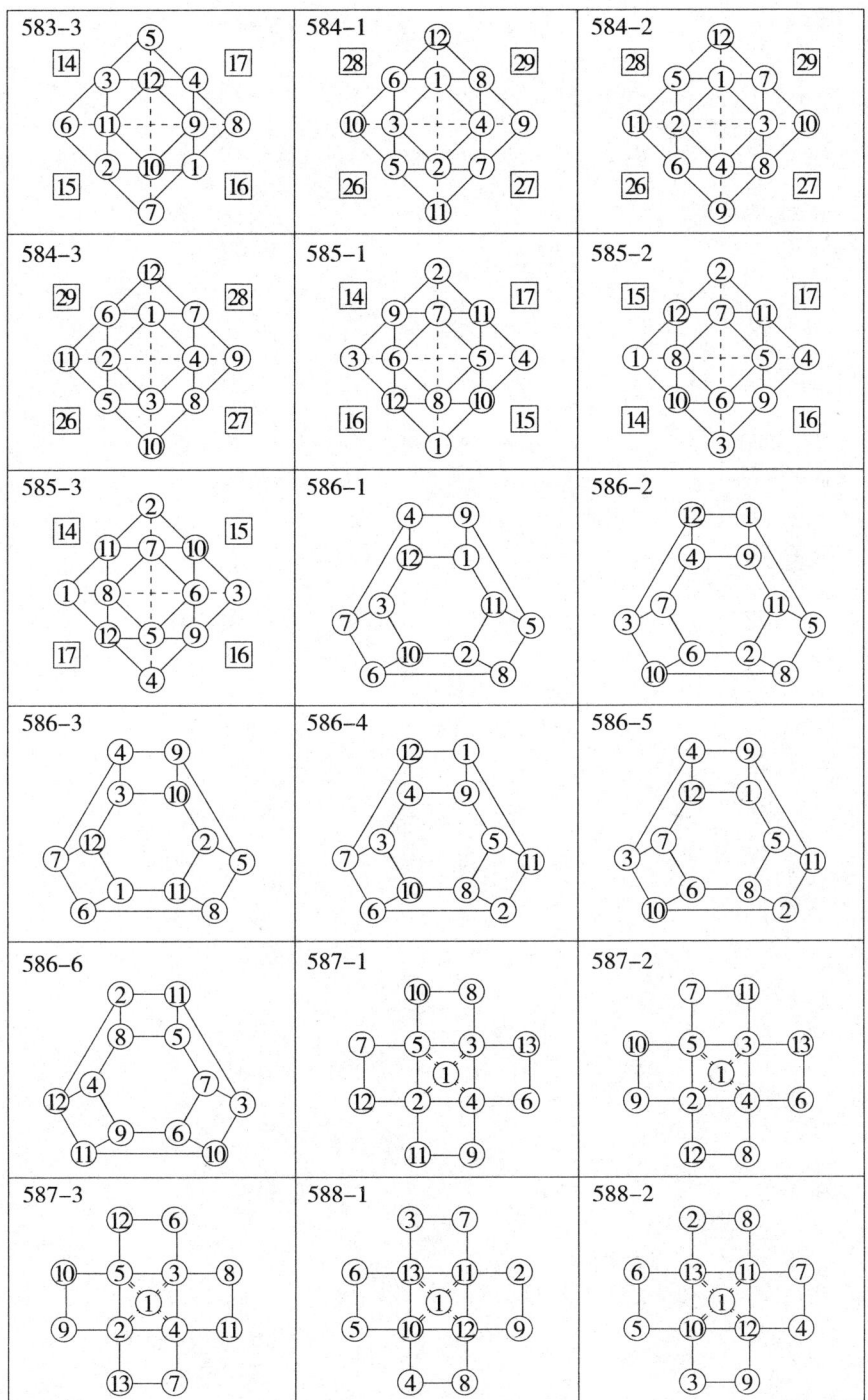

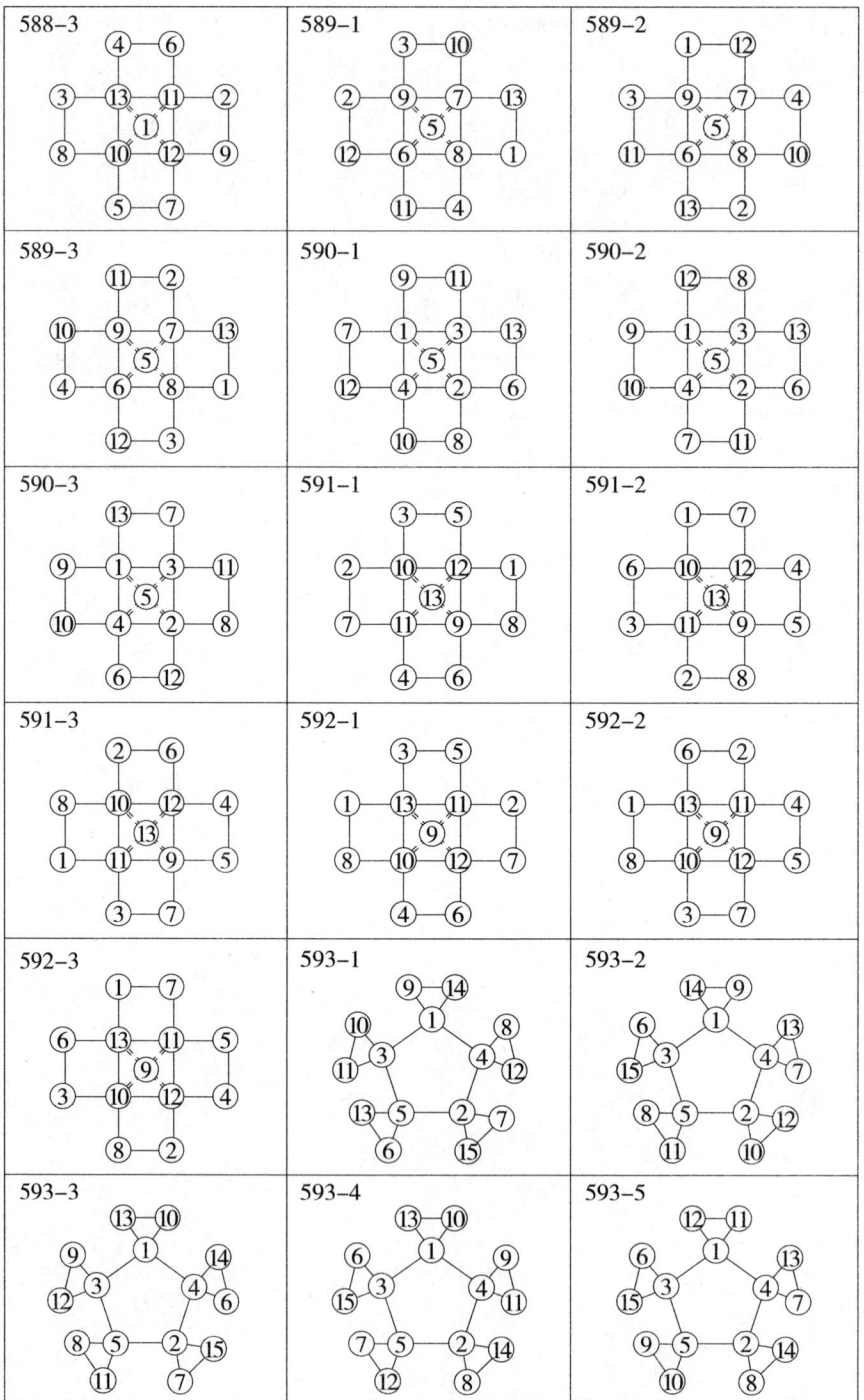

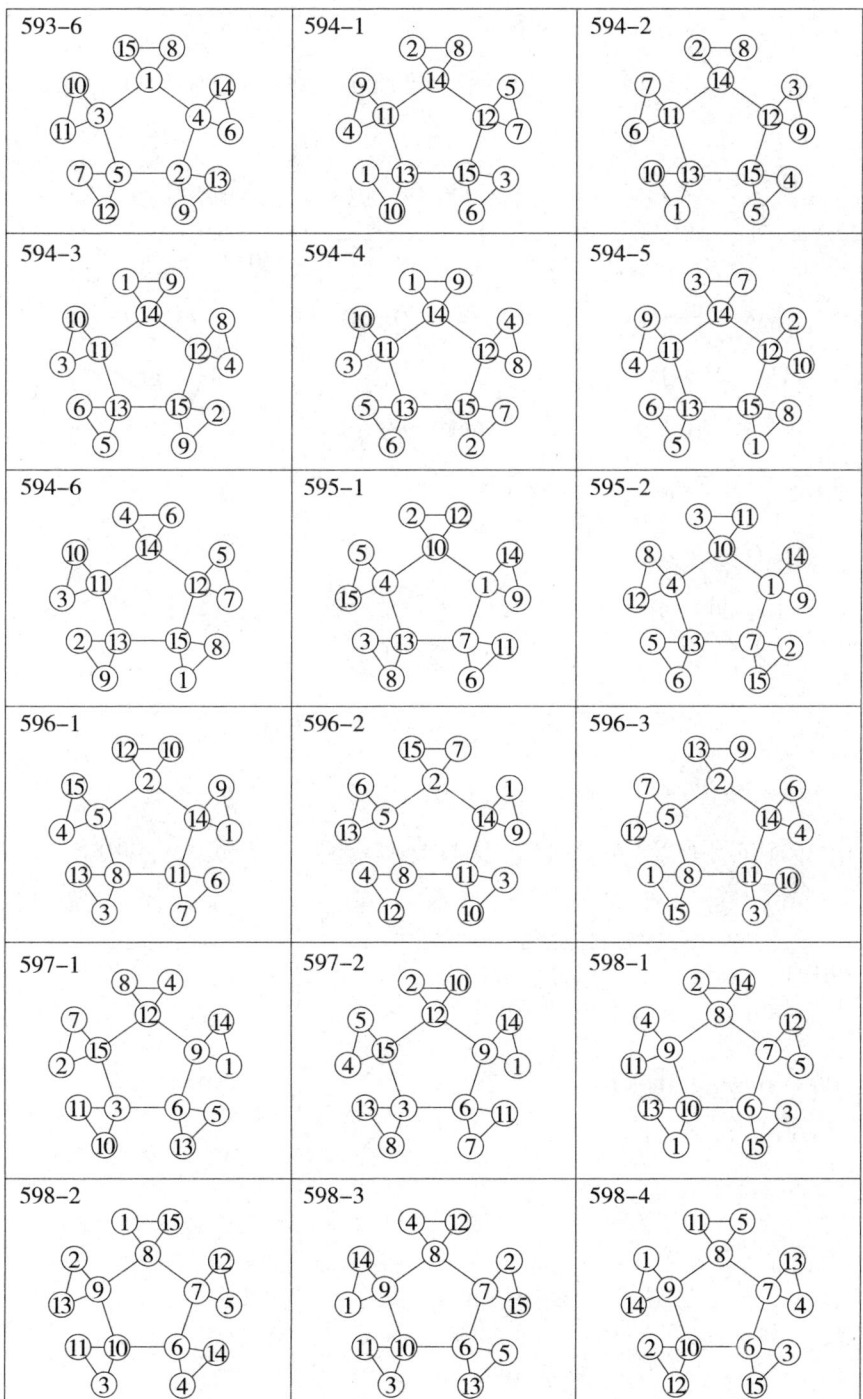

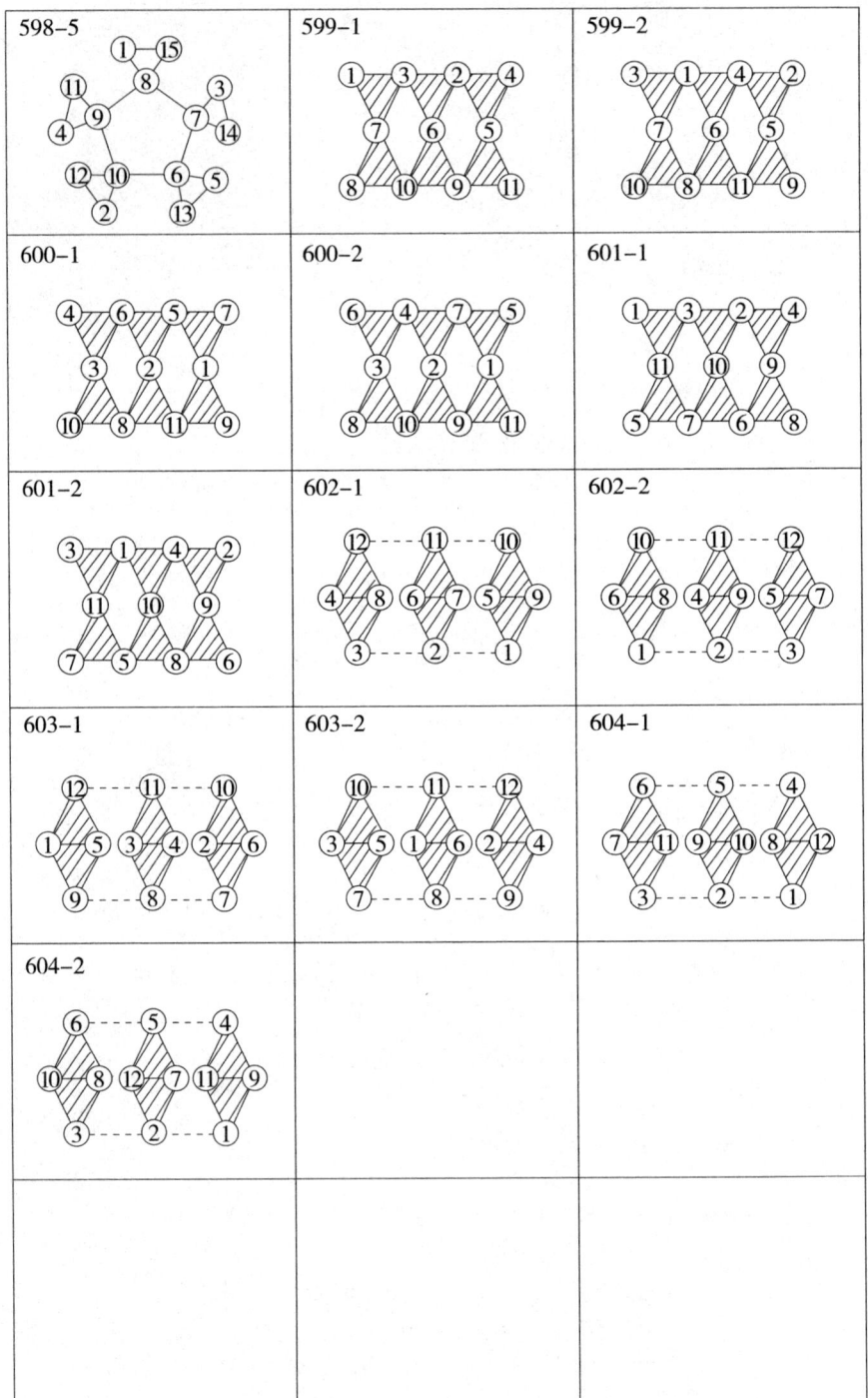

后　记

从这本书的 605 道题目可以看出，题目千变万化，解法也多种多样。但这些题目总有一些共同的规律，只有遵循这些规律才能很快得出结果。不断地运用客观规律来解决每一道习题，就是增强思维（抽象思维、逻辑思维）能力的过程。现在总结如下：

一、五条基本规律

1. **大小搭配　均衡布局**
2. **突破要点　抓住关键**
3. **多项要求　分步落实**
4. **重叠相加　求多加数**
5. **部分相加　求少加数**

在对称的图形（棋盘）中，把大小不一的数字填入其中，要使形成统一对称的结果，就必须大小搭配，才能均衡布局。书中编写的 605 道填数题，全都有这样的规律和解法，今后再遇到此类问题也如此。

二、解题方法总结

通过大量的解题过程可以得到以下四点好处：

1. 熟练掌控计算技巧，如口算、心算。

2. 手脑并用，提高思维能力。人的能力有多种，我认为最重要的有三种：①观察能力，是基础。②思维能力，是核心。③动手能力，是结果。玩数字棋，就要自己动手画棋盘，认识各种对称图形并自己画在纸上。在做题的过程中，要想尽一切办法得出结果，增强思维能力，特别是抽象思维和逻辑思维。

3. 学会处理复杂事物的能力。有的题虽遵循上述的几条规律，但运用起来也并非易事。遇到像书中第 512 题那样的数字多，要求又较高的题目，就需要多动脑筋，妥善处理。

4. 增强审美情趣，寓教于乐，陶冶情操。

大家说，知识像浩瀚无垠的海洋，我说知识比海洋还要深广。海，再深也有底；洋，再大也有边。可是人类对自然和社会的认识却是无底无边，无穷无尽的，只有终生学习，才能与时俱进。